Qabiyyee

Dubbii Dursaa

Har'a Muslimoonni lakkoofsa kanaan dura argamnee hin beeknen Kiristoosiin duukaa bu'uuf filachaa jiru. Kan nama gaddisiisu, namoonni kun baay'een isaanii namoota biratti fudhatama dhabuu fi yaaddoo addunyaa kanaa garmalee ta'ee itti mul'ata. Hoggantoonni kiristaanaa biyyoolessaa tokko tokko gabaasa isaanii keessatti illee waggoota lamaan jalqabaa keessatti 80 % kufaatii keessa akka jiran gabaasaniiru. Waaqayyo kana irratti maal akka goonu nu gaafachaa jira?

Bara 2002 Dr Mark Durie waa'ee Dhimmituu fi akkamitti Kiristaanonni sodaa Islaamaa fi Muslimoota irraa bilisa ta'uu akka danda'an barsiisuu jalqaban. Barumsi sun yeroo baay'ee yeroo tajaajilaa, yeroo namoonni kadhannaadhaaf fuulduratti ba'an kan hordofu ture. Namoota walga'iiwwan kana irratti hirmaatan keessaa baay'een isaanii boodarra hojii Waaqayyoo jabaa ta'eef ragaa ba'aniiru, Kunis tajaajila isaaniif humnaa fi bilisummaa isaaniif kenneera.

Booda Dr Durie itti fufuun barsiisa gabrummaa hafuuraa Islaamummaa jalaa namoota bilisa baasuuf itti fufe. Barumsi lamaan kun kitaaba Bilisummaa Booji'amtootaa jedhu keessatti walitti qabamaniiru.

Hojjettoonni wangeelaa addunyaa maraa *"Liberty to the Captives"* beekuu fi itti fayyadamuu isaaniitiin kitaabni kun afaanota hedduun hiikameera.

Bara 2010 Bilisummaa Booji'amootaaf (Liberty To The Captives) yeroo jalqabaaf erga maxxanfameen booda fedhii fayyadamtootaa haala mijawaa ta'een guutuuf keessumaa warreen amantaa Islaamummaa keessaa dhufaniif foyyeessuu akka feessisu ifaa ta'eera.

Sagantaan leenjii barbaachisuus ture. Jalqaba ergaan kitaabichaa viidiyoo barsiisaa Ministeera Salaam irraa hojjetameen, islaayidii Paaworpooyintii fayyadamuun kan deeggaramee ture. Sana booda viidiyoowwan kun afaanota birootiin maqaa ykn mata duree xiqqaadhaan barreeffamaniiru.

1

Akkaataan barsiisuu kun biyyoota hedduu keessatti faayidaarra kan oolfame yoo ta'u, michoonni biyya keessaa akka fayyadamaniif leenjifamaa turan. Haa ta'u malee, Dr Benjamin Hegeman daayreektarri Salaam, Nelson Wolf, mala kanaan fayyadamuun paastaroota bosona Beeniitti leenjisuu akka danda'an yeroo gaaffiin isaaf dhiyaatu, "Hin danda'amu!" jedhe. Akkasumas mala biroo kanarraa guutummaatti adda ta'e yaada dhiyeessan. Muuxannoo barsiisummaa waggoota kurnaniif Beeniin keessatti qaban irraa fayyadamuun, Dr Hegeman bifa leenjii *"Liberty to the Captives"* kan Qajeelfama Qo'annoo fayyadame qopheesse. Akkaataan asitti hordofaa jirru kun garee marii xixiqqoo fi diraamaan fayyadamuun afaan Baatoonii, Faransayii fi Hawusaa warreen dubbatan yaalaniiru akkasumas gammachuun fudhataniiru.

Malli leenjii kun sadarkaa barnootaa addaa tokko osoo hin fudhatiin, haala garaa garaa keessatti akka hojjetu kan qopheeffameedha. Akkasumas, geggeessaan leenjii kana xumure gara haala mataa isaatti deebisee fudhachuu fi mala walfakkaatuun fayyadamuun namoota biroo leenjisuu danda'uu qaba.

Dubbiin Kiristoos gurra keenyatti ni dhaga'ama: *"akkuma Abbaan na erge anis isin erga" fi "Dhaqaatii saba hundumaa duuka buutota godhaa!"* Yesus maal jechuu barbaade? Halkan du'uu isaa dura duuka buutonni Waaqayyoon akka beekaniifi isa waliin akka tokkummaa qaban ibseera; maqaa isaatiin, dhugaa isaatiin, jaalala isaatiinis Waaqayyoo wajjin tokko dha (Yohaannis 17). Abbaa maasichaa ta'erraa walabummaan kadhannu warreen amantaa Islaamummaa keessaa dhufan karaa Yesus Kristosiin tokkummaa Waaqayyo wajjin akka qabaataniif akka isaan deeggaruu fi Musliimota keessaa duuka buutota ta'aan kan jiran hundumaa akka gargaaruufiidha.

Kitaabni kun kan barsiisa Maark Duurii *Walabummaa Hafuuraa* fi Qajeelfama Qo'annoo jijjiiramaa Benjaamin Hegemaan walitti fiduun fedhiiwwan guutuuf akka gargaaru fi waldaa addunyaatiif eebba akka ta'u abdii qabna.

Obboleeyyan dhiiraa fi durbaa warreen barreeffama faayidaa qabu kana fooyyeessuuf gorsa faayidaa qabu nuuf gumaachaniif garaa guutuun isaan galateeffachuu feena.. Quuqama pirojektii kanaaf qabdan baay'ee isin galateeffanna. Kana-malees warreen kadhannaa fi maallaqaan nu deeggaraniin galanni keenyi guddaadha. Hojiin kun tumsa isaanii malee beekamuu hin danda'u ture.

Maark Durii, Beeniyaamin Hegemaan, fi Nelson Wolf
A.L.A Waxabajjii 2022

Haala Itti Fayyadama Kitaaba Kanaa

Baga gara Maanu'alii Leenjii Bilisummaa Booji'amtootaa kanaatti dhuftan, maxxansa haaraa kitaaba Bilisummaa Booji'amtootaa Maark Durii kan barnoota ijoo ja'aa fi barrnoota dabalataa lama of keessaa qaba.

Qajeelfamni leenjii kun dhaggeeffattoota kiristaanaa ta'aniif kan barreeffamedha. Kiristaanonni barsiisa kitaaba Bilisummaa booji'amtootaa keessatti argamu hojiirra akka oolchan gargaaruuf kan qophaa'edha. Kadhannaan keenya isinis ta'e namoota biroo Kiristoos keessatti bilisummaa akka argatan bilisa ta'anii akka jiraataniif deeggaruuf jedhameetu.

Yoo qajeelfama leenjii kana fayyadamuun koorsii leenjii geggeessuuf karoorfatte, maaloo jalqaba Qajeelfama Hoggantootaa sirriitti dubbisi, barumsa jalqabaa dura argachuu dandeessa.

Leenjii kana garee amantoota biroo wajjin akka hojjettan yaada kennina. Guyyoota 3-5 keessatti bifa konfiraansiitiin akka hojjetamuuf kan qophaa'e yoo ta'u, akka qo'annoo garee xixiqqaa torbanitti walitti aansuun hojjetamuus ni danda'a.

Qur'aana wabiiwwan gabaabduu Q: jedhu fayyadamu fakkeenyaaf, Q9:29 Suuraa 9:29 agarsiisa. Leenjii kana keessatti waa'ee barsiisa Islaamaa madda dhugaa irratti hundaa'e ni barattu. Wabiiwwan maddoota Islaamaa jalqabaa amanamoo akka ta'an yaaliin hunduu taasifameera. Maddoota kana keessaa baay'ee isaanii bal'inaan wabii argachuuf Maaloo Filannoo Sadaffaa kan Mark Durie ilaali.

Qabeenyi kun Waldaa addunyaatiif akka dhiyaatu gochuu keessatti, jibbaa fi loogii gosa hundumaa mormuudhaan, yaadni qeeqaa amantiiwwanii fi ilaalcha addunyaa hunda irratti hojiirra ooluu akka qabu ni amanna jennee cimsinee dubbanna. Muslimoonnis ta'e kanneen Muslimoota hin taane waa'ee Islaamaa yaada mataa isaanii ibsachuuf mirga wal-qixxummaa qabu, sammuu fi beekumsi

5

isaanii haala isaan deeggaruun barumsa kanaa wajjin walii galuu fi dhiisuu danda'u.

Qajeelfama leenjii PDF buufamuu danda'u kanaa fi qabeenya biroo *"Liberty to the Captives"* marsariitii luke4-18.com irraa argachuu dandeessu. Tajaajiloonni kiristaanaa fedhii isaanii guutuuf qabeenya luke4-18.com irratti argaman kamiyyuu buufachuu, maxxansuu fi qooduuf hayyama qabu.

Leenjiin kun haala maaliin namoota akka gargaare ragaa, akkasumas yaada fooyya'iinsaaf kennamu argachuu keenyaan yeroo hunda galateeffanna.

Qajeelfama Hooggantootaaf

Qajeelfama waliigalaa

Leenjiin kun kan kennamu namoonni amantii Islaamaa irraa bilisummaa hafuuraa akka argatan gargaaruufiidha.

Yoo koorsii leenjii "*Walabummaa Booji'amtootaaf*" geggeessuuf karoorfatte, maaloo qajeelfama kana sirriitti qoradhu.

Qajeelfamni leenjii kun Kiristaanota gosa adda addaa sadii gargaaruuf kan barreeffamedha:

1. Kiristaanonni Islaamummaa irraa garagalanii bilisummaa isaanii Kiristoos keessatti himachuu filatan

2. Kiristaanota Musliimota jalatti bitamanii jiraatan yokiin akaakayyuuwwan isaanii Musliimota wajjin jiraataa kan turan

3. Namni ergaa Kiristoos Muslimootaaf qooduu barbaadu kamiyyuu.

Gareen sadan kun fedhii addaa mataa isaanii qabu; haa ta'u malee, namni hundi (gosoonni kiristaanaa hundi) Barnoota 1-6 hunda akka hojjetu gorsina, isaanis barnoota ijoo leenjii kanaati.

Barnoota dabalataa lamatu jira isaaniis barumsa 7 fi 8 ti. Keessumaa kana dura muslimaa ta'uun kiristiyaanumma fudhataniif kan qopheeffamaniidha. Hojjiiwwan kun kan raawwataman gosti barnootaa ja'a erga kennamaniin booda qofadha.

- Barumsi 7ffaan Islaamummaa irraa bilisa ta'uu ilaalchisee wantoota ijoo dabalataa: soba, olaantummaa sobaa, fi abaarsa irratti mari'ata.

- Barnoonni 8ffaan akkaataa waldaa fayyaa namoota duubee Musliimaa irraa dhufan guddisuu dandeenyu irratti barsiisa kenna. Kunis namoota duraan amantaa Musliimaa keessa turan hunda gargaaruuf kan qophaa'edha.

Leenjiin kun haala addaan akka hojjetamuuf kan qophaa'edha. Mata-duree kana keessatti mala ibsame akka hordoftuuf si gorsina. Sababni isaa malli kun kan ittiin yaalamee fi barattoota garaa garaaf bu'aa argmasiisa.

Leenjiin kun guyyoota 3 hanga 5 keessatti akka xumuramuuf kan qophaa'edha. Akkasumas akka qo'annoo garee xixiqqaa torbanitti walduraa duubaan kennamutti hordofamuu danda'a.

Yoo leenjii geggeessaa jirta ta'e, warri hirmaatan namoota biroof akka qoodan jajjabeessi. Namni leenjii kana akka hirmaataa tokkootti hordofu gara haala ofii isaatti deebisee fudhachuu, akkasumas namoota biroo leenjii sana akka hojjetan geggeessuu akka danda'u irraa eegna.

Mala Leenjii

Leenjiin kun garee xiqqaa manaa irraa kaasee hanga garee guddaa namoota dhibbaan lakkaa'amaniitti lakkoofsa kamiinuu hordofuu danda'a. Namoonni shan ykn ja'a ol leenjicha kan hojjechaa jiran yoo ta'e hirmaattonni garee naannoo afur ykn shanitti qoodamuu qabu. Gareen kunniin yeroo leenjii guutuu akkasumaan turanii waliin taa'u.

Namoonni leenjii kana irratti hirmaatan hundinuu kooppii mataa isaanii kan qajeelfama leenjii kanaa akka qabaatan gochuudha. Jalqaba leenjichaa irratti hirmaattonni hundi maqaa isaanii fuula dura maanuwaalii isaanii irratti akka barreessan   affeeraa. Akkasumas maanuwaalii kan dhuunfaa isaanii ta'ee akka qabataniif akka beekan, akkasumas akka isaan simataman fi yaadannoo akka isaan keessatti barreessan jajjabeeffamu. Sana booda maanuwaalii leenjii nama hundaaf ibsi, xiyyeeffannaa isaanii gara barnoota ijoo ja'a, mata duree barnoota tokkoon tokkoon, kaayyoowwan barumsaa jalqaba barnoota hunda isaanii irratti tarreeffaman, qabeenya dhuma barnoota tokkoon tokkoon isaanii irratti (jechoota, maqaa, keeyyata irraa Macaafa Qulqulluu fi Qur'aana), gaaffilee dhuma barnoota tokkoon tokkoon isaanii irratti dhiyaatan, akkasumas deebii, kanneen qajeelfama leenjii duubaa irraa argamuu danda'aniidha.

Jalqaba guyyaa leenjii tokkoon tokkoon isaanii irratti gareen xiqqaan tokkoon tokkoon isaa pirezidaantii fi barreessaa muudu. Miseensonni garee gahee hojii kana dabareedhaan akka raawwatan ni jajjabeeffamu.

- Pirezidaantiin marii garee xixiqqaa dura taa'aa ta'ee garee keessa jiru hundi akka gumaachu ni jajjabeessa. Deebii maanuwaalii leenjii kanaa duuba jiru ilaaluu kan danda'u pirezidaantii qofa.

- Barreessaan akkaataa gareen gaaffii qorannoo haalaa itti deebisu yaadannoo ni fudhata, gaaffiiwwan xumura barumsichaa irratti gara kutaa gaaffii fi deebii fidamuu qaban kamiyyuu ni galmeessa, akkasumas gareewwan gaaffii tokkoof deebii akka kennan hogganaan yeroo affeeraman garee bakka bu'ee deebii kenna .

Jalqaba leenjii tokkoo irratti, geggeessaan hirmaattonni garee afur ykn shanitti akka qoodaman qajeelfama kenna. Gareewwan xixiqqoo akkamitti akka hojjetan, akkasumas gareewwan guyyaa guyyaan pirezidaantii fi barreessaa haaraa muuduu akka qaban ibsa. Hogganaan kun akkasumas gareewwan xixiqqoo hundi deebii gaaffilee ilaaluun pirezidaantii qofa akka ta'e irratti walii galuu akka qaban ibsa.

Jalqaba guyyaa leenjii haaraa tokkoon tokkoon isaanii irratti, hogganaan sun, "Pireezidaantoonni fi barreessitoonni hundi soorama ba'aniiru" jedhee beeksisa. Gareewwan xixiqqoonis pirezidaantotaa fi barreessitoota haaraa guyyaa sanaaf ni muudu (armaan gaditti ilaali).

Tartiiba leenjii tokkoon tokkoon barnootaa:

- Hogganaan jalqaba barumsichaa hirmaattota hundaaf ni beeksisa. Gara fuula maanuwaalii leenjii keessatti barumsi itti jalqabu akka garagalchan isaan afeera. Fuulli kun fakkii mata duree qaba.

- Barumsi meeshaa qooda fudhattoota tokko tokkoon hirmaattoota hundaaf ni dhiyaata.

- Hogganaan barnoota wanta kana irratti yaada gabaabaa kennuudhaan (daqiiqaa tokkoo fi lama qofaaf) jalqaba barumsichaa irratti fakkii mata duree qajeelfama leenjii

9

keessatti argamu irratti xiyyeeffannoo ni harkisa, gabaabsee ibsa.

- Hogganaan kaayyoo barnootaa jalqaba barumsichaa irratti hirmaattota hundaaf dubbisa. Fakkeenyaaf, "Kaayyoon barnoota kanaa fuula [x] irratti argama. Kaayyoowwan kun … [hundaa isaanii sagalee ol kaasanii dubbisuudha]."

- Itti aansuudhaan, qorannoon haalaa tokkoon tokkoon barnootaa akka diraamaatti dhiyaachuu kan danda'u ta'us, nama hundaaf dubbifamuus ni danda'a. Yoo akka diraamaatti dhiheessuu filatte, seenaan qorannoo haalaa dursitee shaakaluun ni danda'ama: hirmaattonni haalawwan kana akka taphachiisan jajjabeessi. Diraamaa (ykn dubbisa) kana booda gareewwan xixiqqoo walga'uun qorannoo haalaa irratti mari'achuun gaaffii dhuma isaa irratti: "Akkamitti deebii kennitu?" Kana booda barreessaan garee tokkoon tokkoon isaanii gareen isaanii gaaffii sanaaf akkamitti akka deebii kenne garee guddaadhaaf gabaasa kenna.

- Tokkoon tokkoon barnootaa barnoota jalqabaa gabaabaa ta'ee fi kutaa tokko keessatti raawwatamuu danda'u irraa kan hafe, kutaa walduraa duubaan qoodamuu qaba.

- Tokkoon tokkoon kutaa barnoota tokko keessatti hirmaattonni tarkaanfii 1 hanga 5 armaan gadii hordofu:

   1. Hogganaan kutaalee kamtu kutaa kana keessatti akka mari'atamu, lakkoofsa fuula maanuwaalii leenjii keessatti argamu waliin ni beeksisa. (Hogganaan mallattoolee qoqqoodinsa barreeffamicha keessatti kennaman kanneen tokkoon tokkoon kutaa garee xiqqaa keessatti hammam akka dhuunfatu yaada kennan hordofuu barbaadu danda'a).

   2. Namni sagalee dubbisuu gaarii qabu tokko kutaalee irratti mari'atamuuf barreeffamicha sagalee ol kaasee dubbisa. (Leenjiin mallattoo qoqqoodinsa hordofaa kan jiru yoo ta'e dubbisaan mallattoo sanaaf ni dubbisa, kunis gara daqiiqaa 10-15 fudhata.)

   3. Hirmaattonni garee xixiqqootti addaan bahuun gaaffilee kutaa ammaaf dhiyaatan irratti ni qajeelfamu.

10

Gaaffiiwwan xumura barnoota tokkoon tokkoon isaanii irratti argamuu danda'u.

4. Gareen walga'ii ammaa keessatti gaaffilee kutaaleef dhiyaatan irratti mari'achuun deebii kennu. Kunis baay'ina gaaffii irratti hundaa'uun gara daqiiqaa 10-20 fudhachuu danda'a. Yeroo kana keessatti geggeessaan garee irraa gara gareetti naanna'ee akkamitti akka deeman hordofa.

5. Hogganaan gareewwan keessaa tokko walgahii sanaaf akka xumure yeroo ilaalu gareewwan kaan hundi akka xumuran gaafatamu. Meeshaa sanaan socho'uu kee itti fufi; warra duubatti hafan hin eeginaa.

Hanga barumsi xumuramutti kutaalee hafaniif tarkaanfii 1 hanga 5 irra deebi'ii.

▪ Xumura barnoota tokkoon tokkoon isaanii irratti gareewwan hundi walitti deebi'anii barnoota sana irratti gaaffii fi deebii kennu.

Barumsi 5, 6 fi 7 kadhannaadhaan xumurama. Kadhannaan dura bu'uuf gorsa armaan gadii kana hordofaa.

Kun mallattoo marii yoo ta'u, namoota sadii yeroo haasa'an Agarsiisa:

Mallattoon kun qabxii dhaabbii yaadame turtii garee agarsiisa. Kun yaada qofa: tokkoon tokkoon geggeessaa fedhii hirmaattota isaanii irratti hundaa'uun, leenjii isaaniif barumsa akkamitti akka qoodan karoorfachuu qabu. Hammi odeeffannoo hirmaattonni yeroo tokkotti fudhachuu danda'an garee irratti hundaa'uun garaagarummaa waan qabaatuuf, geggeessaan leenjii tokkoon tokkoon kutaa garee xiqqaa keessatti meeshaa hangamii uwwisuun sirrii akka ta'e murteessuu qaba.

Meeshaa Barnootaa

Barnooti tokkon tokkoon isaa meeshaa diraamaa keessatti ittiin hojjetamuun beeksisuun wanna gorfamuudha. Yoo itti fayyadamuu filatte, leenjii guutuu seensisuuf barumsi meeshaan ittiin barsiifamu ni jira. Barnoota wanta sanaaf dursitee qophaa'uu si barbaachisa. Yeroo baayyee yoo taphattoonni walga'anii barnoota meeshaa walakkaa sa'aatii dursanii shaakalan gahaa ta'a.

Leenjii Guutummaasaa Beeksisuuf

Teessoowwan ja'aa hanga saddeetitti kan ta'u ulfaatina nama teessoorra dhaabatee jiruu qabachuu danda'u barbaadi. Teessoowwan sararaan kaa'i, fuuldura teessoo tokkoon tokkoon isaanii dugda teessoo itti aanutti ol kaa'i. Itti aansuudhaan hirmaataa dargaggeessa tokko bilbila harkaa isaatiin akka haasa'u fakkeessee teessoo irra akka deemu gaafadhu. Achiis hamma baay'ee rakkisaa ta'utti teessoowwan sana caalaatti addaan baasuudhaan caalaatti jabeessi. Sana booda dhumarratti namni waraqaa "QAJEELFAMA" jedhu ol kaasuun akka qabatu taasisi. Namni kun sana booda deemee harka warreen sagantaa kanarratti hirmaatan harka isaanii qabata. Harki gargaaree nama adeemsisu kun kan argisiisu wanta ofiin hojjetamuuf ulfaataa ta'e haala akkamiin akka salphisu argisiisa.

Meeshaa Barnootaa Kutaa 1

Namni tokko, "Ani bilisa ta'eera! Ani bilisa ta'eera!" akkasumas akka Kiristaanaatti hammam bilisa akka ta'e sagalee guddaadhaan dubbachuu qaba. Garuu yeroo hunda re'ee lama miila isaatti hidhaman, re'ee tokko miila tokkotti, re'een kaan immoo miila isa kaaniitti hidhamuusaa haa dagatu. (Bineensi biraas hojjechuu danda'a, kan akka hoolaa lama, korma lama ykn saree lama.) Sarara qajeelaa irra deemuun isaaf rakkisaadha. Dura karaa tokkoon itti aansee karaa biraa harkifamaa jira. Bakka itti deemu ga'uuf rakkata garuu re'oota arguu qofa hin danda'u. Bilisa kan ta'ee itti fakkaata, garuu akkas miti. Gonkumaa miti!

Yoo bineensonni hin argamne waraqaa guddaa hamma poostara ga'u argachuun nama tokko ykn re'oota lama miila isaaniitti hidhaman akka suuraa kaasu taasisi. Namni tokko ol bahee, fakkii sana akeekee, "Ani Mu'mina kana Duubee Muslimaa irraa! Ani bilisa, ani bilisa." Inni ykn ishiin waa'ee bilisummaa isaa daqiiqaa tokkoof haasa'a ta'us guutummaatti re'oota kana dagata yokiin waa'ee isaanii dubbachuu dhaaba. Namni kun ni ba'a, achiis namni biraa seenee, agarsiisaa fayyadamee gara re'ootaatti akeeka, achiis karaa gaaffii qabuun harka isaa ol kaasa.

Meeshaa Barnootaa Kutaa 2

Jecha *"Ziimmii"* jedhu qubee jajjaboodhaan mallattoo fiixee furdaa qabuun teeppii bal'aa haguuggii irratti akka maxxanfamu taasisi. Jecha teeppii irratti argamu dhaggeeffattootatti agarsiisi. Kana booda deemtee afaan nama duraan teessootti hidhamee jiruu irratti teeppiidhaan agarsiisi.Sana booda sekondii 20 booda namni sun ol ilaalee ka'ee akka dhaabbatu taasisi. Inni ykn ishiin hin danda'u ykn hin dandeesu. Ga'eessi biraa waraqaa jajjaboo "FURTUU" jedhu irratti barreeffame akka ol qabatu taasisi. Furee dhimmicha hiikkachiisi achiis dhimmiin bilisa ba'e sun gara ibsaa ibsutti (kun ibsaa ta'uu danda'a, ykn illee ibsaa bilbila ismaartii irratti argamu ta'uu danda'a), Faarfannaa 23 sagalee ol kaasee yaadannoo irraa akka dubbisu taasisi.

Meeshaa Barnoota Kutaa 3

Bineensichi kiyyoo kana yoo fudhate in qabama. Hanga kiyyoo kana gadhiisutti bilisa ta'uu hin danda'u. Namni tokko meeshaa bishaan ittin dhugamu harka isaa keessa galchuu danda'u barbaadi. Garuu harka isaanii aboottachuun keessaa baasuu hin dandeenye barbaadi. Meeshsaa ittiin dhugamuu fi waraqaa "SHAHAADAA" jedhu ol qabadhu. Ija mukaa muraasa ta'an keessa isaaa kaa'a. Sana booda namichi kun ija mukaa kana harkaan qabachuuf jedhee harka isaa yoo aboottatu keessaa baasuu dadhaba. Kana booda rakkina isaa nama hundumaatti argisiisa. Harka isaanii karaa ittiin malaan keessaa baafachuu danda'an ija mukaa kana dhabamsiisuudha.

Meeshaa Barnoota Kutaa 4

Dubartii miira dheekkamsaa keessa jirtuu fi muslimaa marata rifeensaa godhate tokko teessowwan lamaan irra agartuun isaanii haguugamee taa'aniiru. Kana booda jechoota "MUSLIIMA AMANAMAA" jedhamanii dubbifaman qubee gurguddaan waraqaa lamarratti barreeffamanii namoota hundumaarratti haa maxxansan. Namoonni hedduun gammachuun sagalee isaanii ol kaasuun walii isaanii wajjin dubbachuu fi faarfannaa galataa waliin haa faarfatan. Garuu Muslimootatti homaa otuu hin dubbatiin irra deddeebi'anii isaan bira akka deeman haa taasisan. Namni Musliimaa teessuma isaa jala billaa (meeshsaa biroo) akka qabatu taasisaa. Yeroo namni kamuu itti dhiyaatu baasee itti argisiisuun akka isaan callisanii fi akka hin dammaqsine itti himaa. Warreen kaan miira callisuu keessa ta'u. Kana booda namni tokko dhufee sagalee tokko malee haguuggii agartuu isaa irraa basuun namoonni 11 bakka sana eenyullee akka hin jirre argisiisa. Kana booda hunduu ajaa'ibsiifachuun keessaa ba'u.

Meeshaa Barnoota Kutaa 5

Dhiirri ykn dubartiin tokko lafa ciisee, dadhabee fi mo'amee fakkaatee, haala ittisaa keessatti marfamee jira. Jechi "Fudhatama Hin arganne" jedhu waraqaa irratti qubee jajjaboodhaan maxxanfamee nama hundumaarratti maxxanfama. Funyoon dheeraan naannoo jilba tokkootti argamu, bakka sana irraa fagaatee deema. Maal irratti akka hidhame arguu hin dandeessu: mukatti ykn waan biraatti hidhamuu danda'a. Fakkiin furtuu tokko dhufee funyoo sana hiikee, suuta jedhee nama sana teessoo irra ol kaasee ykn qajeelcha, bishaan koochoo tokko isaaf kenne, hamma dhuganii xumuranitti obsaan ilaala, achiis koochoo sana fudhatee gama tokkotti kaa'ee, kan maqaa "FUDHTAMA HIN ARGANNE" jedhu kaa'uu. Sana booda fakkiin furtuu teessoo irratti nama furee fuulduratti jilbeenfatee miila isaanii dhiqee gogsa.

Meeshaa Barnoota Kutaa 6

Namni tokko Kitaaba Qulqulluu qabatee marcuma minjaala duuba jirurra taa'ee haati manaa isaa ammoo harka ishee gatiittii isaarra kaa'uun duubaan dhaabatti. Kitaaba Qulqulluu banamaasaa callisuun ilaalu. Kana booda jecha *"Ziimmii"* jedhu qubee gurguddaan mallattoo fiixee furdaa qabuun wanna bal'aa haguuggii irratti akka maxxanfamu taasisi. Jecha teeppii irratti argamu dhaggeeffattootatti agarsiisi, achiis deemtee afaan namicha teessoo irra jiru sanaa irratti teeppii godhi. Sana booda Muslima fakkeesse tokko akka seenee nagaa gaafachuu akka jalqabu godhi achiis Kiristaana callisee taa'ee jiru sanatti akka qoosu. Haati manaa gaaffilee deebisuuf akka yaaltu taasisi. Musliimittiin deebii deebisuun isheef malu dagatti. Kiristaanichi harka lamaaniin

Kitaaba Qulqulluu akka qabatu sana booda mataa isaa haa sochoosu. Dhumarratti musliimonni kolfanii ba'u. Haati manaa musliimichii wanna afaan abbaa manaashee keessa jiru keessaa baasuun gammachuun "musliimichi akka deebi'u" haa taasiftu. Kana booda namichi "nan dhufa nan dhufa!" jechuudhaan Kitaaba Qulqulluu harkatti qabatee ishee duukaa bu'uuf murteessa.

Meeshaa Barnoota 7

Callistee teessoo sadii dhaggeeffattoota duratti, teessoo tokko gama tokkoon, teessoo lama gama biraatiin wal cinaa kaa'i. Tokkoon tokkoon teessoo lama lama ta'an jecha "BILISUMMAA" jedhu waraqaa irratti maxxane qaba. Teessoon inni kaan immoo jecha "ISLAAMA" jedhu itti maxxane qaba. Teessoon tokkichi kun funyoodhaan waan kutaa sana keessatti hin sochoone tokkotti hidhamee jira.

Namni teessoo "Islaamaa" irra taa'ee, miilli isaa funyoo gabaabaa biraatiin teessoo sanatti hidhamee jira. Funyoon dheeraan teessoo "bilisummaa" bira akka ga'u hin hayyamu, teessoo "Islaamaa" immoo waan hin sochooneetti waan hidhameef socho'uu hin danda'u. Jechi "BONDAAGE" jedhu qubee jajjaboodhaan mallattoo fiixee furdaa qabuun waraqaa irratti akka maxxanfamu taasisi. Namni tokko waraqaa kana dhaggeeffattootatti agarsiisee booda dhaqee funyoo nama sana teessoo "Islaamaa" irratti qabee jirutti teeppiidhaan hidha. Namni biraa seenee teessoo "bilisummaa" keessaa tokko irra taa'ee Macaafa Qulqulluu akka dubbisu taasisi. Namni kun nama hidhame sanatti harka isaa agarsiisa, gara teessoo "bilisummaa" duwwaa ta'etti akka dhufan isaan afeera. Namni hidhame teessoo "bilisummaa" bira ga'uuf yaala, garuu sababa funyootiin hin danda'u. Namni teessoo "bilisummaa" irra jiru mallattoo "RENOUNCE" jedhu irratti maxxanfame fudhatee dhaggeeffattootatti agarsiisa. Namni sun sana booda itti deemee mallattoo "ISLAM" jedhu gubbaatti mallattoo "RENOUNCE" jedhu maxxansee akka lamaan isaanii mul'ataniif, funyoo nama sana teessoo "Islaam" irratti hidhu hiike. Namoonni lamaan amma achi dhaqanii teessoo "bilisummaa" lamaan irra taa'u. Keeyyata jalqabaa 'Amazing Grace' (ykn faarfannaa ykn faarfannaa beekamaa kan biraa waa'ee bilisummaa Kiristoos) waliin faarfachuu jalqabu.

Meeshaa Barnoota 8

Dubartiin akka Muslimaatti uffata uffattee ija cufattee, gara taa'umsaa haa dhuftu. Jecha "SHAME" jedhu waraqaa irratti maxxanfamee laphee ishee irratti teeppiidhaan hidhamee jira. Namichi Muslimaa "Miilli kee fi harki kee xuraa'aadha!" jedhee deema. Isheen taa'umsarra taa'aa jirti. Warreen affeeraman harkaa fi miillaa baayyee qulqullina hin qabne ta'uusaa hubatu. Isheenis in boossi. Yeroo kana dubartiin kiristiyaana tokko gara ishee dhufti. Bishaanii fi erbee bishaan ittiin qoorfatan of harkaa qabdi. Jalqabarratti otuu homaa hin dubbatiin imimmaan ishee irraa haquun maddii ishee qoorsiti. Kana booda harka dubartii kanaa bishaaniin qulqulleessiti. Kana booda miilla ishee bishaaniin qulqulleessuuf jilbeenfatti. Miilli ishee erga qulqulleessitee booda uffata ishee irraa kaasuun harka walqabatanii deemu. Kiritiyaanni bishaan qabattee musliimittiin uffata ishee qabatanii deemu.

Gahee Pirezidaantota Garee Xixiqqaa

Gaheen pirezidaantii garee xiqqaa garee isaanii keessatti marii jajjabeessuudha.

Jechi tokko gaaffilee tokkoon tokkoon barnootaa keessatti qubee jajjaboodhaan yeroo barreeffamu, kun maqaa haaraa ykn jechoota haaraa barnoota addaa sanaaf ta'an keessa jira jechuudha. Gareen tokko jechoota kana keessaa tokko yeroo qunnamu, pirezidaantichi yeroo muraasa fudhatee xiyyeeffannaa garee sanaa namni sun eenyu akka ture, ykn hiikni jechichaa maal akka ta'e harkisuu barbaada ta'a.

Pireezidaantichi garee isaanii keessa jiru hundi marii kanaaf tumsa akka godhu jajjabeessa.

Gaaffiiwwan dhiyaatan namni hundi barumsicha akka hubate mirkaneessuuf kan gargaaranidha. Miseensonni garee kanaas dhimmoota kutaa sana keessa jiran irratti caalaatti mari'achuu yoo barbaadan gaariidha.

Gareen tokko mata duree ala yoo ta'e pirezidaantichi gaaffilee qoratamaa jiranitti isaan deebisuu danda'a.

Pirezidaantichi mariin kun akka itti fufus ni taasisa.

16

Pirezidaantiin garee xiqqaa keessaa nama deebii dhuma maanuwaalii leenjii irratti argamu ilaaluun hayyamameef qofaadha.

Mata-Duree Kadhannaa Kutaa 5-7 Keessatti Argamu Hogganuu

Qajeelfamni kadhannaa shahaada, Zimmaa fi soba, olaantummaa sobaa fi abaarsa kan ittiin morman qajeelfamoonni kadhannaa kanaa gadiitti argamu.

- Salaata hunda waliin akka garee guddaatti (garaa garummaan osoo hin taane, garee xixiqqoo keessatti) dubbadhu. Haa ta'u malee, hirmaattonni garee isaanii keessaa bahuun hin barbaachisu yoo sun nama hunda walitti qabuuf barbaachisaa ta'e malee.

- Namni hundi osoo kadhannaa kadhatuu akka dhaabbatu yoo godhame gaariidha: yeroo labsii akkasii kenninu dammaqinaan, dammaqnee, dhaabbachuu qabna.

- Tokkoon tokkoon kadhannaa dura caqasoonni Macaafa Qulqulluu bifa gaaffii fi deebiitiin kaa'amaniiru. Geggeessaan jalqaba gaaffilee dubbisa, achiis caqasoota macaafa qulqulluu, achiis deebii (qubee jabaatiin maxxanfame). Kana booda namni hundi dhaabbatee kadhannaa ni dubbata wajjin. Barnoonni 6ffaan (Bilisummaa Zimmaa irraa) Barumsa 5ffaa (Bilisummaa Shahaadaa irraa) hordofuun yommuu raawwatamu—kun tartiiba baratamaadha-kana booda keeyyattoonni 'dhugaa wal-qunnamuu' Barumsa 5ffaaf duraan dubbifamaniiru kanaaf irra deebi'amuun isaan hin barbaachisu Barnoota 6 tiif.

- Barumsa 5ffaa keessatti kadhannaan shahaadaa mormu 'Labsii fi kadhannaa waadaa Yesus Kiristoosiin Duuka Bu'uu' booda qofa dubbatamuu qaba, kunis barnoota 5ffaa keessatti argama ergasii ragaalee bilisummaa dubbisi. Kana booda geggeessaan caqasoota 'dhugaa wal qunnamuu' dubbisa. Sana booda namni hundi 'Shahaadaa Ganee Aangoo Isaa Cabsuuf Labsii fi Kadhannaa' jedhu waliin dubbata.

- Kadhannaawwan kunniin karaa garaa garaan muraasaan waliin dubbatamuu danda'u:

- Namoonni kallattiin qajeelfama leenjii kana irraa waliin dubbisuu danda'u.

- Yoo paawor poowintii fayyadaman iskiriinii irraa dubbisuu danda'u.

- Hogganaan yeroo baayyee dubbisa tokko yoo dubbisuu fi warreen kaan ammoo wanna dubbifame kanarri tosha yoo hojjetan keeyyata "ana booda tosha hojjedhu" kan jedhu dubbisuun gaarii ta'a. Warreen dubbifatan sagalee ol kaafachuun dubbisuuf shaakaluu dhaa yoo baatan gaariidha. Tooftaan kun namoonni jechoota kadhannaa kan mataa isaanii taasisuu fi abbaa kanaa akka ta'aniif yeroo kenna. Foormiin kun miira tokkummaa garichaa ijaaruu danda'a.

▪ Yeroo kadhannaawwan kun kadhataman, battaluma namoonni kadhata sana erga dubbataniin booda, geggeessaan warra kadhannaa kadhatan hundaaf irratti kadhachuun abaarsa cabsee eebbaan bakka buusuuf baay'ee barbaachisaadha. Kadhannaan hordoffii geggeessaan kunniin wantoota armaan gadii of keessatti qabachuu qabu:

- Hogganaan abaarsa waan ganamee wajjin walqabatu hunda cabsuu ofitti amanamummaadhaan labsuu qaba. Kunis yookaan ummataaf ta'uu danda'a, yookaan hogganaan labsii ofiif baasuu keessatti ummata geggeessuu danda'a. Fknf, salaata shahaada ganuun booda, geggeessaan "abaarsa Islaamummaan fide hunda jireenya kee irraan cabsa. Jireenya kee irraa humna hafuuraa hunda nan cabsa Islaamummaa." Yookiin yoo ummanni geggeeffamaa jiraate, jechoota, bifa irra deddeebi'anii na booda, "Abaaramoota Islaamummaan fide hunda jireenya koo irraa nan cabsa. Humna hafuuraa Islaamaa hunda jireenya koo keessaa nan cabsa."

- Akkasuma, geggeessaan jinniiwwan akka ba'an ajaja—isaan ari'a—ykn namoota kana ofii isaaniif gochuu keessatti geggeessa, jechoota kana fayyadamuun: "Maqaa Gooftaa keenya Iyyasuus Kiristoosiin jinniiwwan hundinuu Yesusiif akka bitamanii fi amma isin dhiisanii

18

deeman nan ajaja" . (ykn "amma na dhiisi" yoo bifa irra deddeebi'uu- na boodaa fayyadamte).

- Hogganaan sana booda namoota kadhannaa godhan eebbisa, eebba faallaa waan ganeef dabarsu waamuun, akkuma barnoota 2. Fakkeenyaaf, Zimmaa kana dhiisuuf kadhannaa erga godhamee booda, geggeessaan funyaan nama eebbisuu danda'a namoota dubbii jireenyaa qaban ija jabinaan dhugaa dubbachuuf; akkasumas shahaada ganuuf kadhannaa booda geggeessaan jireenya, abdii, hamilee, jaalala Waaqayyootiin ummata eebbisuu danda'a.

- Kana malees, gareen kadhannaa qophaa'ee kan salaanni tokko waliin qara'amee booda namootaaf kadhannaa itti fufuu danda'u qabaachuun gaariidha. Karaan tokko sarara tajaajila dibachuu qabaachuudha: kadhannaa erga dubbisanii booda, namoonni zayitiin dibamuuf gara fuulduraatti akka dhufan affeeramuu danda'u, akkasumas miseensota garee kadhannaatiin dhuunfaan kadhatamuu danda'u. Garee kadhannaa keessan dursitanii leenjisuun gaariidha, kanaaf waan isaan irraa eegamu ni beeku.

Cuuphaa

Namni Kiristisiin duukaa bu'uuf amantaa Islaamummaa keessaa ba'u hundi otuu hin cuuphamiin yeroo murasa booda gosa kadhannaa fi ibsa ejjennoo lamaan kutaa 5 nii fi 39 akka dubbisu cimsamee gorfama. Kadhata kana otuu hin dubbisiin dura hiikkaan kadhannaa ifatti ibsamuufii mala. Kanaafuu akka isa deeggaranii fi wanna kadhatan hundumaa guutummaatti akka beekan gorfama.

Ibsa Ejjennoowwanii

Namoonni yeroo tokko tokko kadhannaa yommuu godhan jiinniiwwan ni mul'atu. Yeroo kanatti namni tokko boo'uu fi kufuu yokiin raafamuu eegaluu danda'a. Sababa kanaa fi keessumaa namoonni gurmuun ta'anii kadhannaa kana yoo dubbifatan qophaa'uun gaariidha. Jinniin nama tokko keessa yoo seenu of eeggannoon warreen kaanirra adda baasuun, jajjabeesuu fi hafuura

19

tasgabbiin akka keessaa ba'u kan abboomu gareen tokko jiraachuu qaba.Akkasumas hogganaan tokkoo fi kanaa ol ta'an yeroo kadhati godhamuu ija isaanii saaquun haala namni hundi keessa jiru hordofuun gaariidha.

1

Barbaachisummaa Islaamummaa Ganuu

"Bilisummaaf Kiristoos bilisa nu baase!"
Galaatiyaa 5:1

Kaayyoowwan barnootaa

a. Aangoowwan kakuu Islaamummaa keessatti argaman ganuun barbaachisummaa murteessaa ta'uusaa hubadha.

b. b. Weerara abbaa biyyummaa hafuuraa Islaamummaan Muslimoota fi Muslimoota hin taane irratti qabu hubachuu.

c. Yaada humna seexanaa irraa gara mootummaa Yesus Kiristoositti dabarfamuu wajjin wal barsiisaa.

d. Fayyadama humnaa akka deebii isa xummuraa jihaada Islaamaa ta'etti tuffadhu.

e. Muhaammad "mootii hamaa" Daani'eel mul'ata keessatti arge waliin wal fakkaachuu isaa ilaali, mootiin kun akka mo'ame hubadhu, garuu "humna namaatiin miti."

Qorannoon haalaa: Maal goota?

Kitaaba Mark Durie kana dubbisaa osoo jirtuu, eessuma kee balaa konkolaataa xiqqaan akka isa mudatee fi hospitaala baayyee sitti dhihoo jiru keessa akka jiru bilbilli sitti bilbilame. Yeroo isa daawwachuuf deemtan Alii, Muslima Shi'aa baay'ee of kenne waliin kutaa tokko keessa akka jiraatu hubatta. Erga adeera keetiif kadhattee booda Aliin si waliin haasa'uuf fedhii guddaa qaba, "Ati Muslima baay'ee gaarii taata turte, kana gochuufis baay'ee dhihoo jirta. Fakkeenyi ajaa'ibaa Hazrat Muhammad nageenyi isaaf haa ta'u erga bartee booda Hazrat Iisaa nagaan haa jiraatu akka dhufu waadaa fi raajiin akka itti dubbatame ni argita. Nabiyyiin keenya Guddaan nageenyi isaaf haa jiraatu, nama hunda caalaa gara laafessa, nama jaalala qabeessa, nama nagaa qabu ture. Karaa Rabbii dhugaatti akka galtan isin afeera."

Akkamitti deebii kennitu?

Barbaachisummaa hatattamaa

Kun ragaa nama Muslima duraanii amantii Kiristaanummaa fudhatee boodarra yeroo Islaamummaa ganu bilisummaa guddaa ibseedha:

Maatii Musliimaa biyyoota dhihaa keessatti guddadhe. Masjiida irratti argamnee salaata keenya afaan Arabaatiin dubbachuu baranne. Kanaa ol guddachaa yeroon ture garmalee amantii hin qabu ture. Yeroon gara yunivarsiitii seenu yeroon barbaacha keessa darbe wanti tokko jijjiirame. Dhuma yeroo kanaa irratti, Yesus Kiristoos dhuguma eenyu akka ta'e waanan argadheef, lubbuu koo nan oolche.

Mooraa yunivarsiitichaa keessatti garee Kiristaanota barattootaa tokko waliin hirmaadhe. Torban torbaniin barataan adda ta'e tokko dabareedhaan ergaa Macaafa Qulqulluu irraa hirmaataa ture. Kiristaana ta'ee waggaa tokko kan hin guunne ta'us, kanas ta'e sana ergaa tokko qooduu akkan danda'u na gaafatan. Galgala ani qooduu qabu sana kadhannaa tokko tokkoof mana kitaabaa mooraa keessaa tokkotti tarkaanfadhe. Ergaan ani waa'ee isaa dubbachuu qabu "Yesus anaaf du'e; Yesusiif nan du'aa?" kan jedhuudha.

Osoon kadhachuu jalqabu, wanti baay'ee ajaa'ibsiisaa ta'e tokko na mudate. Akka nama waa ciniinamee ykn ukkaamfamuutti qoonqoo kootti dhiphachuun natti dhaga'ame. Miirri kun itti fufee fi cimee yeroo deemu rifachuun natti dhufe. Sana booda sagaleen "Islaamummaa dhiisi!

Islaamummaa dhiisaa!" Gooftaa ta'uu isaa nan amane. Kanuma waliin sammuun koo sababa dhiheesse: "Gooftaa, ani dhuguma yeroo dhiyoo asitti gara Islaamummaa hin seenne ykn tasumaa hin shaakalle."

Haa ta'u malee, miirrii ukkaamsuu itti fufee waan tureef, "Maqaa Yesuusiin Islaamummaa nan dhiisa" jedheen. Kun hundi mana kitaabaa waan ta'eef hamma tokko callisee ta'aa ture. Achumaan miirrii dhiibbaa naannoo qoonqoo kootti natti dhaga'amu gadhiifame. Miirri boqonnaa guddaan natti dhaga'ame! Gara kadhannaa fi qophii walgahii sanaatti deebi'e. Walgahii sana irratti Gooftaan dhuguma humnaan kan mul'ate yoo ta'u barattoonni jilbaafi fuula isaaniitiin Gooftaatti iyyan ofii isaaniif dhiyeessuu isaanii nan yaadadha.

Har'a addunyaa kanarra fedhii guddaan kan namoota hedduu keessaa tokko Islaamummaa ganuudha. Kitaabni kun maaliif barbaachisaa akka ta'ee fi akkamitti akka raawwatamu ibsa. Kiristaanonni dhiibbaa hafuuraa to'annoo Islaamaa irraa bilisa akka ta'an gargaaruuf odeeffannoo fi kadhannaa ni kenna.

Yaadni ijoo kitaaba kanaa humni hafuuraa Islaamaa kakuu (ykn waliigaltee) lamaatiin kan raawwatamu yoo ta'u, shahaadaa fi Zimmaa jedhamuun beekama. Shahadaan Muslimoota hidhuu fi Zimmaa immoo namoota Muslima hin taane haal-duree seera Islaamaatiin murtaa'een hidhuudha.

Wantoota armaan gadii beekuun barbaachisaa dha:

- Namni Muslima ture garuu Kiristoosiin duukaa bu'uu filate akkamitti shahaadaa fi seera of keessaa qabu hundumaarraa bilisa ta'uu danda'a?

- Kiristaanni tokko haala akkamiini bilisummaa isaa akka gaafatuu fi seera Shari'aan karaa Zimmaaan kan murteeffame miira gadi aantummaa namoota Islaamaa hin taanerraa bilisa ba'uu danda'a

Kiristaanonni kakuuwwan kana lamaan irraa bilisa ta'uu isaanii himachuu kan danda'an kakuuwwan kana ganuudhaani. (Kanaaf, kadhannaan Islaamummaa ganuu kitaaba kana keessatti gara boodarra dhiyaateera.)

Kakuuwwan lamaan

Jecha Arabaan Islaama jechuun 'bitamuu' ykn 'harka kennuu' jechuudha. Amantiin Muhaammad bitamuu gosa lama addunyaaf akka dhiyaatu taasisa. Tokkoffaan nama amantaa Islaamummaa fudhate harka kennuudha. Inni biroon ammoo namni Musliima hin taane otuu hin jijjiiramiin dura olaantummaa Islaamummaaf kan bitamu harka kan kennatuudha.

Kakuun jijjiirame Shahaadaa inni jedhamu amantaa Musliimaa dha. Kun Allaan tokko ta'uusaa, nabiyyummaa Muhammadii fi wanna ibsaman kanaan kan dhuunfatuudha.

Kakuun nama Muslima hin taane kan olaantummaa siyaasaa Islaamaatiif harka kennatu *"Zimmaa"* jedhama.. Kun dhaabbata seera Islaamaa sadarkaa Kiristaanotaa fi namoota biroo Islaamummaa fudhachuu dhiisuu filatanii garuu bulchiinsa isaa jala jiraachuuf dirqaman murteessudha.

Islaamummaan ilmi namaa Rabbiif akka bitamee jiraatuuf, himachuuf gaaffiin dhiyeesse Shaahaadaa yokiin *"Zimmaa"* kana fudhachuun hundeeffamuu qaba.

Kiristaanonni baay'een namni amantii Musliimaa dhiisee Kiristoosiin hordofe Islaamummaa ganuun isa barbaachisuu akka danda'u ni hubatu turan. Haa ta'u malee, Kiristaanonni hedduun Kiristaanonni Muslima ta'anii hin beekne kanas ta'e sana dhiibbaa hafuuraa olaantummaa Islaamaa jala galuu akka danda'an baruun isaanii isaan ajaa'ibuu danda'a. Kana qorachuuf immoo isaan barbaachisa.

Sodaa fi gadi aantummaa Islaamummaan akka Muslima hin taaneetti isaan irratti fe'uu barbaadu diduudhaan, himannaa kakuu Zimmaaa irratti ejjennoo dhuunfaa fudhachuu.

Kakuuwwan olaantummaa lamaan kana duuba seera bu'uuraa-shahadaa fi Zimmaa-qoranna, akkasumas Kiristoos, humna jireenya isaa, fi qabeenya hafuuraa bilisummaaf karaa fannoo mirkaneesse akka ilaaltan isin afeerra. Seerawwan bu'uuraa Macaafa Qulqulluu kan kennaman yoo ta'u, kadhannaan bilisummaa Kiristoos duraan bakka kee bu'ee argate ofii keetiif akka himtu si dandeessisu ni kennama.

Dabarsa abbaa biyyummaa

Barsiisonni Islaamaa hedduun abbaa biyyummaa "Rabbii qofaaf" akka ta'e cimsanii dubbatu. Kana yeroo jedhan seerri shari'aa qajeeltoowwan haqaa ykn aangoo biroo irratti bulchuu qaba jechuu isaaniiti.

Yaadni ijoo kitaaba kanaa hordoftoonni Kiristoos mirga olaantummaa hafuuraa bifa biroo ganuuf mirga akka qabaniifi dhugumatti dirqama akka qaban dha.

Hubannoo kiristaanaa keessatti gara Kiristoositti garagaluun kan Kiristoosiin alatti lubbuu ofii irratti himannaa hafuuraa hunda diduu fi dhiisuu jechuudha. Phaawulos, xalayaa isaa warra Qolosaayisiif barreesse keessatti, Kiristoositti amanuu dhufuun mootummaa tokko irraa gara mootummaa biraatti akka darbu ibseera:

> Inni mootummaa dukkanaa jalaa nu oolcheera, gara mootummaa ilma inni jaallatu, isa keessatti furuu, dhiifama cubbuutti nu galcheera. (Qolosaayis 1:13-14)

Tooftaa hafuuraa kitaaba kana keessatti yaadame hojiirra oolmaa seera bu'uuraa mootummaa tokko irraa gara mootummaa biraatti dabarfamuudha. Amantiin kiristaanaa, karaa furuu isaanii, bulchiinsa Kiristoos jala galeera. Akkuma kanaan duraa kana booda seera bu'uuraa "ol'aantummaa dukkanaa" jala hin jiran.

Mu'mintoonni bilisummaa kana ofii isaaniitiif himachuu fi abbummaa qabaachuuf-kun mirga dhalootaa isaanii ta'e-himata Islaamaa mormuudhaan, maal irraa akka dabarfaman, fi maalitti akka dabarfaman hubachuu qabu. Kitaabni kun beekumsa kana kan dhiyeessu yoo ta'u, hojii irra oolchuuf qabeenya kan kennudha.

Billaan deebii miti

Fedhii Islaamummaan ol'aantummaa qabaachuu danda'u mormuun karaa heddudha. Kunis tarkaanfii siyaasaa fi hawaasaa, falmii mirga namoomaa, qorannoo akaadaamii, fi miidiyaatti fayyadamuun dhugaa jiru dabarsuu dabalatee tarkaanfiiwwan bal'aa of keessaa qabaachuu danda'a. Hawaasa fi saboota tokko tokkoof yeroon deebii waraanaa barbaachisaa ta'uu danda'u jira, garuu billaan deebii dhumaa jihaada Islaamaa ta'uu hin danda'u.

Muhaammad hordoftoota isaa amantii isaa gara addunyaatti akka geessu yeroo ajaju, namoota Muslima hin taaneef filannoo sadii akka dhiyeessan qajeelfama kenne. Tokko jijjiirraa (shahaada), kan biraan siyaasaan harka kennachuu (Zimmaa), filannoo biraa immoo billaa: lubbuu isaaniif falmuu, ajjeesuu fi ajjeefamuu, akkuma Qur'aanni barsiisu (Q9:111; akkasumas Q2:190- ilaali). 193, 216-217;Q9:5, 29) irratti kan ibsame dha.

Daandiin Fudhatama Dhabuu waraanaa jihaada irratti godhamu balaa hafuuraa fida, carraa mo'amuu irraa baay'ee adda. Kiristaanonni Awurooppaa yeroo Fudhatama Dhabuu ittisaa injifannoo Islaamaa irratti bobba'an waggoota kumaa oliif billaa fudhachuu qabu turan. Rekuunkustaa Peninsula Albeeriyaa bilisa baasuuf gara waggaa 800 fudhate. Bara 846 Dh.K.D Araboonni Roomaa erga buqqisanii waggaa torba qofa booda, akkasumas erga Musliimonni Andaaluusiyaa (Iberian Peninsula) weeraraniifi qabatanii jaarraa tokkoo ol booda, Phaaphaasiin Liyoon 4ffaan bara 853 Dh.K.D jihaada jedhu. Haa ta'u malee, kun tooftaa isaa fakkeessuun Islaamummaa loluuf yaaliin godhame ture: hundumaafuu, warra lola irratti du'aniif jannata waadaa kan gale Yesus osoo hin taane Muhaammad ture.

Ta'us hundeen humna Islaamaa kan waraanaa ykn siyaasaa osoo hin taane, kan hafuuraati. Islaamummaan injifannoo isaa keessatti waan hundee isaatiin gaaffii afuuraa ta'e, seera shari'aatiin karaa dhaabbilee shahaadaa fi Zimmaaatiin ibsame, humna waraanaatiin kan deeggaramee ture. Sababa kanaaf qabeenyi asitti dhihaatee namoota Islaamummaa jalaa ofirraa ittisuu fi bilisa baasuuf dhihaatu kan afuuraati. Isaanis amantoota kiristaanaa akka itti fayyadamaniif kan qophaa'an yoo ta'u, hubannoo macaafa qulqulluu fannoo irratti qaban hojii irra oolchanii namoonni gara bilisummaatti akka dhufan karaa kan kennan ta'uu isaaniiti.

"Humna namaatiin miti"

Macaafa Daani'eel keessatti mul'anni raajii nama dinqisiisu, Kiristoos dura jaarraa ja'a dura kenname, bulchaa mootummoota mootummaa Aleeksaandar Guddicha booda dhufan keessaa ka'u tokko jira:

> Kutaa bulchiinsa isaanii isa boodaa keessatti, yeroo finciltoonni guutummaatti hamaa ta'anitti, mootiin gara jabeessa fakkaatu, gooftaa shira xaxaa ta'e tokko ni ka'a. Baayyee ni jabaata, garuu humna ofii isaatiin miti. Gaaga'ama nama dinqisiisu ni fida, wanta hojjete hunda keessattis ni milkaa'a. Warra jajjaboo, saba qulqulluu ni balleessa. Gowwoomsaa akka badhaadhina argatu ni taasisa, akkasumas akka caalu of ilaala. Yeroo nageenyi itti dhaga'amu namoota hedduu balleessee mootii bulchitootaa irratti ejjennoo isaa ni fudhata. Ta'us ni badama malee humna namaatiin miti. (Daani'eel 8:23-25)

27

Amaloonni fi dhiibbaan bulchaa kanaa Muhaammadii fi hambaa isaa wajjin walfakkeenya ajaa'ibaa qaba, kunis miira olaantummaa Islaamummaa dabalatee; beela milkaa'ina ishee; itti fayyadama gowwoomsaa; humnaa fi badhaadhina namoota biroo dhuunfatanii aangoo horachuuf itti fayyadamuu; irra deddeebi'ee saboota miira nageenyaa sobaa qaban injifachuu; mormii Yesus, Ilma Waaqayyoo fi Gooftaa hundumaa fannifame; akkasumas seenaa hawaasa Kiristaanotaa fi Yihudootaa barbadeessee ture.

Raajiin kun akka maddeen Musliimaa gabaasanitti Muhaammadii fi amantii Islaamaa garaa gara ba'uunsaa naamusaa fi afuuraa jireenyaa fi dhaala Muhaammad irraa ka'e agarsiisuu danda'aa? Dhaalli kun ifaadha. Yoo Muhaammad kan eeru ta'e, raajiin Daani'eel dhuma irratti aangoo "mootii" kanaa irratti injifannoo argachuuf abdii kan kennu yoo ta'u, injifannoon "humna namaatiin" akka hin taane akeekkachiisas of keessaa qaba. "Mootii gara jabeessa fakkaatu" kana mo'uuf, bilisummaan karaa siyaasaa, waraanaa ykn dinagdee qofaan hin mo'amu, hin mo'amus.

Akeekkachiisni kun mirga Islaamummaan namoota biroo irratti ol'aantummaa qabaachuu isaaf dhugaa ta'uun isaa hin oolu. Humni himannaa kana duuba jiru kan hafuuraa yoo ta'u, Fudhatama Dhabuun bu'a qabeessa ta'ee gara bilisummaa waaraatti geessu karaa hafuuraa qofaan argamuu danda'a. Mallattoolee fedhii Islaamummaan ol'aantummaa qabaachuu bulchuuf humna waraanaa dabalatee bifa Fudhatama Dhabuu biroo barbaachisaa ta'uu danda'a, garuu hundee rakkoo sanaa furuu hin danda'an.

Humna Kiristoosii fi fannoo isaa qofatu furtuu fiixa ba'insaa qabu fi dhumaa himannaa Islaamummaa fi salphinasaa irraa bilisa ta'uuf kan kennudha. Yaada cimaa kana keessaa baheen kitaabni kun akka barreeffamu ta'e. Kaayyoon isaas amantoonni tooftaa Islaamummaan lubbuu namaa irratti ol'aantummaa qabaachuu gama lamaan irraa bilisummaa akka argatan hidhachiisuudha.

Qajeelfama Qo'annoo

Barnoota 1

Hiika jechootaa

Kakuu   Sharia   Peninsula Aberiyaan
Shahadaa   jihad   Andaluusiyaa
Zimmaa   Rikonkustaa

Maqaawwan haaraa

- Phaaphaasiin Roomaa Liyoon 4ffaa (Dh.K.D bara 847–855tti aangoo irra turan)
- Aleksaandeer Guddicha (Dh.K.D 356–323).

Macaafa Qulqulluu barnoota kana keessatti

Qolosaayis 1:13-14   Daani'eel 8:23-25

Qur'aana barnoota kana keessatti

Q2:190, 193, 217   Q9:29, 111

Gaaffiiwwan Barnoota 1

- Miseensonni garee xixiqqaa of beeksisuun pirezidaantii fi barreessaa garee muudu.
- Qorannoon haalaa irratti mari'achuu.

Barbaachisummaa hatattamaa

1. Hafuurri Qulqulluun Muslima duraanii ergaa isaa Kiristaanotaaf dhiyeessuun dura maal akka godhu itti hime?

2. Duuriin namoota baay'eef fedhii hatattamaa isa ol aanaa akka ta'ee maal hubate?

3. Islaamummaa keessatti kakuuwwanhafuuraa lamaan maqaan Arabaa maal fa'a?

4. Nama gosa kamtu bilisa bahuu fi ganuu barbaachisa shahadaa?

5. Nama gosa kamitu gadi bu'iinsa xiqqeessuu seera shari'aa Islaamaatiin fe'ame irraa bilisa ta'uu qaba?

Kakuuwwan lamaan

6. Amantiin Muhaammad harka kennachuu bifa lama akkamii barbaachisa?

7. Shahaada qara'uun maal agarsiisa?

8. Kakuun "Zimmaa" maali?

9. Dhiibbaa hafuuraa olaantummaa Islaamaa ilaalchisee kiristaanota hedduu maaltu ajaa'ibsiisuu danda'a?

Dabarsa abbaa biyyummaa

10. Barsiisonni muslimaa "biyyummaan Rabbii qofaaf" yeroo jedhan maal jechuu isaanii?

11. Kiristaanni hundi gara Kiristoositti yommuu deebi'u maal ganuu fi diduu qaba?

12. Kiristiyaanonni maal irraa jijjiiramaniiru? Gara maalitti dabarfamuu?

Billaan deebii miti

13. Islaamummaa mormuuf, gochoonni Duurii Kiristaanonni fudhachuu akka danda'an yaadni dhiheesse maali?

14. Filannoon sadan Muhaammad hordoftoota isaaf qajeelfama kenne namoota Muslima hin taane mo'ataniif maal turan?

15. Lafti Kiristaanummaa erga weeraramee booda Kiristaanonni humnoota Islaamaa wajjin yeroo hammamii lolaa turan,

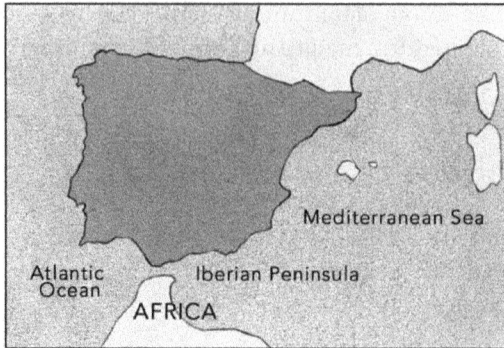

akkasumas Kiristaanonni duubatti deebi'uun—Rikoonkuyistaa kan jedhamu—Peniinsuula Aberiyaan deebifachuuf yeroo hammamii fudhate?

16. Bara 846 Dh.K.D Muslimoonni Roomaa erga buqqisanii booda, maal Maal waadaa galeef? Phaaphaasiin Liyoon 4ffaan bara 853 Dh.K.D?

17. Akka Duurii jedhutti hundeen humna Islaamaa maali?

"Humna namaatiin miti"

18. Akka Duurii jedhutti dhaalli jireenyaa Muhaammad walfakkeenya ajaa'ibaa eenyuu wajjin qaba?

POPE LEO IV

19. Macaafa Daani'eel keessatti mootii gara laafina hin qabne akka fakkaatu kan isa taasisan gama adda addaan hubadhu (tokkoon tokkoon gaalee guuti):

32

- Miira Islaamaa kan ...

- Beela Islaamummaa ...

- Islaamummaan itti fayyadama ...

- Islaamummaan humnaa fi badhaadhina fudhachuu fi itti fayyadamuu ...

- Islaamummaan saboota injifachuu ...

- Mormii Islaamummaan ...

- Galmee hojii Islaamaa kan ...

20. Dhuma irratti injifannoon akkamitti dhufa?

21. Furtuuwwan lama qofti himannaa Islaamummaa xiqqeessuu irraa bilisa ta'uu danda'u maali?

2

Bilisummaa Karaa Fannoo

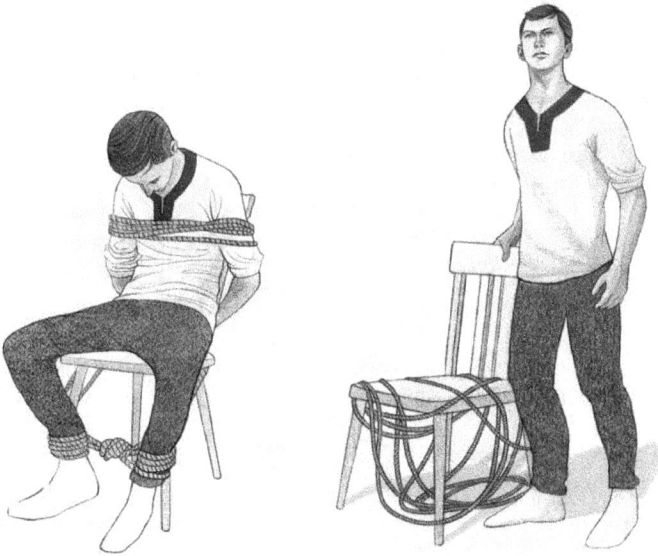

"Booji'amtootaaf bilisummaa akkan labsuuf na erge."
Luqaas 4:18

Kaayyoowwan barnootaa

a. Yesus namoota bilisa baasuuf waadaa akka gale hubadhu.

b. Bilisummaa keenya himachuu filachuu akka dandeenyu hubadhu.

c. Maqaawwan Seexanaa Macaafa Qulqulluu keessatti itti fayyadamne adda baafadhu, akkasumas maal jechuu akka ta'e hubadhu.

d. Humni Seexanaa fannoon akka cabe fi to'annaa isaa jalaa akka dabarfanne hubadhu.

e. Qabsoo humnoota badii irratti bobba'uu keenya hubadhaa.

f. Tooftaalee Seexanni nu himachuuf itti fayyadamu ja'a fi tooftaalee kana irratti dammaqinaan jiraachuu kan dandeenyu akkamitti akka ta'e adda baafadhu.

g. Seexanni jireenya dhala namaa keessatti balbala banaa fi bakka miila itti dhaabu akkamitti akka fayyadamu hubadhu.

h. Tooftaalee balbala cufuu fi miila seexanni nu irratti fayyadamu buqqisuu adda baasuu.

i. Aangoo hafuuraa Yesus Kiristoos duuka buutota isaatiif kenne hubadhu, akkasumas aangoo kana akkamitti hojii irra oolchuun namoota bilisa baasuu akka dandeessan beeku.

j. Principle of specificity' fi bilisummaa keenya himachuuf maaliif akka barbaachisaa ta'e hubachuu.

k. Namoonni bilisa akka ba'an gargaaruuf tarkaanfiiwwan shan haa ilaallu.

Qorannoon haalaa: Maal goota?

Ati hojjetaa dargaggoota waldaa waan taateef konfiraansii dargaggoota biyyoolessaa kan Amantoota beekamoo Duubee Musliimaa irraa dhufan hedduu of keessatti hammate irratti affeeramtee jirta. Doormii mana barumsaa bareedaa kutaa tokko keessatti siree afur qabu keessatti keessummeessitee jirta. Namoonni kutaa keessan keessa jiraatan lama, Hasanii fi Huseen, lamaan obbolaa Kiristaana ta'anii fi maatii Musliimaa irraa dhufaniidha. Osoo hin ciisin dura, Paatriik, geggeessaa dargaggoota umuriin isaanii guddaa ta'e kan biraan, siifi dhiironni lamaan hafan kadhannaadhaaf akka isa waliin ta'an afeera. Hundi keessan gammachuudhaan ni fudhattu, Paatriik immoo halkan eegumsa hafuuraa akka argatu kadhata. Naannoo sa'aatii 4tti Haasaan iyyuu kan jalqabu yoo ta'u, hafuuraan baay'ee kan jeeqame fakkaata. Paatriik, Huseen, ati immoo naannoo Hasanitti walitti qabamtee kadhannaa isaaf gootu. Paatriik akkuma kadhatu Hasan daran sodaata.

Paatriik Huseen akkana jedha, "Erga Islaamummaa keessaa baatee kakuu, dhaadannoo ykn walii galtee dabre kee dhiistee jirtaa?"

Huseen waan rifate fakkaata, "Sun maraatummaadha. Islaamummaa keessatti waan akkasii hojjannee hin beeknu. Masjiida qofa deemne, amma kiristaana taane. Obboleessi koo Hassan akkuma namoota biroo yaaddoo qofaan qabsaa'aa jira. Kun amantii wajjin wal hin qabatu." Sana booda Huseen si ilaalee silaa waan tokko ganuu qabna jettee amantaa? Duubee keenya keessa jinni gosa tokkoo akka jiru ni amantaa moo akkami?"

Maal jetta/deebista?

Reezaan dargaggeessa Islaamummaa dhiisee Yesuus Kiristoosiin hordofuuf murteessee ture. Walgahii tokko irratti galgala tokko salaata Islaamummaa dide akka dubbatu affeeramee ture. Fedhii guddaadhaan kana gochuu jalqabe. Haa ta'u malee, yeroo salaataa, jecha "fakkeenya Muhaammad nan dhiisa" jedhu dubbachuuf yeroo dhufu, jecha 'Muhammad' jedhu dubbachuu dadhabuun isaa baay'ee ajaa'ibsiifate. Kuni isa rifachiise, sababni isaas maatii muslimaa keessatti guddatus, Islaamummaa jaallatee hin beeku, yeroo dheeraafs hin shaakalchiifne. Hiriyoonni isaa kiristaanonni naannoo isaa walitti qabamanii jechoota aangoo Yesus Kiristoosiin qabu isa yaadachiisuun isa jajjabeessan. Kana booda jechoota fakkeenya Muhaammad ganan dubbatee salaata xumuruu danda'e.

Halkan sana booda jireenya Reezaa keessatti wanti lama jijjiirame. Tokkoffaa, amala umurii isaa guutuu namoota kaanitti baay'ee aaruu irraa fayye; lammaffaa immoo, wangeela lallabuu fi namoota Islaamummaa dhiisanii deeman adabuu irratti bu'a qabeessa ta'e. Halkan sana Reezaan Islaamummaa yeroo ganu dibata aangoo wangeelaa fi duuka bu'ummaa argate, kunis tajaajila keessatti bu'a qabeessummaa isaaf furtuu ture. Wangeela tajaajiluuf bilisa ba'e.

Boqonnaan kun waa'ee humna seexanaa jalaa akkamitti bilisa ba'uu akka dandeenyu kan ibsudha. Kunis boqonnaawwan itti aanan, kanneen garbummaa Islaamaa irratti xiyyeeffataniif karaa qopheessa.

Qajeeltoowwan boqonnaa kana keessatti barsiifaman haala adda addaa hedduu keessatti hojiirra oolchuun ni danda'ama, Islaamummaa qofa wajjin kan wal qabatu miti.

Yesuus barsiisuu jalqabe

Phaawuloos ergaa warra Roomaaf barreesse keessatti waa'ee "bilisummaa ulfina qabeessa ijoollee Waaqayyoo" (Roomaa 8:21) dubbateera. "Bilisummaan ulfina qabeessa" kun mirga dhalootaa Kiristaana hundaati. Innis kennaa guddaadha, dhaala gati jabeessa Waaqayyo nama Yesusiin amanamee fi duukaa bu'u hundumaaf kennuu barbaadudha.

Yesus tajaajila barsiisuusaa yommuu jalqabu, barumsi inni jalqabaa uummata duratti kenne waa'ee bilisummaa ture. Kunis kan raawwatame erga Yesus Yohaannis cuuphaan cuuphamee booda, akkasumas gammoojjii keessatti Seexanaan erga qoramee booda ture. Yesuus gammoojjii irraa yeroo deebi'u achumaan wangeela lallabuu jalqabe. Akkamitti kana godhe? Innis of beeksisuudhaan raawwate. Yesus ganda isaa Naazireet mana sagadaa keessa ka'ee Macaafa Isaayaas boqonnaa 61 irraa dubbisuu akka jalqabe Luqaas keessatti dubbisna:

"Hafuurri Gooftaa ana dibee waan ta'eef ana irra jira hiyyeeyyiif misiraachoo labsuuf.

Hidhamtootaaf bilisummaa, warra jaamotaaf immoo deebi'ee arguu akkan labsuuf na ergeera,.. warra cunqurfaman bilisa baasuuf,..bara tolaa Gooftaa labsuuf."

Achiis maraa kitaabaa sana walitti qabee, hojjetaa sanaaf deebisee kennee taa'e. Ijji namoota mana sagadaa keessa turan hundumaa isatti qabamee ture. Innis "Har'a macaafni kun dhageettii keessanitti raawwatameera" jedheen jalqabe. (Luqaas 4:18-21)

Yesus namoota bilisa baasuuf akka dhufe namootatti himaa ture. Innis waadaan bilisummaa, Isaayaasiif kenname, "har'a" raawwatamaa jira jechaa ture: namoonni Naazireet isa booji'amtootaaf bilisummaa fiduu danda'u waliin walga'aa turan. Akkasumas hafuura qulqulluudhaan akka dibame itti himaa ture: inni Dibame, Masiihicha, Mootii Waaqayyo filate, Fayyisaa abdachiifame ta'uu isaati.

Yesus bilisummaa akka filataniif isaan afeeraa ture. Oduu gammachiisaa fidaa ture: hiyyeeyyiif abdii, booji'amtoota mana hidhaa keessa jiraniif gadhiifamuu, warra jaamaa fayyisuu, warra cunqurfamaa jiran hundaaf bilisummaa.

Bakka Yesus deemu hundumaatti namootaaf bilisummaa fide-bilisummaa dhugaa, karaa adda addaa hedduudhaan. Wangeelota yommuu dubbifnu waa'ee Yesus namoota baay'eedhaaf waan gaarii hojjechuu isaa dhageenya: warra abdii hin qabneef abdii kennuu, warra beela'an nyaachisuu, namoota humna jinniiwwanii jalaa bilisa baasuu fi dhukkubsattoota fayyisuu.

Yesus har'as namootaaf bilisummaa fidaa jira. Kiristaanni hundinuu bilisummaa inni fidu akka gammadu Yesuusiin waamame.

Yesus "bara tola Gooftaa" labsuu isaa mana sagadaa keessatti yommuu beeksisu, yeroon kun yeroo addaa Waaqayyo tola isaa isaanitti argisiisu akka ta'e namootatti himaa ture. Yesus Waaqayyo humnaa fi jaalalaan namoota bilisa baasuuf dhufaa akka jiruu fi isaanis bilisa bahuu akka danda'an itti himaa ture.

39

Kitaaba kana dubbisuun ayyaanaa fi bilisummaa Waaqayyoo akka argattu yeroo addaa kee ta'uu akka danda'u ni abdatta, ni amantaa?

Yeroo filachuu

Mee godoo tokko keessatti qabamtee, balballi godoo sanaa cufamee akka jiru yaadi. Guyyaa guyyaan nyaataa fi bishaan godoo keessatti isiniif fidama. Achi jiraachuu dandeessa, garuu hidhamaa dha. Namni tokko dhufee balbala godoo sanaa bane haa jennu. Amma filannoo qabda. Godoo keessa jiraachuu itti fufuu dandeessa, ykn keessaa baatee jireenyi godoo ala jiru maal akka fakkaatu argachuu dandeessa. Balballi godoo banaa ta'uun qofti gahaa miti. Godoo sana keessaa bahuu filachuu qabda. Yoo bilisa ta'uu hin filanne, akka waan ammallee cuftee jirtuutti.

Phaawulos warra Galaatiyaatiif yommuu barreesse, "Kiristoos birmadummaaf bilisa nu baase. Kanaaf jabaadhaa dhaabbadhaa, ammas harqoota garbummaa jala hin bitamne." (Galaatiyaa 5:1) Yesus Kiristoos namoota bilisa baasuuf dhufe, akkasumas bilisummaa inni fidu erga beeknee booda filannoo gochuu qabna. Namoota bilisa taanee jiraachuu ni filannaa?

Phaawulos bilisummaa keenya himachuuf dammaquu fi dammaqinaan jiraachuu akka qabnu dubbachaa jira. Bilisummaa keessa jiraachuuf bilisa ta'uun maal jechuu akka ta'e hubannee, ergasii bilisummaa mataa keenyaa himachuu qabna, achiis keessa deemuu qabna. Yesusiin yommuu duukaa jirru akkamitti "jabaannee dhaabbachuu" fi "waanjoo garbummaa" akka ganu barachuu qabna.

Barumsi kun namni hundinuu bilisa ta'uu akka filatuuf, achiis akka nama bilisa ta'ee akka jiraatu gargaaruuf kan qophaa'edha.

⁂

Kutaawwan itti aanan muraasni waa'ee gahee Seexanaa, akkamitti humna seexanaa irraa gara Mootummaa Waaqayyootti akka ceenu, akkasumas lola hafuuraa nuti irratti bobbaane ni baranna.

Seexanaa fi mootummaa isaa

Macaafni Qulqulluun diina, nama nu balleessuu barbaadu akka qabnu dubbata. Seexana jedhama. Gargaartoota hedduu qaba. Gargaartoota kana keessaa gariin jinniiwwan jedhamu.

Yesus karaa Seexanni namoota wajjin qabu Yohaannis 10:10 irratti ibseera, Seexana "hattuu" jedhee waama: "Hattuun hatuu fi ajjeesuu fi balleessuuf qofa dhufa. Jireenya akka qabaataniif, baay'inaan akka qabaataniif ani dhufe." Faallaa cimaa akkamii! Yesus jireenya fida—jireenya baay'ee; Seexanni kasaaraa, badiisa fi du'a fida. Yesus akkasumas Seexanni "jalqaba irraa kaasee nama ajjeesaa akka ture" (Yohaannis 8:44) nutti hima.

Akka Wangeelotaa fi xalayaawwan kakuu haaraatti, Seexanni addunyaa kana irratti aangoo fi olaantummaa dhugaa garuu daangeffame qaba. Mootummaan isaa "bulchiinsa dukkanaa" (Qolosaayis 1:13) jedhama, inni immoo:

- "abbaa biyya lafaa" (Yohaannis 12:31) .

- "waaqa bara kanaa" (2 Qorontos 4:4) .

- "bulchaa mootummaa qilleensaa" (Efesoon 2:2) .

- "hafuurri amma warra hin ajajamne keessatti hojjetu" (Efesoon 2:2).

Yohaannis ergamaan, biyyi lafaa guutuun to'annaa Seexanaa jala akka jiru illee nu barsiisa: "Nuti ijoollee Waaqayyoo ta'uu keenya, biyyi lafaa hundis to'annaa isa hamaa jala akka jiru ni beekna." (1 Yohaannis 5:19)

"Addunyaan guutuun to'annaa isa hamaa jala akka jiru" yoo hubanne, aadaa, ilaalchaa fi amantii addunyaa kanaa hunda keessatti ragaa hojii Seexanaa arguun nu ajaa'ibuu hin qabnu. Seexanni waldaa keessatti illee hojii isaa hojjetaa jira.

Sababa kanaaf, hammeenyi Islaamummaa keessatti mul'achuu danda'u, ilaalcha addunyaa isaa fi humna hafuuraa isaas ilaaluu qabna; garuu jalqaba seera bu'uuraa waliigalaa akkaataa hammeenya irraa bilisa ta'uu dandeenyu ilaalla.

Jijjiirraa guddaa

"*J. L. Houlden, Fellow of Trinity College Oxford*", ilaalcha addunyaa ilaalcha walii gala ti'ooloojii Phaawuloos barreesseedha. Phaawulos, akkas jedha:

> ... waa'ee namaa amantii qaba ture. Namni cubbuu fi fedhiidhaan Waaqayyoon irraa fagaachuu qofa osoo hin taane ... humnoota jinniiwwanii kanneen uumama cufaa hordofanii fi Seera akka meeshaa namni Waaqayyoof abboomamu osoo hin taane, akka meeshaa abbaa irree isaaniitti fayyadamaniif garbummaa jala jira. Namni Waaqayyoo irraa fagaachuun kun dhala namaa hundumaaf kan barame dha-Yihudoota qulqulluus ta'e warra Ormoota qulqulluu miti. Innis namni akka mucaa Addaam ta'ee jiruudha. [1]

Hoolden itti fufuun ilaalcha addunyaa Phaawulos keessatti ilmaan namootaa garbummaa kana jalaa baraaramuu akka qaban ibsa: "Hanga humnoota jinniiwwanii ilaalchisee, barbaachisummaan namaa to'annaa isaanii jalaa bilisa baasuu qofa." Furtuun fayyina kanaa waan Kiristoos du'aa fi du'aa ka'uu isaatiin hojjetedha. Kunis cubbuu, fi humnoota hamaa jinniiwwanii dhala namaa hidhu irratti injifannoo galmeesse.

Akka kiristaanotaatti amma iyyuu "biyya dukkanaa kana" keessa jiraannus (Efesoon 6:12; Filiphisiiyus 2:15 wajjin wal bira qabi), kun humnaa fi to'annaa Seexanaa jala jechuudhaa? Lakki! Gara mootummaa Yesusitti waan dabarfamneefiidha.

Yesus karaa mul'ataan Phaawuloositti of mul'isuun, gara Ormootaatti akka deemu yommuu isa waamu, ergamaan ija namootaa banee "dukkana irraa gara ifaatti, humna seexanaa irraas gara Waaqayyootti akka isaan deebisu" itti hime.

Phaawulos ergaa isaa warra Qolosaayisiif barreesse keessatti akkamitti akka isaaniif kadhatu ibseera:

> ... Abbaa isa dhaala saba isaa qulqulluu mootummaa ifaa keessatti akka hirmaattan isin ga'umsa godheef galata gammachuudhaan kennuudhaan. Inni mootummaa dukkanaa jalaa nu oolcheera, gara mootummaa ilma inni jaallatu, isa

---

[1] J. L. Houlden, *Paul's Letters from Prison*, p. 18.

keessatti furuu, dhiifama cubbuutti nu galcheera. (Qolosaayis 1:12-13)

Namni tokko gara biyya biraatti yommuu godaanu biyya isaa haaraa keessatti lammummaa argachuuf iyyachuu danda'a, kana gochuuf garuu lammummaa isaa duraanii dhiisuu qaba. Fayyinni Kiristoos keessa jiru akkana: yeroo Mootummaa Waaqayyoo seentu lammummaa haaraa argatta lammummaa kee isa durii immoo dhiista.

Guutummaatti amanamummaan kee Yesus Kiristoosiif dabarsuu itti yaadanii ta'uu qaba. Kunis qaamolee armaan gadii of keessatti qabachuu danda'a:

- Seexanaa fi hammeenya hunda ganuu.

- Namoota biroo aangoo Waaqayyoon hin sodaanne si irratti qaban waliin hidhata dogoggoraa hunda dhiisi.

- Kakuu waaqa hin sodaanne abbootiin kee bakka kee bu'anii godhan ykn karaa kamiinuu sirratti dhiibbaa geessisan hunda dhiisii cabsi.

- Dandeettii hafuuraa Waaqayyoon hin sodaanne kan karaa amanamummaa Waaqayyoon hin sodaanneen dhufu hunda dhiisuu.

- Mirga jireenya kee guutuu Iyyesuus Kiristoositti dabarsuun guyyaa har'aa kaasee akka Gooftaan laphee kee keessa akka buufatu isa affeeri.

Lola

Taphataan kubbaa miilaa tokko yeroo jijjiirramu garee isaa haaraa taphachuu qaba. Kana booda garee isaa durii taphachuu hin danda'u. Yeroo gara Mootummaa Waaqayyootti jijjiiramnu akkas ta'a: garee Yesusiif taphachuu fi garee Seexanaaf goolii galchuu dhiisuu qabna.

Akka Macaafa Qulqulluutti Waaqayyoo fi Seexana gidduutti waldhabdeen hafuuraa deemaa jira. Kun fincila siiviilii koosmii Mootummaa Waaqayyoo irratti ka'uudha (Maarqos 1:15; Luqaas 10:18; Efesoon 6:12). Waldhabdee mootummoota lama gidduutti uumamu yoo ta'u, lafti giddu galeessa ta'e namni kamiyyuu itti dhokatu hin jiru. Kiristaanonni lola dheeraa lola murteessaan fannoo irratti dursee injifate keessatti of argatu, bu'aan dhumaa immoo shakkii keessa hin jiru: Kiristoos injifannoo qaba, ni qabaatas.

Hordoftoonni Kiristoos ergamtoota Kiristoos waan ta'aniif amma humnoota bara dukkanaa kanaa wajjin lola guyyaa guyyaa irratti bobba'anii of argatu. Duuti fi du'aa ka'uun Kiristoos dukkana kana irratti aangoo tokkicha keenyaa fi bu'uura humna keenya isa dura dhaabbachuuf nuuf ta'a. Lafti lola kanaa wal dorgomu namoota, hawaasaa fi saboota of keessaa qaba.

Lola kana keessatti waldaan illee dirree waraanaa ta'uu dandeessi, qabeenya ishees kaayyoo hamaadhaaf itti fayyadamuu ni danda'a.

Kun Zimmaa cimaa fi ulfaataadha. Haa ta'u malee, Phaawuloos humnoonni bara dukkanaa kanaa fannoo fi dhiifama cubbuu inni injifateen hidhannoo hiikkachuu, salphifamuu fi mo'amuu isaanii yeroo barreessu mirkanaa'ummaa injifannoo ibsa:

> Yeroo ati cubbuu keetiin fi dhaqna qabamuu dhabuu uumama cubbamaa keetiin duute Waaqayyo Kiristoosiin si jiraachise. Inni seera barreeffame, dambii isaa wajjin, isa nu mormuu fi nu faallaa dhaabbate haqee cubbuu keenya hundumaa nuuf dhiise; fannoo irratti mismaaraan dha'ee fudhate. Aangoo fi aangawoota hidhannoo hiikkachiisee, fannoodhaan isaan injifate, ummataaf daawwannaa isaan godhe. (Qolosaayis 2:13-15)

Kutaan kun fakkii hiriira injifannoo Roomaa irraa jecha 'injifannoo' jedhamu fayyadama. Diina erga injifatee booda, jeneraalli injifataa fi waraanni isaa gara magaalaa Roomaa deebi'u. Injifannoo kana kabajuuf jeneraalichi hiriira guddaa kan geggeessu yoo ta'u, jila kana keessatti diinonni mo'aman meeshaa waraanaa fi hidhannoo isaanii irraa fudhatamee daandii magaalattii irratti sansalataan hiriira akka ba'an dirqisiifamu. Ummanni Roomaa injifattoota jajjabeessuun diinota mo'aman irratti qoosaa ilaalaa ture.

Phaawuloos hiika fannoo ibsuuf fakkii hiriira injifannoo Roomaa fayyadamaa jira. Kiristoos yeroo nuuf du'e humna cubbuu haqee ture. Himannaan nurratti baname akka waan fannootti mismaaraan dha'ameetti: himannaawwan kana haqamuun aangoo hundaaf ol qabamee jira kan dukkanaa arguuf. Sababa kanaan, Seexanni fi

44

humnoonni jinniiwwanii nu balleessuu barbaadan himannaa nurratti fayyadaman waan hin qabneef humna nurratti dhabaniiru. Hiriira injifannoo Roomaa keessatti diinota ta'aniiru: mo'amuu, hidhannoo hiikkachuu fi ifatti salphifamuu.

Karaa fannootiin humnootaa fi bulchitoota bara dukkanaa kanaa irratti injifannoon argameera. Injifannoon kun humnoota badii saamuun mirga bulchuu isaanii irraa fudhata, kanneen waliigaltee namoonni fedhiinis ta'e fedhii malee, beekaniis ta'e osoo hin beekin itti seenaniin kennameef dabalatee.

Kun seera bu'uuraa cimaadha: tooftaa fi himannaa Seexanni nu irratti fayyadamu hundaaf fannoon furtuu injifannoo fi bilisummaa nuuf kenna.

⁂

Kutaalee lamaan itti aanan keessatti gahee Seexanni akka himataatti qabu, fi tooftaalee inni namoota irratti fayyadamu ilaalla. Kana booda karaalee seexanni namoota hidhuuf yaalu ja'a qoranna, karaa cubbuu, dhiifama dhabuu, jechoota, madaa lubbuu, soba (amantaa Waaqayyoon hin sobne), fi cubbuu dhalootaa fi abaarsa bu'aa irraa argamu. Tokkoon tokkoon tooftaa Seexanaatiif qoricha tokko ni ibsina: karaa kiristaanonni bilisummaa isaanii itti himataniifi dhiibbaa kana jireenya isaanii irraa cabsan. Dhimmoonni kun hundinuu yeroo akkamitti garbummaa Islaamaa jalaa bilisa ba'uu akka dandeenyu ilaaluuf dhufnu barbaachisoo ta'u.

Himataa

Seexanni tooftaa nurratti fayyadamu qaba. Tooftaalee kana beekuu fi hubachuun dura dhaabbachuuf qophii ta'uun gaariidha. Bilisummaa keenya hojiirra oolchuu fi ittiin jiraachuu qabna. Kanaaf xiyyeeffannaa kennuu qabna: kiristaanonni mala Seexanaa beekuu fi hubachuun, akkasumas mormuuf qophaa'uun gaariidha.

Phaawulos Efesoon 6:18 irratti Kiristiyaanonni "dammaqaa" akka ta'an barreesseera. Akkasuma Pheexiros Kiristiyaanonni "Dammaqinaa fi yaada gaarii qabaadhaa. Diinni kee seexanni akka leenca boo'u nama nyaatu barbaadaa naanna'a." (1 Phexros 5:8) Maal irratti of eeggachuu qabna? Himata Seexanaa irratti dammaqinaan jiraachuu qabna.

45

Macaafni Qulqulluun Seexana "himataa" jedhee waama (Mul'ata 12:10) afaan Ibrootaatiin jechi 'Seexana' jedhu dhugumatti 'himatamaa' ykn 'mormituu' jechuudha. Jechi kun mana murtii seeraa keessatti mormituu seeraaf itti fayyadamaa ture. Jechi 'seexana' jedhu

Faarfannaa 109 irratti Macaafa Qulqulluu keessatti haala kanaan fayyadameera: "nama himatu [seexanni] mirga isaa haa dhaabbatu. Yeroo murtiin irratti dhiyaatu yakkamaa ta'ee haa argamu." (Faarfannaa 109:6- 7). Mul'ata wal fakkaatuun Zakkaariyaas 3:1-3 fakkii "seexana" jedhamu isa gara mirga angafa lubaa Iyaasuu dhaabatee ergamaa Waaqayyoo duratti isa himate argisiisa. Fakkeenyi biraa yeroo Seexanni Iyoobiin Waaqayyo duratti himatu (Iyoob 1:9-11), akka isa qoruuf hayyama gaafatedha.

Seexanni eenyuun nu hima? Waaqayyo duratti akka nu himatu ni beekna. Namoota biroottis nu hima; akkasumas dubbii namoota birootiinis ta'e yaada keenyaan nu hima. Himannaa kanaan akka miidhamnu, akka amannu, akka sodaannu, akkasumas akka daangeffamnu barbaada.

Seexanni maal nutti hima? Cubbuu keenyaan nu himata akkasumas kutaa jireenya keenyaa kamiyyuu kan nuti karaa tokkoon yookaan kan biraatiin isaaf harka kennine nutti hima.

Seexanni yommuu nu himatus himannaan isaa sobaan kan guutame ta'uusaa hubachuu qabna. Yesus waa'ee Seexanaa akkas jedheera:

> Jalqaba irraa kaasee nama ajjeesaa ture, dhugaan isa keessa waan hin jirreef dhugaatti qabatee hin turre. Yeroo sobu sobduu fi abbaa sobaa waan ta'eef afaan dhaloota isaa dubbata. (Yohaannis 8:44)

Tooftaan sobaa Seexanni itti fayyadamu maali, yeroo inni nu himatu hundatti akkamitti jabaannee dhaabbachuu dandeenya? Tooftaalee isaa yoo beekne akka gargaaru beekamaadha. Fakkeenyaaf, Phaawulos 1 Qorontos keessatti Kiristiyaanonni dhiifama gochuu akka shaakalan dhaama. Kun barbaachisaa kan ta'e maaliifii? Phaawulos "Seexanni akka nu hin caalchifneef" dhiifama akka goonu dubbata. Nuti mala isaa hin beeknu" (2Qorontoos 2:11). Phaawulos Seexanni maal akka hojjechaa jiru beekuu akka dandeenyu nutti himaa jira; akkasumas, tooftaa

Seexanaa keessaa tokko dhiifama gochuu dhabuudhaan nu himachuu akka ta'e waan beeknuuf, himannaa isaaf akka hin saaxilamneef, warra kaaniif dhiifama gochuuf dafna.

Seexanni tooftaalee biroos qaba. Asirratti tooftaalee gurguddoo inni amantoota himachuuf itti fayyadamu ja'a ilaalla. Akkasumas akkamitti isaan dura dhaabbachuu akka dandeenyu ilaalla. Tooftaaleen ja'an kunniin:

- Cubbuu

- Dhiifama gochuu dhabuu

- Madaa lubbuu

- Jechoota fi gocha fakkeenyaa.

- Amantii Waaqayyoon hin sodaanne (soba).

- Cubbuu dhalootaa fi abaarsa bu'aa irraa argamu.

Akkuma ilaallu, bilisummaa hafuuraa argachuuf tarkaanfiin ijoo ta'e, himannaa Seexanni nurratti dhiheessuu danda'u hunda maqaa dhahuu fi diduu danda'uudhaan. Himannaan isaa dhugaa irratti bu'uura tokko tokko yoo qabaate ykn soba guutuu qofa ta'us raawwii qaba.

Balbalaa fi Bakka Miila Itti Kaa'an Banaa

Tokkoon tokkoon naannoowwan ja'an kana ilaaluu keenya dura, mirga Seexanni namoota irratti himatu, kan inni isaan cunqursuuf itti fayyadamu maqaawwan faayidaa qaban tokko tokko beeksisuu qabna. Maqaawwan ijoo lama 'balbaloota banaa' fi 'bakka miila itti qaban' dha.

Balballi banaan bakka seensaa namni tokko wallaalummaa, ajajamuu diduu ykn of eeggannoo dhabuudhaan Seexanaaf kennuu danda'uudha. Sana booda Seexanni itti fayyadamee nama sana rukutee cunqursa. Mee ibsa Yesus Seexana "hattuu" carraa hatuu, ajjeesuu fi balleessuuf barbaaduf naanna'u jedhee ibse haa yaadannu (Yohaannis 10:10). Manni nageenya qabu balbala banaa ta'ee hafe hin qabu: balballi tokkoon tokkoon isaa haala gaariin cufameera.

Lubbuu namaa keessatti bakka miila Seexaa namni tokko harka kenne jedhee dubbatu lafa bu'eera-kutaa keenya kan Seexanni akka kan isaatti mallatteesse.

Phaawulos, Kiristiyaanni tokko dheekkamsa qabachuudhaan seexanaaf carraa kennuu akka danda'u eereera: "Aarii keessaniin cubbuu hin godhinaa, utuu aartanii aduun hin lixinaa, seexannis miilla hin godhinaa" (Efesoon 4:26-27). Jechi Giriikii "miilla dhaabbachuu" jedhamee hiikame topos, hiikni isaas 'bakka jiraatu' jechuudha. Topos hiika ijoo iddoo qabame kan qabu yoo ta'u, ibsi Giriikii "topos kennuu" jedhu 'carraa kennuu' jechuudha. Phaawulos namni tokko aaruu yoo eegale, cubbuu ta'uu danda'a jedhee himachuu fi dhiisuu mannaa, yaada garaa isaa hafuuraa Seexanaaf dabarsee kenna jechuu isaati. Seexanni sana booda yaada garaa isaa qabatee kaayyoo hamaadhaaf itti fayyadamuu danda'a. Namni tokko dheekkamsa qabachuudhaan, Seexanaaf bakka kennuu danda'a.

Yohaannis 14 irratti Yesus Seexanni akka isa hin qabne yeroo ibsu afaan mirga seeraa fayyadameera:

> Abbaan biyya lafaa kanaa dhufaa waan jiruuf, kana caalaa waan baay'ee isinitti hin dubbadhu. Inni ana irratti qabannaa hin qabu, garuu akka addunyaan dhufa, akkan Abbaa jaalladhuu fi sirriitti waan Abbaan koo na ajaje raawwachuu koo barachuu danda'a. (Yohaannis 14:30-31)

"*Archbishop J. H. Bernard*" yaada kutaa kana irratti kenne keessatti Yesus akkas jechaa akka jiru barreessaniiru, "Seexanni ... namummaa koo keessatti bu'aa inni itti hidhuu danda'u hin qabu."[2] Jechi asitti dubbatamu dhugaa irratti kan seera qabeessa ta'e, akkuma "*D. A. Carson*" ibse:

> Inni na irratti qabannaa hin qabu jechuun hiikkaa jechootaa "inni homaa na keessa hin qabu" jedhudha, jecha Ibirootaa yeroo baay'ee haala seeraa keessatti itti fayyadamu yaadachuudhaan, hiikni isaas "inni narratti himannaa hin qabu" ykn "narratti homaa hin qabu" jechuudha ... Seexanni ni

---

[2] J. H. Bernard, *A Critical and Exegetical Commentary on the Gospel According to John*, vol. 2, p. 556.

danda'a ture. Yesusiin qabachuu kan qabu yoo himannaan sirrii ta'e Yesus irratti dhiyaate qofa.[3]

Seexanni maaliif Yesusiin hin qabu? Yesuus cubbuu waan hin qabneef. Inni "waan abbaan koo na ajaje sirriitti" akka raawwatu dubbata (Yohaannis 14:31; Yohaannis 5:19 ilaali). Kanaafidha Yesus keessa wanti Seexanni mirga seeraa kamiyyuu isa irratti akka gaafatu kan hayyamu hin jiru. Yesus bakka miilla Seexanni itti fayyadamuu danda'u hin qabu.

Yesuus nama qulqulluu ta'ee fannifame. Kun humna fannoof baay'ee barbaachisaa dha. Yesus qulqulluu waan ta'eef, seexanni fannifamuun adabbii seera qabeessa ture jechuu hin danda'u. Duuti Masiihii Gooftaa aarsaa qulqulluu namoota biroo bakka bu'ee kaffalame malee adabbii haqaa Seexanaan Yesus irratti raawwate miti. Kiristoos lafa kamiyyuu Seexanaaf osoo dabarsee kenne ta'ee, duuti isaa cubbuudhaaf adabbii haqaa ta'a ture. Kanaa mannaa, Yesus qulqulluu waan tureef, duuti isaa cubbuu biyya lafaa guutuuf aarsaa bu'a qabeessa ta'uu danda'a, ammas jira.

Jireenya keenya keessatti balbalaa fi bakka miila banaa ta'e maal gochuu dandeenya? Balbaloota banaa cufuu dandeenya, akkasumas bakka miila itti hidhaman buqqisuu dandeenya. Bilisummaa hafuuraa keenya himachuuf tarkaanfiiwwan kun barbaachisoodha. Kana sirnaan gochuu qabna, Balbala banaa hunda cufnee fi jireenya keenya keessatti bakka miila itti dhaabnu hunda buqqisuu qabna.

Garuu kana akkamitti gochuu dandeenya? Mee tokkoon tokkoon naannoowwan ja'a haa ilaallu. Islaamummaan akkamitti akka nama hidhu ilaaluuf kun hundi barbaachisaa ta'a.

⁂

Cubbuu

Balballi banaa cubbuu hojjenne yoo ta'e, cubbuu seexanni jireenya keenya irratti mirga akka gaafatu hayyama itti kennineef dhorkuudhan balbala kana cufuu dandeenya. Adeemsa kanaaf humni fannoo furtuudha. Fayyisaa ta'ee Kiristoositti iyyachuudhaan dhiifama Waaqayyoo argachuu dandeenya.

[3] D. A. Carson, *The Gospel According to John*, pp. 508-9.

Akkuma Yohaannis barreesse, "dhiigni Yesus ... cubbuu hundumaa irraa nu qulqulleessa" (1Yohaannis 1:7). Cubbuu irraa yoo qulqullaa'e cubbuun nu irratti humna hin qabu jechuudha. Akkuma Phaawuloos barreesse, "dhiiga isaatiin qajeelota taane" (Roomaa 5:9). Kana jechuun Waaqayyo akka qajeelotaatti nu ilaala. Yeroo qalbii geddarannee gara Kiristoositti deebinu, isaa wajjin awwaalamne: Yesusiin adda baafamna. Sana booda nama seexanni himannaa seera qabeessa ta'e tokkollee irratti dhiyeessu hin dandeenye taana. Cubbuun keenya "haguugameera" waan ta'eef nama seexanni harka hin qabne taana (Roomaa 4:7). Himata himannaa inni nurratti dhiheesse irraa bilisa baane.

Kun qabatamaan akkamitti hojjeta? Namni tokko amala soba itti fufiinsa qabuun qabsaa'aa jira yoo ta'e, namni sun sobaan fuula Waaqayyoo duratti dogoggora ta'uu isaa hubachuu danda'uu, kana himachuu, soba irraa gaabbuu fi hojii Kiristoos dhiifama argachuu isaa mirkaneeffachuu danda'uu qaba. Yeroo kun raawwatamu soba mataan isaa diduu fi ganuun ni danda'ama. Gama biraatiin namni sun soba kan jaallatu, faayidaa kan qabu yoo ta'ee fi dhiisuuf yaada kan hin qabne yoo ta'e, soba irraa bilisa ta'uuf carraaqqiin godhamu kamiyyuu bu'aa kan hin qabne ta'uu hin oolu, Seexannis miila kana nama sana irratti fayyadamuu ni danda'a.

Qalbii diddiirrachuu, cubbuu keenya ganuu fi fannoo Kiristoositti amanamuudhaan cubbuu irratti balbala cufuu dandeenya. Haala kanaan seexana mirga cubbuu keenya nu irratti fayyadamuu dhorkina.

Dhiifama gochuu dhabuu

Tooftaan Seexanni nurratti fayyadamuu jaallatu kan biraan dhiifama gochuu dhiisuu keenyadha. Dhiifama gochuun wanta Yesus yeroo baay'ee barsiisu ture. Hanga namoota biroof dhiifama goonutti Waaqayyo biraa nuuf hin dhiisu jedhe (Maarqos 11:25-26; Maatewos 6:14-15).

Dhiifama gochuu dhabuun badii nama tokkootti, ykn taatee dhukkubsataa ta'een nu hidhuu danda'a. Kunis Seexanaaf bakka miila, mirga seera qabeessa nu irratti kennuu danda'a. Phaawulos ergaa lammaffaa warra Qorontoosiif barreesse keessatti waa'ee kanaa akkas jedhee barreesseera:

Nama dhiifama gootan, anis dhiifama. Wanti ani dhiifama godhe immoo—wanti dhiifama gochuu qabu yoo jiraate—Seexanni akka nu hin caalchifneef, fuula Kiristoos duratti dhiifama godheera. Sababni isaas, shira isaa kan hin beekne miti. (2 Qorontos 2:10-11)

Dhiifama gochuu dhabuun keenya, Seexana akka mo'amnu kan nu dandeessisu maaliifi? Kunis dhiifama gochuu dhabuu keenya akka miilaatti nutti fayyadamuu waan danda'uufi. Garuu akkuma Phaawulos jedhutti 'soba isaa kan hin beekne' yoo ta'e, dhiifama gochuudhaan bakka miila isaa irraa kaasuun akka nu barbaachisu ni beekna.

Dhiifama gochuun Kallattiiwwan sadii qaba: namoota biroof dhiifama gochuu; dhiifama Waaqayyoo argachuu; yeroo tokko tokko immoo ofii keenyaaf dhiifama gochuudha. Mallattoon Fannoo[4] Dhiifamaa kun gama sadan kana yaadachuuf nu gargaara. Sararri inni dalgaa (horizontal bar) namoota biroof dhiifama akka goonu nu yaadachiisa. Sararri inni dhaabbataan dhiifama Waaqayyoo akka argannu nu yaadachiisa. Geengoon ofiif dhiifama akka goonu nu yaadachiisa.

Dhiifama jechuun waan namni biraa hojjete dagachuu, ykn dhiifama gochuu jechuu miti. Nama sana qofa amanachuu qabna jechuu miti. Namootaaf dhiifama gochuu jechuun mirga Waaqayyoo duratti isaan himachuu dhiisuu jechuudha. Nama nu yakkee himannaa irratti dhiheessinu kamirraayyuu bilisa baafna. Haqaan akka murteessuuf dhimmicha Waaqayyotti dabarsinee kennina. Dhiifama gochuun miira miti: murtoodha.

Dhiifama Waaqayyo biraa argachuun akkasumas kennuunis barbaachisaa dha, sababiin isaas dhiifamni caalaatti humna kan qabu yeroo dhiifama akka nuuf godhame beeknudha (Efesoon 4:32).

Kutaa Qabeenya Dabalataa dhuma qajeelfama leenjii kanaa irratti 'Kadhannaa Dhiifama' jedhu jira.

---

[4] Dhiifama fannoo inni jedhu: Chester and Betsy Kylstra, *Restoring the Foundations*, kitaaba jedhu fuula. 98 irraa kan fudhatameedha.

Madaa lubbuu

Miillaan qabamuun sababa madaa lubbuurratti uumamuun ta'uu mala. Madaan lubbuu dhugumatti madaa qaamaa caalaa illee nama miidhuu danda'a. Yeroo qaamaan miidhamnu lubbuun keenyas madaa'uu dandeessi.

Namni tokko haleellaan gaddisiisaa fi sodaachisaa ta'e irra ga'e haa jennu. Kana booda yeroo dheeraaf sodaadhaan rakkachuu danda'a. Seexanni sodaa sana nama sana irratti fayyadamee sodaa kana caaluuf isaan hidhuu fi garboomsuu danda'a.

Yeroo tokko I[5] waa'ee Islaamaa barsiisu, dubartii Afrikaa Kibbaa tokko kan waggoota kurnan dura namoota Musliimaa ta'an hirmaachise muuxannoo gaddisiisaa ta'e tokko natti dhiyaatte. Gaaffii mana barumsaa seeminaarii naannoo sana jiruun maatiin ishee dhiirota lama Islaamummaa irraa garagalaniiru jedhan keessummeessuun isaanii ni yaadatama. Kun jalqaba yeroo garmalee rakkisaa fi nama miidhu ture. Keessummoonni mana ishee gara jabeeyyii waan ta'aniif itti fufiinsaan ishee fi maatii isheetti qoosaa turan. Dallaa irratti dhiibanii, allaattii jedhanii ishee waamu, isaan abaaru, yeroo darban illee ni tufu turan. Waraqaa xixiqqoo naannoo mana ishee hunda bakka adda addaatti gatamanii fi abaarsa afaan Arabaatiin barreeffame illee argatte. Maatiin kun waldaa isaanii irraa gargaarsa gaafatan, garuu namni isaan amanu hin jiru. Dhumarratti 'keessummoota' kana ofirraa baasuu kan danda'an bakka jireenyaa filannoo isaaniif kireeffachuudhaan qofa. Dubartiin kun akkas jechuun barreessiteetti, "Yeroo sana maallaqaan, jireenya hafuuraan, miiraa fi qaamaan nama keessaa baanee turre. Kana booda of amanachuu hin dandeenye, akkasumaan gaarii ta'uukoo natti dhaga'ame. Sababni isaa akka balfaatti na ilaaluu isaanii ti. Waa'ee islaamummaan garboomfamuu erga isheetti dhaga'amee booda shakkii fi sodaa ishee rakkisaa ture wajjin qabsoo eegalte. Muuxannoowwan nama gaddisiisan akka fayyaniif waliin kadhanne, sodaachisuu dhiisne. Haala ajaa'ibaa ta'een fayyitee, "Muudama samii kanaaf Gooftaa nan galateeffadha ... akka dubartiitti Gooftaa tajaajiluuf boqonnaa fi

[5] Maark Duurii, qopheessaa barnootawwan kanneenii.

akkan malu natti dhaga'ama. Gooftaa galateeffadhu!" Boodarra akkas jettee naaf barreessite:

> Ammas Gooftaa tajaajilaa jirra. Kan durii caalaa isa jaallanna, aadaa fi amantaa muslimaa baay'ee baranneerra. Kanaafuu kana hunda keessa jabaannee darbineerra. Musliimota jaalala Gooftaatiin jaallanna. Yesus jireenya keenyan mul'isuurraa gonkumaa duubatti hin deebinu. Waaqayyo hundumaa keenya jaalata.

Namoonni yeroo madaa lubbuu irra gahu Seexanni soba isaan nyaachisuuf yaala. Sobni sun dhugaa miti, garuu dhukkubbiin sun dhugaa ta'ee waan itti dhaga'amuuf namni sun amanuu danda'a. Dubartii kanaaf sobni sun gatii kan hin qabnee fi "waan homaa hin fayyadne" kan jedhu ture.

Soba akkasii irraa bilisa baasuuf tarkaanfiiwwan shanan kana hojiirra oolchuu dandeenya:

1. Jalqaba namni sun dhukkubbii isaa irratti waan itti dhaga'amu Gooftaatti himaa namummaa isaa Gooftaaf dabarsee akka kennu afeeri.

2. Ergasii Yesusiin miidhaan qaamaa irra gahe akka fayyisu kadhadhu.

3. Namni sun sana booda nama isaan miidhe hundaaf dhiifama godha.

4. Namni sun sana booda sodaa fi miidhaa qaamaa irra gahe kan biroo dhiisee Waaqayyootti amanamuu labsa.

5. Namni sun sana booda sababa miidhame irraa kan ka'e soba amane kamiyyuu himatee ni dida.

Erga kun raawwatamee booda, haleellaan Seexanaa milkaa'inaan mormuun ni danda'ama, sababiin isaas miilli isaa waan buqqa'eef.

⟳

Jechoota

Jechoonni humna guddaa qabaachuu danda'u. Jecha keenyatti fayyadamuudhaan namoota biroo fi ofii keenyas hidhuu

53

dandeenya. Sababa kanaaf seexanni dubbii keenyan fayyadamuuf yaala. Yesus akkas jedheera:

> Garuu namni hundinuu jecha duwwaa dubbate hundaaf guyyaa firdii herrega kennuu akka qabu isiniin jedha. Dubbii keetiin bilisa in baatta, dubbii keetiinis ni murteeffama. (Maatewos 12:36-37)

Yesus, "Diinota kee jaalladhu, warra si jibbaniif waan gaarii godhi, warra si abaaraniif eebbisi, warra si hammeesseef kadhadhu" jechuudhaan nu barsiiseera. (Luqaas 6:27-28)

Akeekkachiisni Yesus jechoota of eeggannoo malee akka hin dubbanne kenne, waadaa, abdii fi kakuu dubbanne kan itti seenne dabalatee, dubbii keenya hundumaa ilaallata. Sababa Yesus duuka buutotasaa akka hin kakanneef kenne haa ilaallu:

> Garuu siin jedha, tasuma kakaa hin kakatinaa... Wanti jechuu qabdan salphaatti "Eeyyee" ykn "Lakki" qofa; wanti kana bira darbee wanti hamaa irraa dhufa. (Maatewos 5:34, 37)

Kanaafuu maaliif kakaa hin kakannee? Yesus wanni kun "hamaa" irraa akka dhufe, Seexana ofii isaa akka ta'e ibseera. Seexanni dubbii keenya nurratti fayyadamuuf, nu miidhuuf waan karoorfateef kakaa akka kakaannu barbaada. Isaaf kennuu danda'a, miila nu keessa kaa'ee, akka inni nu himachuufis bu'uura ta'a. Humna jechoota dubbanne hubachuu baattus kun dhugaa ta'uu danda'a.

Maal gochuu dandeenya, egaa, jechoota (tarii immoo gocha sirnaa) karaa badaa, daandii silaa hordofuu hin qabne, fi kan nu hidhe waliin kakannee ykn waadaa, waadaa ykn kakuu yeroo seennu maal gochuu akka dandeenyu nuuf karaan Waaqayyoo mitii?

Lewwoota 5:4-10 irratti Israa'eloonni yeroo namni tokko "kaka of eeggannoo malee" dubbatee fi sababa kakaa isaaniitiin hidhaman maal gochuu akka qaban ibsi jira. Kakaa kana jalaa bilisa ba'uuf karaan qophaa'eera. Namni sun aarsaa lubichaaf fiduu qaba ture, innis cubbuu kanaaf araara kan godhu si'a ta'u, achiis namni sun of eeggannoo malee kakaa isaanii irraa ni hiikama ture.

Oduu gammachiisaa sababa fannootiin waadaa Waaqayyoon hin sodaanne, kakaa fi irbuu dabarsine irraa bilisa bahuu akka dandeenyudha. Macaafni Qulqulluun dhiigni Yesus "dhiiga Abeel caalaa dubbii gaarii akka dubbatu" nu barsiisuunsaa baay'ee nama ajaa'ibsiisa:

> Garuu gara gaara Tsiyoon ... gara Yesus isa kakuu haaraa gidduu galeessa ta'etti, gara dhiiga facaafame isa dhiiga Abeel caalaa dubbii gaarii dubbatutti dhufteetta. (Ibroota 12:22-24)

Kana jechuun dhiigni Iyyesuus jecha nuti dubbanne irraa kan ka'e abaarsa nurratti dhufu hunda haquuf humna qaba. Keessattuu, kakuun dhiiga Yesus keessa jiru waliigalteewwan sodaa ykn du'aan goone hunda irra darba, ni haqa.

Gocha Sirnaa: Waliigaltee Dhiigaa Irraa Bilisa Ta'uu

Humna jechootaa nu hidhuu irratti mari'achaa turre. Caaffata Qulqullaa'oo Afaan Ibrootaa keessatti, karaan sadarkaa isaa eeggate kakuu keessatti of hidhuudhaaf kakuu dhiigaatiin ture. Kunis jechoota gocha sirnaawaa wajjin walitti makaman kan dabalatu ture.

Waaqayyo Seera Uumamaa 15 irratti Abrahaam wajjin kakuu isaa isa beekamaa yeroo seene, aarsaadhaan godhame. Abrahaam bineensicha qopheessee, qalatee, kutaalee bineensichaas lafa kaa'e. Kana booda argamuu Waaqayyo kan argisiisu wanni akka ibiddaa kutaawwan qaama bineensichaa keessa darbe. Sirni waaqeffannaa kun "kakuu kana yoo irra darbe akka beeyilada kanaa ta'uu" kana jechuunis "akka ajjeefamuu qaamni isaa mummuramu" kan jedhu abaarsa fideera.

Kun akeekkachiisa Waaqayyo karaa Ermiyaas raajicha kenneen calaqqisa:

> Warra kakuu koo cabsanii fi haala kakuu na duratti galanii hin raawwanne akka re'ee lamatti muranii ergasii ciccitaa isaa gidduu deemanitti nan ilaala. Hoggantoota Yihudaa fi Yerusaalem, qondaaltota mana murtii, luboota fi namoota biyya sanaa hunda kanneen ciccitaa re'ee gidduu deeman, ani harka diinota isaanii warra isaan ajjeesuu barbaadanitti nan kenna. Reeffi isaaniis nyaata simbirrootaa fi bineensota bosonaa ni ta'a. (Ermiyaas 34:18-20)

Sirni eebbaa kun akka sirna falfalaa keessatti kan raawwatamu, aarsaa dhiigaatiin nama tokko waliigaltee keessatti hidhuu kan dabalatu ta'uu danda'a. Sirna akkasii keessatti du'a dhiiga qabatamaatiin osoo hin taane, fakkeenyaan waamamuu danda'a: fakkeenyaaf, abaarsa of balleessuu dubbachuudhaan; mallattoo du'aa kan akka funyoo mormatti uffachuudhaan; ykn sirna du'a akka saanduqa du'aa keessa kaa'amuu ykn fakkeenyaan garaa namaa waraanamuu irratti du'a taphachuudhaan. (Booda fakkeenya sirna gosa kanaa Islaamummaa wajjin wal qabatee ilaalla.)

Sirna du'aa fakkeenyaa dabalatee waliigalteewwan dhiigaa nama sana irrattis ta'e yeroo tokko tokko sanyii isaanii irratti abaarsa du'aa waama. Sirnoonni akkasii cunqursaa hafuuraatiif balbala banaa waan kaa'aniif kun hafuuraan balaa qaba. Jalqaba nama sana haala waliigaltichaatiin hidhu, achiis namni sun akka ajjeefamu ykn akka du'u hayyama hafuuraa hundeessuun, abaarsa waliigalticha raawwachuudha.

Dubartiin Kiristaana tokko hawaasni ishee dhaloota hedduuf bulchiinsa Islaamaa jala jiraachaa ture abjuu halkanii firoottan du'an gara biyya warra du'anii akka dhuftu harkaan ishee agarsiisaa turaniin rakkachaa turte. Akkasumas yaada of ajjeesuu guutummaatti loojikii hin qabne kan ibsi ifa ta'e hin qabneen dhiphattee turte. Yeroon ishee waliin haasa'uu fi kadhadhu, miseensonni maatii ishee biroo, dhaloota darban keessattis waa'ee du'aa abjuu halkanii ibsamuu hin dandeenye kan baay'ee isaan dhiphise akka qaban mul'ate. Abbootiin ishee bulchiinsa Islaamaa jala waan jiraataniif, kakuu Zimmaa harka kennachuu jala waan turaniif, sodaan du'aa ishee cunqursaa akka ture hubadheera. Sirni addaa abbootiin ishee dhiiraa Kiristaanummaa waggaa waggaan keessa darbuu qaban ture, yeroo isaan akkaataa haala Zimmaaatiin gibira jizyaa Muslimootaaf kaffalan. Akka qaama sirna kanaatti fakkeenya isaaniif jecha cinaacha mormaatti rukutamuun yoo haal-duree waliigaltee Islaamummaaf harka kennachuu isaanii cabsan mataa irraa muru. (Sirna kana irratti Barumsa 6ffaa keessatti ni mari'anna.) Humna du'aa ceepha'ee fi abaarsa addaa du'aa sirna mataa muruu kanaan hidhamee jiru haqee kanaan mormuudhaan dubartii sanaa waliin kadhadhe. Kadhannaawwan humna sirna kanaa cabsan kana booda abjuu halkanii fi yaada du'aa irraa boqonnaa guddaa argatte.

Amantii Waaqayyoon hin Sodaanne (Soba).

Tooftaawwan seexanni nurratti fayyadamu keessaa inni guddaan soba nu sooruudha. Soba kana yommuu fudhannee fi amannu nutti fayyadamee nu himachuu, nu burjaajessu fi gowwoomsuu danda'a. Seexanni "sobduu fi abbaa sobaa" ta'uu isaa gonkumaa hin dagatinaa (Yohaannis 8:44). (Seenaa dubartii Afrikaa Kibbaa kanaan dura barnoota kana keessatti, sobni gatii hin qabdu jechuu ture.)

Yeroo duuka buutota Yesus ta'uun yaadan bilchina qabaachaa yoo guddannu, soba kanaan dura akka dhugaatti fudhanne akkamitti adda baafnee diduu akka dandeenyu baranna. Soboonni ykn amantiiwwan Waaqayyoon hin sodaanne kun jireenya keenya keessatti karaa adda addaatiin mul'achuu danda'u. Waan dubbannu keessatti, waan yaadnuu fi amannu keessatti, akkasumas ofiin haasa'uu keenya keessatti, kunis yeroo namni biraa dhaggeeffachaa hin jirretti waan ofitti yaadnu ykn ofitti dubbannudha. Fakkeenyawwan amantii Waaqayyoon hin sodaanne:

- "Eenyullee na jaallachuu hin danda'u."
- "Namoonni jijjiiramuu hin danda'an."
- "Ani yoomiyyuu nagaa hin ta'u."
- "Jalqaba wanti na dogoggorse jira."
- "Namoonni dhugaatti maal akkan ta'e yoo beekan na ganu."
- "Waaqayyo yoomiyyuu dhiifama naaf hin godhu."

Sobni tokko tokko qaama aadaa hawaasa keenyaa ta'uu danda'a; fakkeenyaaf, "Dubartoonni dadhaboodha," ykn "Dhiirota amanachuu hin dandeessu." Ani aadaa Ingilizii (Anglo-Saxon) irraa kanan dhufe yoo ta'u, soba aadaa koo keessa jiru keessaa tokko dhiironni miira agarsiisuun dogoggora ta'uu isaati. "Dhiironni dhugumatti hin boo'an" kan jedhu namni Ingilizii tokkotu jira. Namoonni kanaan "funyaan gubbaa jabaatee qabachuu" jedhanii waamu. Garuu kun dhugaa miti: yeroo tokko tokko dhiironni dhugaa ni boo'u!

57

Duuka buutota taanee gara bilchinaatti guddachaa yeroo deemnu, soba qaama aadaa keenyaa ta'e mormuu fi dhugaadhaan bakka buusuu baranna.

Yaadadhu: sobni hunda caalaa guutuu ta'e isa dhugaa ta'ee itti dhaga'amudha. Yeroo tokko tokko amantiin Waaqayyoon hin sodaanne tokko dhugaa akka hin taane sammuu keenyaan yoo beeknullee, amma iyyuu garaa keenyatti dhugaa akka ta'e nutti dhaga'amuu danda'a.

Yesus, "Barsiisa kootti yoo qabattan, dhuguma duuka buutota koo ti. Yeroo sanatti dhugaa ni beektu, dhugaanis bilisa isin baafti." (Yohaannis 8:31-32)

Hafuurri qulqulluun soba amanne adda baasnee maqaa moggaasuuf, kana booda akka dhiifnu nu gargaara (1Qorontoos 2:14-15). Yesusiin duukaa bu'uu fi soba biyya lafaa ganuu yeroo barannu yaadni keenya fayyuu fi jijjiiramuu danda'a. Phaawulos haala kanaan sammuu keenya haaromsuu akka dandeenyu ibsa:

> Akka fakkeenya biyya lafaa kanaatti hin walsimne, sammuu kee haaromsuudhaan jijjiirami. Sana booda fedhiin Waaqayyoo maal akka ta'e, jechuunis fedha isaa isa gaarii, kan nama gammachiisu fi mudaa hin qabne qoruu fi raggaasisuu ni dandeessa. (Roomaa 12:2)

Oduu gadhee sobni Seexanaaf bakka miila kennu danda'a. Oduu gammachiisaa wal arguu dhugaatiin miila kana jalaa bahuu dandeenya. Dhugaa yeroo adda baafnu soba fudhanne kamiyyuu himachuu, diduu fi dhiisuu dandeenya.

Soba ilaaluuf kadhannaan kutaa Qabeenya Dabalataa qajeelfama leenjii kanaa keessatti ni argama.

Cubbuu Dhalootaa fi Abaarsa Kana Irraa Maddu

Tooftaan seexanni nurratti fayyadamuu danda'u inni biraan cubbuu dhalootaati: cubbuu abbootii keenyaati. Isaan kun abaarsa hamaa nu miidhu waliin dhufuu danda'u.

Hundi keenya maatii cubbuun addaa ykn amala badaan tokko dhaloota tokko irraa gara dhaloota biraatti darbu argineerra.

Waa'ee kanaa mammaaksa Ingilizii tokkotu jira, "Abaaboo muka irraa fagoo hin bu'u." Maatiin dhaala hafuuraa sanyii isaanii irratti dhiibbaa geessisu dabarsuus ni danda'u, Seexanaaf balbala banaa ta'e kennu. Hacuuccaan hafuuraa dhaloota hedduu irratti dhiibbaa uumuu danda'a, dhaloonni tokko cubbuu isaatiin isa itti aanu waan hidhuuf abaarsi bu'aa irraa maddu dhaloota tokko irraa gara dhaloota itti aanutti hammeenya dabarsuu danda'a.

Kiristaanonni tokko tokko yaad-rimeen garbummaa hafuuraa dhaloota gidduu jiru fudhatama kan hin qabne ykn sababa kan hin qabaanne ta'ee argatu. Isaan akeekuu danda'u kana mannaa dhiibbaa amala warraa ijoollee irratti qabuuti. Fakkeenyaaf, abbaan sobduu yoo ta'e, ijoolleen isaas isa fakkeessuun, sobduu ta'uuf barachuu danda'u ykn haati tokko mucaashee yoo abaarte, mucaan sun sababa kanaan of ilaaluu yaada yaraa of keessaa qabaachuu danda'a. Kun amala baratameedha. Garuu dhaala hafuuraa warri dabarsan kan kanarraa adda ta'e ni jira.

Guutummaan ilaalchi addunyaa Macaafa Qulqulluu kakuu, abaarsaa fi eebbaa wajjin walqabatee ilaalcha kanaan walii gala. Macaafni Qulqulluun akkamitti Waaqayyo saba Israa'el wajjin kakuu akka gale, akka hawaasa dhaloota gidduu jiruutti akka isaan ilaale fi sirna eebbaa fi abaarsa isaanis ta'e sanyii isaanii ilaallatutti akka isaan hidhe ibsa— eebba dhaloota kumaffaa fi abaarsa gara dhaloota sadaffaa ykn afraffaadha (Ba'uu 20:5; 34:7).

Waaqayyo haala kanaan namoota waliin dhaloota gidduutti waan raawwateef, Seexanni dhala namaa irratti mirga dhaloota gidduutti akka gaafatu hubachuun salphaa ta'uun isaa hin oolu! Seexanni "himataa" "halkanii fi guyyaa Waaqayyo keenya duratti isaan kan himatu" ta'uu isaa yaadadhu, waan danda'u hundumaa nu morma (Mul'ata 12:10). Sababa cubbuu abbootii keenyaatiin nu himata, ni himatas. Fakkeenyaaf, cubbuun Addaamiifi Hewaan sanyii isaanii irratti abaarsa dhaloota gidduutti kan baase yoo ta'u, kunis dhukkubbii da'umsaa dabalatee (Uumama 3:16); ol'aantummaa dhiironni dubartoota irratti (Seera Uumamaa 3:16); jireenya isaa argachuuf hojii cimaa hojjechuu (Uumama 3:17-18); dhumarratti immoo du'aa fi manca'uu (Seera Uumamaa 3:19). "Barri dukkanaa kun" akkasitti hojjeta. Seexanni ni beeka, nurrattis in fayyadama.

Macaafni Qulqulluun dhimmoota kana irratti jijjiiramni akka dhufu raajii dubbata, yeroo Waaqayyo kana booda namoota cubbuu warra isaaniitiif kan itti hin gaafatamne, akkasumas namni tokkoon tokkoon isaa cubbuu mataa isaatiif itti gaafatamummaa qaba:

Ta'us, "Ilmi maaliif balleessaa abbaa isaa irraa hin hirmaatu?" Ilmi waan qajeelaa fi sirrii ta'e hojjetee labsii koo hunda eeguuf of eeggannoo waan godheef lubbuun jiraachuun isaa hin oolu. Kan cubbuu hojjete isa du'a. Mucaan yakka warraa hin hirmaatu, warri immoo yakka daa'ima sanaa hin qooddatu. Qajeelummaan warra qajeelaa isaaniif ni galata, hammeenyi warra jal'ootaas isaan irratti ni himatama. (Hisqi'eel 18:19-20)

Kutaan kun akka raajii Bara Masihichaa, mootummaa Yesuus Kiristoositti hubatamuu qaba. Kun jijjiirama bu'uuraa miti. Karaa "biyya lafaa dukkanaa'aan kun" bulchiinsa Seexanaa jalatti kan hojjetu, garuu waa'ee addunyaa adda ta'e, addunyaa dhufaatii mootummaa Ilma Waaqayyoo isa jaallatamaa ta'een jijjiirame. Abdiin kun abdiidha. Kakuu haaraa jalatti Waaqayyo tokkoon tokkoon namaa akka cubbuu mataa isaaniitti akka ilaalu qofa osoo hin taane, humni seexanni karaa cubbuu warraa fi abbootii isaaniitiin namoota hidhuuf qabu humna kan du'aa fi du'aa ka'uu Yesus Kiristoos.

Egaa kakuun seera durii, "seera cubbuu fi du'aa" cubbuu dhaloota tokko irraa gara dhaloota biraatti akka darbu dubbate dhugaa ta'us, Kiristoos seera durii kana, kan Seexanni mirga ittiin hidhuu himate cinaatti dhiisee jira. Namoota cubbuu warra isaaniitti, karaa fannootiin akka hin hojjenne gochuudhaan. Kun bilisummaa kiristaanonni ofii isaaniitiif himachuuf mirga guutuu qabaniidha.

Egaa akkamitti bilisummaa keenyaan abaarsa dhalootaa irraa hirmachuu dandeenya? Deebiin isaa Macaafa Qulqulluu keessatti argama. Tawraat dhaloonni itti aanan bu'aa cubbuu abbootii isaanii irraa bilisa ta'uuf "cubbuu isaanii fi cubbuu abbootii isaanii himachuu" akka qaban ibsa (Lewwoota 26:40). Sana booda, Waaqayyo "kakuu abbootii isaanii wajjin gale ni yaadata" jedha, isaanis ta'e biyya isaaniis ni fayyisa (Lewwoota 26:45).

Tooftaa kana fayyadamuu dandeenya. Nuti ni dandeenya:

- Cubbuu akaakayyuu keenyaa fi cubbuu ofii keenyaa himachuu, .

- Cubbuu kana ganuu fi ganuu, achiis

- Abaarsa cubbuu kanaan dhufu hunda cabsuu.

Kana gochuuf sababa fannoo Kiristoosiin aangoo qabna. Fannoon abaarsa hundumaa irraa bilisa nu baasuuf humna qaba: "Kiristoos abaarsa nuuf ta'uudhaan abaarsa seeraa jalaa nu fureera ..." (Galaatiyaa 3:13)

Qajeelfama leenjii kanaa kutaa Qabeenya Dabalataa keessatti 'Kadhannaa Cubbuu Dhalootaa' jedhutu jira.

⁂

Kutaalee itti aanan keessatti aangoo Kiristoos keessatti qabnuu fi haala addaa keenya irratti akkamitti hojiirra oolchuu akka dandeenyu ilaalla. Tooftaalee Seexanaa injifachuuf tarkaanfiiwwan shan illee ni ibsina.

Aangoo Mootummaa Keenyaa

Yesus mataan isaa samii fi lafa irratti dhimmoota "hidhuu" fi "hiikuuf" humna akka qaban Duuka buutota isaaf qajeelfama kenneera. Kana jechuunis, Zimmaa hafuuraa fi naannoo foonii keessatti:

> Dhugaan sitti hima, wanti ati lafa irratti hidhu hundinuu samii irratti [ykn kan hidhame] ta'a, wanti ati lafa irratti hiiktu hundinuu samii irratti ni hiikama [ykn ni hiikama]. (Maatewos 18:18; akkasumas 16:19 ilaali)

Abdiin aangoo Seexana irratti qabnu dhugumatti jalqaba Macaafa Qulqulluu Seera Uumamaa 3:15 irratti kan labsame yoo ta'u, Waaqayyo sanyiin dubartii sanaa "mataa kee akka caccabsu" bofatti hime. Phaawulos waa'ee kanaas akkas jechuudhaan dubbateera: "Waaqayyo nagaa yeroo dhihootti Seexana miilla kee jalatti in caccabsa." (Roomaa 16:20)

Yesuus duuka buutota isaa jalqaba kudha lamaa achiis torbaatamii lama yommuu ergu, Mootummaa Waaqayyoo utuu labsuu jinniiwwan akka ari'aniif aangoo kenneef (Luq 9:1). Booda duuka buutonni yommuu deebi'an, "Yaa Gooftaa, jinniiwwan illee maqaa keetiin nuuf bitam" jedhanii aangoo kanaan akka dinqisiifatan ibsaniiru. Yesuus deebisee, "Seexanni akka balaqqeessaa samii irraa kufee arge" jedheen. (Luqaas 10:17-18)

61

Kiristaanonni tooftaa Seexanaa mo'uu fi balleessuuf aangoo qabaachuun isaanii jajjabina ajaa'ibaati. Kana jechuun amantoonni kakuu fi dhaadannoo Waaqayyoon hin sodaanne cabsuu fi haquuf aangoo qabu. Sababiin isaas kakuun dhiiga Kiristoos keessatti argamu humna waliigaltee kaayyoo hamaadhaaf godhame hundumaa waan haquufiidha. Kun abdii raajii waa'ee Masiihichaa Zakaariyaas keessatti ibsameedha:

> Isin garuu, dhiiga kakuu ani isinii wajjin gale irraa kan ka'e, hidhamtoota keessan boolla bishaan hin qabne keessaa bilisa nan baasa. (Zakaariyaas 9:11)

Qajeelfama Adda Ta'e

Bilisummaa yommuu hordofnu tarkaanfiiwwan addaa balbalaa fi miila banaa Waaqayyoon hin sodaanne kan morman fi wal'aansoo qaban fudhachuun barbaachisaadha. Kakuu moofaa waaqa tolfamaa fi iddoowwan waaqeffannaa isaanii guutummaatti balleessuu akka qaban ajaja. Fakkeenyi naannoo hafuuraa waaqolii tolfamoo akkamitti akka sakatta'an Keessa Deebii 12:1-3 irratti kan kenname yoo ta'u, Waaqayyo sabni isaa guutummaatti akka balleessan abboome. Iddoowwan olka'oo (bakka waaqeffannaa), iddoowwan sirna, meeshaalee fi iddoo aarsaa, waaqolii tolfamoo ofii isaanii wajjiniidha.

Cubbuu ofii addatti himachuu keessatti maqaa dhahuun gaarii dha. Haaluma walfakkaatuun bilisummaa hafuuraa keenya yeroo himnu addattis ta'uu qabna. Kun ifa dhugaa Waaqayyoo tokkoon tokkoon naannoo dhiifama barbaadu hundumaatti ibsa. Bakka waliigalteewwan Waaqayyoon hin sodaanne raawwatamanitti, haalawwanii fi bu'aa isaanii tokkoon tokkoon isaanii wajjin haqamuu qabu. Kun adda ta'uu qaba. Walumaa galatti yoo ilaalamu, tooftaan Seexanni fayyadamuun jabaa ta'uusaatiin, humna isaa kan dhabamsiisnu caalaatti iftoomina yoo qabaanneedha.

Qajeelfamni adda ta'e kun yeroo nuti dubbii fi gocha keenyaan waadaa Waaqayyoon hin sodaanne galchine irraa bilisa of baasuu filannu hojiirra oola. Fakkeenyaaf, namni aarsaa dhiigaatiin waadaa callisuutti of hidhe tokko sirna kana irratti gaabbii galuu fi hirmaannaa dhiisuu fi addatti irbuu karaa kanaan raawwatame haquu qaba. Akkasumas, namni dhiifama gochuu dhabuu irraa qabsaa'aa jiruu fi jechoota akka "Hanga lubbuun jiraadhutti nama tokkoof gonkumaa dhiifama hin godhu" jedhu dubbate, waadaa kana irraa gaabbe, waadaa kana dhiisee, waadaa kana dubbachuu isaatiif dhiifama Waaqayyoon gaafachuu qaba. Miidhamaan miidhaa saalaa doorsisa miidhaa ykn du'aa irratti callisuuf walii gale bilisummaa isaa gaafachuuf waadaa callisuu isaanii dhiisuu qaba: fakkeenyaaf, "Waan narratti raawwatame ilaalchisee callisuu koo nan dhiisa, akkasumas himata dubbachuuf mirga qaba."

Dubartiin Suuzaan jedhamtu namoota jaallattu hedduu dhabdeetti: abbaashee, haadhasheefi abbaa manaashee. Nama yoo jaallatte akkasuma akka dhabdu waan sodaatteef, "Ani lammata nama biraa hin jaalladhu" jettee ofitti dhaadatte. Kana booda baay'ee hadhaa'aa fi namoota biroo irratti diinummaa taate. Nama itti dhihaate ni kakatti, ni abaarti turte. Garuu yeroo umuriin ishee waggaa saddeettammaa ture Yesusiin argatte waldaa tokkotti makamte. Kunis abdii kan isheef kenne yoo ta'u, kana booda gonkumaa akka hin jaallanne dhaadannoo ishee ganna 50 kana dhiiste. Sodaa irraa bilisa taatee dubartoota mana kiristaanaa keessa jiran biroo wajjin michummaa gadi fagoo fi bareedaa uumte. Jireenyi ishee guutummaatti jijjiirame akkuma Seexanni jireenya ishee irratti qabu addaan cite.

Tarkaanfiiwwan Shan Bilisummaatti Geessu

Kunoo moodeelli tajaajila salphaa tarkaanfii shan kan of keessaa qabu yoo ta'u kunis tooftaalee Seexanni nu irratti fayyadamu mormuu fi balleessuuf itti fayyadamuu dandeenyu.

1. Badii ofii himachuu fi qalbii diddiirrachuu

Tarkaanfiin jalqabaa cubbuu kamiyyuu himuudha. Akkasumas dhugaa Waaqayyoo isa Zimmaa kana ilaallatu labsuu dha. Fakkeenyaaf, amantii Waaqayyoon hin sodaanne yoo qabatte, kana addatti akka cubbuutti himachuu, kanaaf dhiifama Waaqayyoo gaafachuu fi cubbuu sana irraa qalbii diddiirrachuu dandeessa. Dhugaa Waaqayyoo haala kana keessatti hojii irra oolus labsuu dandeessa.

63

2. Ganuu

Tarkaanfiin itti aanu ganuudha. Kana jechuun kana booda waan tokko akka hin deeggarre, akka hin amanne, akka walii hin galle ykn walitti dhufeenya akka hin qabaanne ifatti labsuu jechuudha. Fakkeenyaaf, sirna Waaqayyoon hin sodaanne irratti hirmaatte yoo ta'e, sirna sana yommuu dhiiftu, waadaa kanaan dura itti galte ofirraa deebifta ykn ni haqxa. Akkuma kanaan dura ibsame kana addatti gochuun barbaachisaa dha.

3. Cabsuu

Tarkaanfiin kun humna waan tokkoo cabsuuf naannoo hafuuraa irratti aangoo fudhachuu kan dabalatudha. Fakkeenyaaf, abaarsi kan keessa ture yoo ta'e, "abaarsa kana nan cabsa" jettee labsuu dandeessa. Duuka buutonni Yesus maqaa Yesusiin "humna diinaa hundumaa irratti aangoo" kennameefii jira (Luq 10:19). Cabsuunis addatti hojjetamuu qaba.

4. Baasuu

Yeroo jinniiwwan bakka miila ykn balbala banaa ta'etti fayyadamuun nama tokko dhiphisan, balbala ykn miila banaa kamiyyuu erga wal'aansoo qabattee booda, himachuu, ganuu fi cabsuudhaan buqqisuudhaan, jinniiwwan akka ba'an ajajuu qabda.

5. Eebbisuu

Tarkaanfiin dhumaa nama sana eebbisuu fi Waaqayyo waan gaarii hundumaa, faallaa waan isaan dhiphise dabalatee akka isaan guutu kadhachuudha. Fakkeenyaaf, sodaa du'aa wajjin qabsaa'aa kan turan yoo ta'e, jireenyaa fi hamileedhaan isaan eebbisi.

Tarkaanfiiwwan shanan kun garbummaa gosa hundaaf fayyadamuu ni danda'ama, garuu xiyyeeffannaan keenya asitti Islaamummaa irraa bilisa ta'uu waan ta'eef, barumsa boodaa keessatti tarkaanfiiwwan kanneenitti fayyadamnee namoota garbummaa Islaamaa jalaa bilisa baasuu dandeenyu ni baranna.

Qajeelfama Qo'annoo

Barnoota 2ffaa

Hiika jechootaa

Ganuu

Bilisummaa

Masiihii

Seexana

Mootummaa Waaqayyoo

Bara dukkanaa

Injifannoo Roomaa

Iddoo Miila itti dhaabbatu

Balbala banamaa

topos

Mirga seera qabeessa

Dhiifama Fannoo

Kakaa

Waliigaltee dhiigaa

Jiizyaa

Ofumaan haasa'uu

Dhugaa wal qunnamuu

Madaa lubbuu

Cubbuu dhalootaa

Dhaala hafuuraa

Dhaloota gidduutti kan walqabatu

Qajeelfama adda ta'uu

Maqaawwan Haaraa

- Luba J. L. Houlden: Feeloo Kolleejjii Trinity Oxford (1929 dhalate).

- Luba J. H. Bernard: Luba Angilikaan Aayilaandi (1860-1927).

- D. A. Carson: Piroofeesara Kakuu Haaraa (1946 dhalate) .

65

Macaafa Qulqulluu Barnoota Kana Keessatti

Roomaa 8:21
Isaayyaas 61:1-2
Luqaas 4:18-21
Yohaannis 10:10; 8:44 irratti
Qolosaayis 1:13
Yohaannis 12:31
2 Qorontos 4:4
Efesoon 2:2
1 Yohaannis 5:19
Efesoon 6:12
Filiphisiiyus 2:15
Hojii Ergamootaa 26:18
Qolosaayis 1:12-13
Maarqos 1:15
Luqaas 10:18
Qolosaayis 2:13-15
Efesoon 6:18
1 Phexros 5:8
Mul'ata 12:10
Faarfannaa 109:6-7
Zakkaariyaas 3:1-3
Iyoob 1:9-11
2 Qorontos 2:11
Efesoon 4:26-27
Yohaannis 14:30-31; 5:19
Maarqos 11:25-26
Maatewos 6:14-15

2 Qorontos 2:10-11
Efesoon 4:32
Maatewos 12:36-37
Luqaas 6:27-28
Maatewos 5:34, 37
Lewwoota 5:4-10
Ibroota 12:22-24
Seera Uumamaa 15
Ermiyaas 34:18-20 irratti
Yohaannis 8:31-32
1 Qorontos 2:14-15
Roomaa 12:2
Ba'uu 20:5; 34:7
Mul'ata 12:10
Seera Uumamaa 3:16-19
Hisqi'eel 18:19-20
Lewwootaa 26:40, 45
Galaatiyaa 3:13
Maatewos 18:18
Maatewos 16:19
Seera Uumamaa 3:15
Roomaa 16:20
Luqaas 10:17-18
1 Yohaannis 1:7
Roomaa 5:9; 4:7
Zakkaariyaas 9:11
Keessa Deebii 12:1-3

Gaaffiiwwan Barnoota 2

- Qorannoo haalawwanii irratti mari'achuu.

1. Rezaan yeroo salaata ganu salaachuuf yaalu maaltu ajaa'ibsiise Islaamummaa?

2. Erga salaata salaachuu danda'ee booda jireenya Rezaa keessatti maaltu jijjiirame?

Yesuus Barsiisuu Jalqabe

3. Mirgi dhalootaa Kiristaana hundaa maali?

4. Yesus namoota duratti barsiisuu eessaa jalqabe?

5. Waadaa akkamii raawwachuuf dhufe jedhe?

6. Yesus wantoota akkamii irraa bilisa baase?

Yeroo filachuu

7. Balballi mana hidhaa hidhamaa tokkoo akka itti cufamee hafu. Hidhamtichi bilisummaa isaatti gammaduu yoo barbaade maal gochuu qaba? Kun waa'ee bilisummaa hafuuraa maal nutti hima?

Seexanaa fi Mootummaa Isaa

8. Maqaawwan **Seexana** jedhaman keessaa muraasni maal fa'a, maal nu barsiisu?

9. Yohaannis 12:31 fi luqqisiiwwan kanaan waliin ibsaman biroo irratti hundaa'uun Seexanni bifa muraasa qabaachuu isaa garuu maal akka ta'e Duuriin amanteetti?

10. Duurii Islaamummaa keessatti maal akka madaallu nutti hima?

Jijjiirraa Guddaa

11. Akka Qolosaayis 1:12-13 fi *"J. L. Houlden"* jedhanitti uumamni namaa humna kamiin garbummaa keessa jira?

12. Akka HoE. 26:18 namoonni aangoo kam irraa fayyu fi furamu?

13. Akka Phaawulos jedhutti Waaqayyo yommuu nu oolchu maaltu nu mudata?

14. Phaawulos warri Qolosaayis maal akka galateeffatan barbaada?

15. Amanamummaa guutuu Yesus Kiristoosiif dabarsuudhaaf wantoota shanan maal fa'a?

Lola

16. Maarqos 1:15 fi caqasoota isa waliin tarreeffaman kaan irratti hundaa'uudhaan, Kiristiyaanonni waldhabdee akkamii keessatti of argatu?

17. Duurii humnoota hamaa wajjin guyyaa guyyaan waldhabdee taasifamu keessatti waldaa irratti jecha of eeggannoo akkamii dubbata?

18. Lola kana keessatti akka Phaawulos jedhutti Kiristiyaanonni maal irratti mirkanaa'oo ta'uu danda'u?

19. Phaawulos injifannoo fannoo ibsuuf yaada **injifannoo Roomaa** akkamini fayyadama?

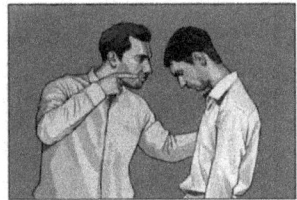

Himataa

20. Jechi Ibrootaa **seexana** jedhu maal jechuudha?

21. Hojii **Seexanaa** ilaalchisee Pheexiroos ta'e Phaawulos Kiristiyaanonni maal akka godhan akeekkachiisu?

22. **Seexanni** maaliin nu hima?

69

23. Tooftaalee ja'an Duurii tarreesse kan **Seexanni** nu himachuuf itti fayyadamu maali?

24. **Bilisummaa** hafuuraa argachuuf tarkaanfiin ijoo maali?

Balbalaa fi bakka miila itti kaa'an banaa

25. Duurii akkamitti hiika:

   ▪ balbala banaa fi

   ▪ bakka miila itti dhaabu?

26. Cubbuu himachuu fi dhiisuu yoo didde, **Seexanaaf** harka kennachuu keenya maal ta'uu danda'a?

27. Jechi Kiristoos "na hin qabu" jedhu maal jechuudha?

28. **Seexanni** Yesus irraa maal argachuu hin dandeenye?

29. 29. Yesus nama qulqulluu ta'ee fannifamuun isaa maaliif barbaachisaa ta'e?

Cubbuu

30. Balbaloota banaa fi **bakka miila itti kaa'an** maal gochuu qabna?

31. Jireenya keenya keessatti **balbala cubbuu baname** akkamitti cufna?

Dhiifama Gochuu Dhabuu

32. Akka Yesus jedhutti dhiifama argachuuf haalli Jiru maali?

33. Dhiifama gochuu dhabuun keenya **Seexanni** akka nu caalu kan heyyamu maaliifi?

34. Dhiifama gochuun kallattii sadan maali?

35. Dhiifama yoo goone kanas dagachuu qabna jechuudhaa?

Madaa lubbuu

36. **Seexanni** akkamitti **madaa lubbuu** nu irratti fayyadama?

37. Dubartiin lammii Afrikaa Kibbaa tokko maal irraa fayyina argatte, maal irraa **ganuun** ishee barbaachisa?

38. Miilli madaa lubbuu yoo ta'e **tarkaanfiiwwan** shanan akkamii barbaachisa?

Jechoota

39. Akka Maatewos 12tti, Guyyaa Firdii maalif deebii kennuu qabna?

40. **Seexanni** akka **kakaa** kakannu kan barbaadu maaliifi?

41. Humna diigaa dubbii keenya dubbanne haquuf humna maali qaba?

Gocha sirnaa: waliigaltee dhiigaa irraa bilisa ta'uu

42. **Waliigalteen dhiigaa**
Abrahaam Seera Uumamaa 15 irratti Waaqayyoo wajjin godhe maal agarsiisa? (Akkasumas Ermiyaas 34:18-20 ilaali.)

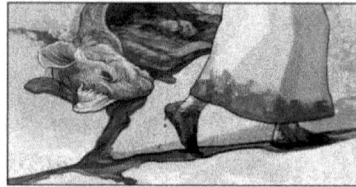

43. **Waliigalteewwan dhiigaa** balaa kan geessisan maaliifi?

Qajeelfama Adda Ta'uu (specificity).

57. Qajeelfamni waa'ee waaqolii tolfamoo Kakuu Moofaa keessatti kenname naannoowwan hafuuraa akkamitti ilaalamuu akka qaban maaliif fakkeenya ta'a? (Keessa Deebii 12:1-3 ilaali.)

58. Humna waliigaltee badaa nuti seenuu dandeenyu cabsuu fi haquuf humna maali qaba?

59. Duurii balbala banaa fi bakka miila itti kaa'an yeroo ilaallu tarkaanfii akkamii fudhachuu qabna jedha?

60. Kakuun Suuzaan galte maal ture? Jireenya ishee keessatti bu'aa akkamii fide? Akkamitti waadaa sana jalaa bilisa baate?

Tarkaanfiiwwan Shan Bilisummaatti Geessan

61. Tarkaanfiiwwan shanan bilisummaatti geessan maali? Yaadannootti galchuu dandeessaa?

62. Waadaa galuun maali? Bilisummaa ofii himachuuf labsiin barbaachisu maali?

63. Akka Duuriin jedhutti namni tokko erga bilisa bahee booda maaliin eebbisuu qabda?

3

Islaamummaa Hubachuu

"Ergasii dhugaa ni beektu, dhugaan immoo bilisa isin baafti."
Yohaannis 8:32

Kaayyoowwan Barnootaa

a. Muslima ta'uu keessatti gahee bitamuu hubachuu.

b. Muslimni Rabbiif bitamuu keessatti gahee bulchiinsa namummaan Muhaammad dinqisiifachuu.

c. Muslimoota qajeelchuuf seera shari'aa qabaachuun maaliif akka barbaachisaa ta'e hubadhu.

d. 'Milkaa'inni' fi 'mo'amuun' amantii Muslimaa akkamitti akka bifa qabsiisu ilaalaa.

e. Gosa namoota afran akka Qur'aana irraa mul'atutti ibsi.

f. Barsiisa Muhaammad fi Islaamaa Kiristaanotaa fi Yahuudota irratti kennan hubadhaa.

g. Kadhannaan Muslimaa baay'ee irra deddeebi'amee raawwatamu Kiristaanotaa fi Yihudoota irratti dhiibbaa akkamii akka qabu hubadhu.

h. Miidhaa seera shari'aan geessisu ilaalaa.

i. Islaamummaa keessatti gowwoomsaan maaliif akka hayyamamu ifa godhaa.

j. Kiristiyaanonni waa'ee amantiisaanii ogeeyyiidhaan barsiisa eegameen akka of guddisan jajjabeessi.

k. Iisaa, Yesus Islaamaa fi Yesus isa dhugaa seenaa adda baafadhu.

Qorannoon Haalaa: Maal Goota?

Kadhannaa baay'ee booda, atii fi gareen waldaa keetii kutaa haaraa Musliimonni baay'een jiraatan keessatti waldaa manaa jalqabuuf Hafuuraan akka geggeeffamtu sitti dhaga'ama. Ji'oota hedduudhaaf mana nama "nama nagaa" jedhamu keessatti maatii fi ollaa wajjin of eeggannoodhaan erga wal arginee booda (Luqaas 10:6) dubbifama. Keessummeessichi walga'ii booda inniifi ati lamaan keessan kantiibaa hawaasa naannoo sanaa wajjin wal arguuf akka

78

waamamtan sitti hima. Yeroo achi geessan harmoolii fi jaarsoliin hedduun masjiidaa akka argaman ni argatta. Harka wal fuudhi. Walgahii dhoksaa nabiyyii isaanii Muhaammad itti arrabsitu gaggeessuun nagaa booressite jechuun si himatan daftee hubatta. Atis keessummeessituu kee kana cimsitee ni haalu. Kana booda imaamni akkana jedha, "Isin Kiristaanonni Rabbitti hin amantu nabiyyii isaa isa dhumaa Muhaammad ni didda. Gara si'ool ni deemta. Rabbiin Muslimoota caala jedhee ilaala nuti isin bulchuu qabna. Yoo Islaamummaaf hin bitamne si mormuuf dirqama nutti ta'e, Isaa illee yeroo gara lafaatti deebi'u si irratti lola. Namoota hawaasa keenya keessatti saaxilamoo ta'an dirqiin amantii keessan isa manca'e keessa galchuu irraa dhaabuu fi dhiisuu qabdu." Amantii kantiibaa hin beektu, garuu akka waan himannaa kanaaf deebii kennuun siif hayyamama jedhee si ilaala.

Maal jetta/deebista?

Kutaalee kanneen keessatti shahaada seensifnee akkaataa Muslimoonni fakkeenya Muhaammad hordofuuf walitti hidhu ibsina.

Muslima ta'uun akkamiin danda'ama?

Jechi Islaamaa jedhu Afaan Arabaa yoo ta'u, hiikni isaas 'harka kennuu' ykn 'of kennuu/jalatti buluu' jechuudha. Jechi Muslima jedhu hiikni isaa 'kan gadi of qabe', nama Rabbiif harka kenne.

Harka kennuu fi bitamuun kun maal jechuudha? Suuraan Rabbii Qur'aana keessatti ol'aantummaa qabu gooftaa abbaa biyyummaa waan hunda irratti aangoo guutuu qabuudha. Ilaalchi gooftaa kanaaf qabaachuu irraa eegamu aangoo isaaf bitamuudha.

Namni Islaama seene Rabbii fi karaa ergamaa isaatiif gadi bu'uuf walii gala. Waliigalteen kun kan raawwatamu shahaada, amantaa Islaamaa himachuudhaani:

Ashhaduu an la ilaha illa Allah,
wa ashhadu anna Muhammadun Rasulu Allah

Rabbiin malee gabbaramaan biraa akka hin jirre nan himadha, akkasumas Muhaammad ergamaa Rabbii ta'uu isaa nan himadha.

79

Shahaada fudhattee ofiif yoo qara'e Muslima taatee jirta.

Kun jechoota muraasa ta'anis, hiikni isaanii bal'aa dha. Shahaada qara'uun Muhaammad umurii guutuu qajeelcha kee akka ta'u labsii kakuuti. Muslima ta'uu—'biyyamaa' ta'uu jechuun, Muhammad akka ergamaa addaa, isa dhumaa Rabbii, kan jireenya bal'aa hundaaf qajeelfama kennutti hordofuu jechuudha.

Qajeelfamni Muhaammad maddoota lama keessatti kan argamu yoo ta'u, isaanis walitti makamanii qajeelfama Islaamaa kan of keessaa qaban:

- Qur'aanni kitaaba wahyii Rabbiin biraa Muhaammadf kennamedha.

- Sunnaan fakkeenya Muhaammad yoo ta'u, kunis:

  - Barsiisa: wantoota Muhaammad namoota barsiise

  - Gochaawwan: wantoota Muhaammad hojjete.

Fakkeenyi Muhaammad (Sunnaa) Muslimootaaf bifa gurguddaa lamaatiin gabaafameera. Tokko walitti qabama hadiisa keessatti yoo ta'u, isaanis jechoota aadaa waan Muhaammad hojjetee fi dubbate akka gabaasan amanamanidha. Inni biraa immoo suuraa keessatti kan argamu yoo ta'u, isaanis seenaa jireenyaa Muhaammad kan seenaa jireenya isaa jalqabaa hanga dhumaatti himan jedhudha.

Namummaa Muhaammad

Namni shahaadaan hidhame kamiyyuu fakkeenya Muhaammad hordofee amala isaa fakkeessuun dirqama. Kun hundinuu Muhaammad ergamaa Rabbii ta'uu isaa shahadaan himachuu irraa ti. Jechoota kana shahaada keessatti qara'uun jireenya keetiif qajeelfama Muhaammad fudhattee isa duukaa bu'uun kee dirqama jechuudha.

Qur'aana keessatti Muhaammad fakkeenya hundarra gaarii jedhama, hunduu hordofuun dirqama:

Dhugumatti ergamaan Rabbii fakkeenya gaarii isiniif ta'eera, nama Rabbii fi Guyyaa Qiyaamaa abdatee fi yeroo baay'ee Rabbiin yaadatuuf. (Q33:21)

Namni ergamaaf ajajame Rabbiif ajajame ... (Q4:80)

Dhiira ykn dubartii mu'minaa tokkoof miti, yeroo Rabbii fi ergamaan isaa Zimmaa tokko murteessan, Zimmaa isaanii keessatti filannoo qabaachuun. Namni Rabbii fi ergamaa isaaf ajajamuu dide baay'ee ifatti karaa irraa maqeera. (Q33:36)

Qur'aanni warri Muhaammad hordofan milkaa'ina fi eebbifamaa akka ta'an ni ibsa:

Namni Rabbii fi ergamaa isaaf ajajame, Rabbiin sodaatee [of] isa irraa eegu, isaan injifata. (Q24:52)

Namni Rabbiif ajajamu fi ergamaan warra Rabbiin barakaa godhe waliin jiru ... (Q4:69)

Qajeelfama fi fakkeenya Muhaammad mormuun kufrii jireenya tana keessatti kufaatii fi jireenya itti aanu keessatti ibiddatti nama geessa jedhama. Abaarsi kun Qur'aana keessatti Muslimoota irra kaa'ameera:

Garuu namni ergamaa erga qajeelchi itti ifa ta'ee booda, karaa mu'mintootaan ala karaa biraa hordofe, nuti [Rabbiin] gara wanta inni itti garagaleetti garagalchinee jahannam keessatti isa gubna, bakka badaa! (Q4:115)

Waan ergamaan siif kennu fudhadhu waan inni si dhoowwe irraa of qusadhu. Rabbiin irraa of eegaa.

Dhugumatti Rabbiin adaba irratti gara jabeessa. (Q59:7)

Qur'aanni nama Muhaammad dide kamiyyuu irratti lola banuuf illee in ajaja:

Warra Rabbii fi Guyyaa Qiyaamatti hin amanne fi waan Rabbii fi ergamaan isaa dhoowwe hin dhoowwine-warra Kitaabiin kennameef biratti amantii dhugaa hin hojjenne-hanga gibira harkaa bahanii fi ni salphina. (Q9:29)

... kanaaf amantoota jabeessi. Garaa warra hin amanne keessatti sodaa nan darbadha; kanaaf morma isaanii irra rukutaa quba isaanii hunda rukutaa! Sababni isaas Rabbii fi ergamaa isaa waliin waan addaan citan, namni Rabbii fi ergamaa isaa waliin cabse, dhugumatti Rabbiin haaloo ba'uu irratti gara jabeessa. (Q8:12-13)

Garuu fakkeenyi Muhaammad hordofamuu qabaa? Jireenya Muhaammad keessaa wanti gaariin, kaan kan dinqisiifamu, baay'een isaas kan nama hawwatu yoo ta'u, wantootni Muhaammad hojjete kanneen ulaagaa naamusaa kamiinuu dogoggora ta'an jiru. Gochoonni Muhaammad suuraa fi hadiisa keessatti raawwate hedduun kan nama rifachiisan yoo ta'u, gocha ajjeechaa, dararaa, gudeeddii fi miidhaa biroo dubartoota irratti raawwatamu, gabroomsuu, hanna, gowwoomsaa fi namoota Musliimaa hin taane irratti kakaasuu dabalatee.

Meeshaan akkasii akka ragaa Muhaammad namni dhuunfaa sun eenyu akka ture qofa kan nama jeequ miti: karaa shari'aa Muslimoota hunda irrattis dhiibbaa qaba. Fakkeenyi Muhaammad Qur'aana keessatti Rabbiin akka fakkeenya hundarra gaarii ta'etti seera baaseera. Kanaafuu taateewwan jireenya Muhaammad keessatti raawwataman hundi, kanneen badaan illee, ulaagaa Muslimoonni hordofuu qaban ta'u.

Qur'aana—Sanada Dhuunfaa Muhaammad

Muslimoonni waa'ee Qur'aanaa qajeelfama Rabbiin dhala namaaf kennu kan qubee guutuu ta'e, karaa ergamaa isaa Muhaammad kan geessu ta'uu ni amanu. Yoo ergamaa fudhatte ergaa isaa fudhachuu qabda. Kanaaf shahadaan muslima tokko Qur'aanatti akka amanu fi akka ajajamu dirqisiisa.

Akkaataa Qur'aanni itti oomishame irratti wanti ijoo hubachuu qabnu, Muhaammadii fi Qur'aanni akkuma qaamni tokko lafee dugdaa isaa wajjin walitti hidhamiinsa cimaa qabaachuu isaaniiti. Sunnaan—barsiisaa fi fakkeenya Muhammad—akka qaamaa fi Qur'aanni lafee dugdaati. Lamaanuu isa kaan malee dhaabbachuu hin danda'an, isa kaan malees tokko hubachuu hin dandeessu.

Shari'aa Islaamaa—'Karaa' Muslima Ta'an

Barsiisaa fi fakkeenya Muhaammad hordofuuf Muslimni Qur'aanaa fi Sunnaa ilaaluu qaba. Haa ta'u malee, meeshaan kun baay'ee walxaxaa fi Muslimoonni baay'een ofii isaaniitiif argachuu, hubachuu fi itti fayyadamuuf rakkisaa dha. Kutaa jaarraa durii Islaamumaatti hoggantoonni musliimaa hedduun wanna xiqqoo ta'een amanamuun akka isaaniif malu ifa isaaniif ta'e.

Meeshaawwan Qur'aanaa fi suunnawwan Muhammad ittiin bulmaata seera qabuu fi itti fufiinsa qabaatuun qoqqooduun qopheessuu kan danda'an baayyina ogeessotaa ti. Ta'us warreen Murtoo godhan Qur'aana Muhammadii fi Suunnaarratti hundaa'uun Shariyaa "karaa" jedhamuun kan ittiin beekaman walitti qabaniiru. Allaahn akkana jedheera:

Shari'aan Islaamaa shari'aa Muhaammad jedhamuu ni danda'ama. Sababni isaas fakkeenyaa fi barsiisa Muhaammad irratti kan hundaa'e waan ta'eef. Sirni seeraa shari'aa akkaataa jireenyaa waliigalaa ibsa, nama dhuunfaa fi hawaasaafiidha. Shari'aan malee Islaamummaan jiraachuu hin danda'u.

Sunnaa Muhaammad bu'uura seera shari'aa waan ta'eef, waan Muhaammad hojjetee fi dubbate bal'inaan galmaa'e akka hadiisaafi suuraa keessatti galmaa'etti hubachuu fi xiyyeeffannoo kennuun barbaachisaa dha. Waa'ee Muhaammad wallaaluun waa'ee shari'aa wallaaluudha. Kun immoo waa'ee mirga namoomaa namoota haala Islaamaa keessa jiraatan ykn jireenyi isaanii Islaamummaan dhiibbaa irra ga'e wallaaluudha. Waan Muhaammad hojjete, seerri shari'aa Muslimoonni akka fakkeessaniif jajjabeessa. Jireenyi nama hundumaa miidhameera. Kana malees Muslimaa fi Muslima kan hin taaneedha. Hariiroon jireenya Muhaammad fi jireenya namoota Muslimaa har'aa gidduu jiru yeroo hunda kallattiin ta'uu dhiisuu danda'a, garuu humna guddaa fi hiika guddaa qaba.

Waa'ee shari'aa wanti hubatamuu qabu inni biraan, seera paarlaamaa baasan, kan namootaan qophaa'ee fi jijjiiramuu danda'uun faallaa ta'ee, shari'aan ajaja waaqaatiin akka ta'e yaadama. Kanaaf shari'aan guutuu fi kan hin jijjiiramne ta'uu himama. Kanas ta'e sana, naannoowwan jijjiirama gochuu danda'an tokko tokko jiru. Ogeessonni seera amantaa Musliimaa Sheri'aa akka kanaa haala kamiin hojiirra oolchuun akka isaaniif malu beekuu kan qaban haalonni tokko tokko mul'ataa jiru. Haa ta'u malee sirreeffamoonni kun durfamee kan murteeffame, seera hin jijjiiramnee fi yeroon irra hin dabarre godhamanii kan kaa'amaniidha.

Kutaalee itti aanan kana keessatti barsiisa Islaamaa Muslimoonni warra milkaa'an, kanneen namoota biroo caalaa ta'uu isaanii qoranna.

"Gara milkaa'inaatti Koottaa"

Akkaa yaada Qur'aanatti qajeelfamni sirriin bu'aa akkamii qaba? Keeyyatoota kanaan warreen bitamanii jiraatanii fi yaada isaa fudhatan bu'aa yaadameen jireenyaa ammaa fi gara fuula duraatti milkaa'ina qabaatu. Waamichi Islaamaa waamicha milkaa'inaati.

Waamichi milkaa'inaa kun kan labsamu Adihaan yokiin waamicha Waaqeffannaatti. Waamichi yeroo shaniif Musliimotatti kan dhaga'amuudha.

Rabbiin Guddaadha! Rabbiin Guddaadha! Rabbiin Guddaadha! Rabbiin Guddaadha!
Rabbiin malee gabbaramaan biraa akka hin jirre ragaa baha.
Rabbiin malee gabbaramaan biraa akka hin jirre ragaa baha.
Muhaammad ergamaa Rabbii ta'uu isaa ragaan baha.
Muhaammad ergamaa Rabbii ta'uu isaa ragaan baha. Kottaa ibaadaa. Kottaa ibaadaa.
Milkaa'inaatti koottaa. Milkaa'inaatti koottaa.
Rabbiin Guddaadha! Rabbiin Guddaadha!
Rabbiin Guddaadha! Rabbiin Guddaadha!
Rabbiin malee gabbaramaan biraa hin jiru.

Qur'aanni barbaachisummaa milkaa'ina baay'ee cimsee ibsa. Dhala namaa mo'ataa fi kan hafetti qooda. Warri qajeelfama Rabbii hin fudhanne irra deddeebi'anii 'ka'aman' jedhama:

Namni Islaamummaan ala amantii biraa fedhe isarraa hin fudhatamamu addunyaa itti aanu keessattis warra **kasaaran** keessaa tokko ta'a. (Q3:85)

Yoo hirmaatte [Rabbiin aangoo ykn bulchiinsa isaa nama biraa wajjin qooddata jette] hojiin kee homaa hin ta'u, warra **kasaaran** keessaa tokko taata. (Q39:65) jedhu.

Islaamummaan milkaa'ina fi kufaatii irratti xiyyeeffachuu isaa jechuun Muslimoonni hedduun amantii isaaniitiin akka isaan Muslimoota hin taane caalaa akka of ilaalan barsiifamaniiru, Muslimoonni caalaatti Waaqayyoon sodaatan Muslimoota

Waaqayyoon hin sodaanne caalaa akka caalan itti himameera, kanaaf loogiin Islaamummaa keessatti akkaataa jireenyaati.

Addunyaa Qoqqoodame

Boqonnaawwan isaa hunda keessatti Qur'aanni waa'ee Muslimoota qofa osoo hin taane waa'ee namoota amantii biroo qabanis, waa'ee Kiristaanotaa fi Yihudootaa baay'ee dabalatee waan baay'ee dubbata. Qur'aana fi jechoonni seeraa Islaamaa gosoota namoota adda addaa afur kan eeru ta'a:

1. Duraan dursee Muslimoonni dhugaa jiru.

2. Sana booda gosti biraa munaafiqoota jedhamutu jira, isaanis Muslimoota finciltoota.

3. Muhaammad osoo hin mul'atin dura Araboota biratti waaqolii tolfamoo kan waaqeffatan hedduu turan. Jechi Arabaa waaqa tolfamaa waaqeffatu jedhu mushrik yoo ta'u, hiikni isaas jecha jechaatti 'walqabsiisaa' jechuudha. Isaan kun namoota shirkii 'waldaa' raawwatan jedhamee kan yaadamu yoo ta'u, kunis namni kamiyyuu ykn wanti kamiyyuu akka Rabbiiti, ykn Rabbiin hiriyoota aangoo fi bulchuu isaa irraa qooda qaban qaba jechuu dha.

4. Namoonni Kitaabni mushrik gosa xiqqaadha. Ramaddiin kun Kiristaanotaa fi Yihudoota kan hammatudha. Isaan akka mushrikaatti ilaalamuu qabu, sababni isaas Qur'aanni kiristaanota fi yahuudota akka shirkii yakkamaa ta'etti maqaa moggaasa (Q9:30-31; Q3:64).

Yaad-rimeen Namoota Kitaabni jedhu amantiin Kiristaanummaa fi Yihudootaa Islaamummaa wajjin kan wal qabatanii fi irraa kan madde ta'uu isaanii kan argisiisu ta'uu isaati. Islaamummaan akka amantii haadha Kiristaanonni fi Yihudoonni jaarraa hedduuf irraa adda bahanitti ilaalama. Akka Qur'aanni jedhutti, Kiristaanonni fi Yihudoonni amantii jalqaba waaqa tokkicha qulqulluu ture hordofu. Islaamummaan-garuu macaafonni isaanii manca'aniiru, kana booda dhugaa miti. Miira kanaan, amantiin Kiristaanummaa fi amantiin Yihudootaa akka bu'aa Islaamummaa jallatee hordoftoonni isaanii daandii sirritti qajeelfamee irraa maqanitti ilaalamu.

Qur'aanni waa'ee Kiristaanotaa fi Yihudootaa yaada gaarii fi gadhee of keessatti qabata. Gama gaariin kiristaanonni fi Yihudoonni tokko tokko amanamoo ta'uu isaanii fi dhugaadhaan kan amanan ta'uu isaanii gabaasa (Q3:113-14). Haa ta'u malee, boqonnaan sun qormaanni ikhlaasa isaanii kan dhugaa ta'an Muslima akka ta'an dubbata (Q3:199).

Akka Islaamaatti Kiristaanonni fi Yahuudoonni hanga Muhaammad Qur'aana fidee dhufutti wallaalummaa isaanii jalaa bahuu hin dandeenye (Q98:1). Islaamummaan Muhaammad kennaa Rabbiin Kiristaanotaa fi Yihudootaaf hubannoo dogoggoraa sirreessuuf kenne akka ta'e barsiisa. Kana jechuun Kiristaanonni fi Yahuudoonni Muhaammad akka ergamaa Rabbiitti, Qur'aanni immoo akka wahyii isaa isa dhumaatti fudhachuu qabu (Q4:47; Q5:15; Q57:28-29).

Qur'aanni fi Sunnaan waa'ee namoota Muslima hin taane, fi addatti waa'ee Kiristaanotaa fi Yihudoota irratti himata afur bana. Innis kunooti:

1. Muslimoonni "namoota hundarra gaarii" fi ummatoota biroo caalaniidha. Gaheen isaanii waan sirrii fi dogoggoraa ilaalchisee qajeelfama kennuu, waan sirrii ta'e ajajuu fi waan hin taane dhorkuudha (Q3:110).

2. Hireen Islaamaa amantiiwwan biroo hunda irratti bulchuudha (Q48:28).

3. Ol'aantummaa kana argachuuf Musliimonni Yihuudotaafi Kirstiyaanota (Warra Kitaabaa) hamma isaan injifatamanitti akkasumas hamma salphatanii gibira Musliimotaaf kafalanitti loluu qabu.

4. Kiristaanonni fi Yahuudoonni shirkii isaaniitti maxxananii Muhaammad fi tokkicha isaatti kafaruu itti fufan-jechuunis warri Islaamummaa hin seenne- gara jahannam ni deemu (Q5:72; Q4:47-56).

Yihudoonni fi Kiristaanonni waliin ta'anii kan ilaalaman gosa tokko kan Namoota Kitaaba jedhamuun beekamu uumuuf yoo ta'ellee, Yihudoonni caalaatti qeeqamu. Qur'aanaa fi Sunnaa keessatti himannaan ti'ooloojii addumaan hedduun isaan irratti ni dhiyaata. Fakkeenyaaf, Muhaammad dhuma irratti dhagaaleen sun sagalee isaanii liqeessuun Muslimoonni Yihudoota akka ajjeesan gargaaruu akka ta'e barsiiseera, Qur'aanni immoo Musliimootatti "jaalalaan kan dhihaatan" Kiristaanota akka ta'an dubbata, garuu Yihudoonni (fi waaqolii tolfamoo waaqeffattoonni) kanneen diinummaa guddaa Muslimoota irratti (Q5:82).

Dhumarratti garuu murtiin inni xummuraa Qur'aana Yihudootaa fi Kiristaanota irratti walqixa hamaa dha. Balaaleffannaan kun kadhannaa guyyaa guyyaa muslima ilaallatu hundaa keessatti illee hammatama.

Yahuudotaa fi Kiristaanonni kadhannaa Muslimoota guyyaa guyyaa keessatti

Boqonnaan (suuraan) Qur'aana baay'ee beekamaan al-Fatihah ' Baniinsa' dha. Suuraan kun akka qaama salaata guyyaa guyyaa dirqama ta'e hundaatti qara'ama. Tokkoon tokkoon salaata keessattis irra deddeebi'ama. Musliimonni amanamoonni salaata isaanii hunda dubbatan suuraa kana yoo xiqqaate guyyaatti yeroo 17, waggaatti ammoo yeroo 5,000 ol qara'u.

Al-Fatihaan kadhannaa qajeelfamaaf godhamuudha:

Maqaa Rabbiitiin, .
kan gara laafessa, kan gara laafessa.
Galanni Rabbii Gooftaa addunyaaf haa ta'u, .
kan gara laafessa, kan gara laafe, gooftaa guyyaa firdii.
Kan nuti gabbarnu siddha
kan nuti gargaarsa gaafannu immoo isinuma. Karaa qajeelaa nu qajeelchi, .
daandii warra ati eebbifte malee kan **warra dheekkamsi kee irra bu'u, warra karaa irraa maqes miti**. (Q1:1-7)

Kuni kadhannaa gargaarsa Rabbii kadhachuun mu'umina "karaa qajeelaa" irra akka gaggeessudha. Akka kanaan garaa ergaa qajeelfama Islaamaa dhugaadha.

Garuu warri dheekkamsa Rabbii jalatti kufanii ykn karaa qajeelaa irraa maqan jedhaman eenyufa'i? Namoonni salaata Muslima hunda keessatti, guyyaa guyyaan, bara jireenya Muslimoota hedduu keessatti si'a kuma dhibbaan lakkaa'aman keessatti akkas dubbatamuu malu kun eenyufa'i? Muhaammad hiika suura kanaa

87

qulqulleeffate, "Warri aarii argate yahuuda yoo ta'u warri karaa irraa maqe immoo Kiristaanota" jedheera.

Kadhannaan guyyaa guyyaa Musliima hundi, wiirtuu Islaamaa keessatti, Kiristaanotaa fi Yihudoota akka karaa irraa maqanii fi meeshaa dheekkamsa Rabbii diduu kan of keessatti hammate ta'uun isaa nama ajaa'ibsiisa.

⁝⁝

Kutaalee itti aanan kana keessatti miidhaa Sheri'aa Islaamummaan geessise ilaalla. Kunis dhumarratti fakkeenyaa fi barsiisa Muhaammad irraa kan ka'edha.

Rakkoo Shari'aa

Islaamummaan biyya tokko keessatti yeroo hundeeffamu yeroo dheeraa keessatti aadaan hawaasaa shari'aan bocamuu danda'a. Adeemsi kun '*Islamization*' jedhama. Jireenyaa fi barsiisa Muhaammad keessatti wanti gaarii hin turre hedduun jiraachuu isaaniif, jal'inni fi rakkoon hawaasummaa hedduun shari'aa fida. Kana jechuun Islaamummaan milkaa'ina waadaa seenus, hawaasni shari'aa yeroo baay'ee namoota irratti miidhaa guddaa geessisa. Har'a addunyaa kana keessa yoo ilaalle biyyoonni Islaamaa hedduun dhiibbaa Islaamaa irraa kan ka'e guddina gaarii hin qabnee fi dhimmoota mirga namoomaa hedduu akka qaban hubachuu dandeenya.

Jal'inaafi rakkoowwan shari'aan fidu keessaa muraasni:

- Dubartoonni hawaasa Musliimaa keessatti sadarkaa gadi aanaa kan qaban yoo ta'u, sababa seera Islaamaatiin miidhaan hedduu irra ga'a. Fakkeenyaaf: Zimmaa Amina Lawal armaan gaditti ilaalla.

- Barumsi Islaamummaa jihaadaa guutummaa addunyaatti dhiirota, dubartootaa fi daa'imman miliyoonaan lakkaa'aman irratti waldhabdee fi miidhaa geessisaa tureera.

- Adabbiin shari'aan yakka murtaa'eef kennitu gara jabeessa fi garmalee dha: fakkeenyaaf, harka hattoota muruu fi Islaamummaa ganuu isaaniitiin gantoota ajjeesuu.

88

- Shari'aan namoota gaarii gochuuf jijjiiruu hin danda'u. Warraaqsi Islaamaa biyyoota keessatti mudatee, Muslimoonni hundee jabaa qaban mootummaa yeroo fudhatan, bu'aan isaa malaammaltummaa malee xiqqaa miti. Fakkeenyaf seenaa dhiyoo Iraan yoo ilaallu: Warraaqsa Islaamaa Iraan bara 1978 booda, yeroo Shaah kuffifame, hayyoonni Musliimaa mootummaa fudhatan garuu, waadaa galanillee, malaammaltummaan dabaluu qofa.

- Musliimonni akka soban heeyyameerfa. Kana malees isaan jajjabeesseera. Kunis bu'aa maalii akka fidu irratti mari'anna

- Sababa barsiisa Islaamaatiin hawaasa Musliimaa keessatti yeroo baay'ee namoonni Musliimaa hin taane loogiin ni raawwatama. Har'a addunyaa kana irratti ari'atamni kiristaanota irratti taasifamu irra caalaan Muslimootaan raawwatama.

Zimmaa Amina Lawal

Amma fakkeenya dubartii muslimaa lubbuun ishee shari'aan balaadhaaf saaxilame ilaalla. Bara 1999 Naayijeeriyaan kaaba biyyattii keessatti naannolee Muslimoonni baay'inaan jiraataniif mana murtii shari'aa jalqabde. Waggaa sadii booda bara 2002 Amina Lawal erga wal hiikte booda ilma ulfoofte waan deesseef abbaa murtii shari'aatiin dhagaadhaan rukutamuun murtiin du'aa itti murtaa'e. Maqaa abbaa daa'ima kanaa ibsite, garuu qorannoo DNA malee manni murtii abbaa ta'uu isaa mirkaneessuu waan hin dandeenyeef namichi yakkamaa akka hin taane argame. Dubartiin qofa ejja raawwachuun itti murtaa'ee dhagaadhaan akka rukutamuuf murtaa'e.

Abbaan murtii Amiinaa yakkamaa ta'e erga mucaa ishee harma irraa kutee booda dhagaadhaan rukutamuu akka hin qabne murteesse. Himni kun, fi erga daa'imni harma irraa citee booda hojiirra oolchuun, fakkeenya kana itti dhiyeenyaan hordofeera. kan Muhaammad, kan dubartii Musliimaa tokko ejja raawwachuu ishee erga himtee booda dhagaadhaan akka ajjeefamu godhe, garuu erga daa'imni harma irraa kutee nyaata jabaa nyaatee booda qofa.

Seerri dhagaa shari'aa sababoota hedduudhaaf hamaadha:

- Garmalee ta'a.

- Gara jabeessa: dhagaadhaan du'uun karaa suukaneessaan du'uudha.

- Dhiirota dhagaa rukutuu hojjetanis ni miidha.

- Loogii kan qabu yoo ta'u, dubartii ulfoofte malee dhiira akka ulfooftu godhu irratti kan xiyyeeffate miti.

- Daa'ima xiqqoo haadha isaa dhabsiisa, haadha malee akka jiraatu taasisa.

- Dubartiin tokko gudeedamuun ni danda'ama ture jechuun ni tuffata.

Dhimmi Aminaa idil-addunyaa hawwate. Xalayaan mormii miliyoona tokkoo ol gara Imbaasiiwwan Naayijeeriyaa addunyaa guutuutti ergameera. Akka carraa ta'ee Aminaaf murtiin ishee mana murtii ol'iyyannootiin kufe. Murtii Aminaa kuffisuu keessatti manni murtii ol'iyyannoo shari'aa qabatamaan seera bu'uuraa adabbiin Islaamaa zinaa dhagaadhaan rukutee du'a jedhu hin fudhanne. Bakka isaa sababoota biroo ka'aniiru; fakkeenyaaf, manni murtii ol'iyyannoo murtii Aminaa kan dabarsan tokko qofa osoo hin taane sadii ta'uu akka qaban ibseera.

Gowwoomsaa Seera Qabeessa

Shari'aan Islaamaa rakkoo inni qabu keessaa tokko barsiisa sobaa fi gowwoomsaa irratti qabudha. Islaamummaa keessatti sobni cubbuu baay'ee hamaa ta'ee akka ilaalamu beekamtii argachuu kan qabu ta'us, akka abbootiin taayitaa Islaamaa jedhanitti fakkeenya Muhaammad irratti hundaa'uun haalli sobni hayyamamuu ykn dirqama ta'ee argama.

Haalota adda addaa hedduun Muslimoonni sobuun itti hayyamamu ykn dirqama ta'e ni jira. Fakkeenyaaf, kuusaa hadiisa keessaa boqonnaan Sahiih al-Bukhaarii jedhamu kan mata duree "Namni namoota jidduutti nagaa buusu sobduu miti" jedhu qaba. Gama kanaan akka fakkeenya Muhaammaditti, haalawwan Muslimoonni waan dhugaa hin taane dubbachuun itti hayyamamu keessaa tokko yeroo sobni namoota araarsuuf gargaaruuf bu'aa gaarii qabaatudha.

90

Haalli biraa soba halaalaaf yeroo Muslimoonni muslimoota hin taane irraa balaa irra ga'anidha (Q3:28). Aayata kana irraa yaadrimeen taqiyyaa kan argame yoo ta'u, kunis Muslimoota nagaa eeguuf jecha gowwoomsaa raawwachuu kan agarsiisudha. Waliigaltee hayyoota Musliimaa Musliimonni, yeroo olaantummaa siyaasaa namoota Musliimaa hin taane jala jiraatan, akka tarkaanfii eegumsaatti, hanga amantii isaanii (fi diinummaa) jabeessanii qabanitti, namoota Musliimaa hin taaneef michummaa fi gaarummaa agarsiisuu akka danda'an ta'ee jira. garaa isaanii keessatti. Barumsi kun kan agarsiisu tokko amala Muslimoonni ilaalan namoota Musliimoota hin taaneef qaban, akkuma humni siyaasaa isaanii dabalaa deemuun, michuu xiqqaa ta'a, amantiin isaaniis haguuggii xiqqaa ta'a jedhamee eegamuu danda'a.

Haalli biroo seerri shari'aa Muslimoonni akka soban jajjabeessu keessaa inni biroon: abbaa warraa fi haadha manaa gidduutti waldanda'uu gaa'elaa eeguuf; yeroo waldhabdee hiiku; yeroo dhugaa dubbachuun akka of himtu si taasisuu danda'u— Muhammad yeroo tokko tokko namoota yakka raawwachuu isaanii himan ni ceepha'a ture; yeroo namni tokko iccitii isaa imaanaa sitti kenne; lola keessattis. Walumaagalatti, Islaamummaan naamusa sobaa kan dhumni mala ittiin qajeelchu leellisa.

Hayyoonni Musliimaa tokko tokko soba gosa adda addaa gidduutti garaagarummaa gaarii godhaniiru; fakkeenyaaf, soba ifa ta'e dubbachuu mannaa yaada dogoggoraa kennuutu filatamaadha. Faayidaa—'dhumatu mala qajeelcha'—naamusni sobaa fi dhugaa dubbachuu hawaasa tokko irratti miidhaa guddaa geessisuu danda'a. Kunis wal amantaa balleessuun burjaajii uumuun aadaa biyya keessaa fi siyaasaa miidha. Ummanni Muslimaa—hawaasni Muslimootaa guutuun—sababii kanaan hawaasa naamusaan miidhamedha. Fakkeenyaaf, abbaan warraa akkuma Muhaammad barsiisetti garaagarummaa sirreessuuf haadhotii manaa isaanii sobuu yoo amala godhate, kun gaa'ela keessatti wal amantaa ni mancaasa. Ijoolleen abbootiin isaanii haadha isaanii sobuu yoo ilaalan kun namoota biroo sobuuf hayyama isaaniif kenna, namoota biroo amanachuunis akka isaan rakkisu taasisa. Aadaan gowwoomsaa seera qabeessa ta'e hawaasa guutuu keessatti wal amantaan akka diigamu taasisa. Kana jechuun, fakkeenyaaf, daldala gaggeessuun qaala'aa, waldhabdeen yeroo dheeraa kan fudhatuu fi araarri argamuun baay'ee rakkisaadha.

91

Namni tokko yeroo Islaamummaa gadhiisu, gama fakkeenya Muhaammad kana addatti ganuun barbaachisaa dha. Kana irratti Barumsa 7ffaa keessatti irra deebi'uun ilaalla.

Ofii Keetii Yaadi

Sababa akkaataa beekumsi Islaamummaa keessatti gurmaa'e illee eegamu irraa kan ka'e, Islaamummaan dhuguma dhimmoota tokko tokko irratti maal akka barsiisu beekuun rakkisaa ta'uu danda'a. Aadaan sobaa rakkoo kana hammeessuu danda'a.

Maddoonni jalqaba Islaamummaa guddaa fi walxaxaa yoo ta'an, adeemsi murtii shari'aa madda meeshaalee Qur'aanaa fi Sunnaa irraa argachuu akka ogummaa olaanaa qabuutti kan ilaalamu yoo ta'u, leenjii waggoota dheeraa kan barbaaduu fi kunis Muslimoonni harki guddaan akka hin taane fudhachuu danda'u. Kana jechuun Muslimoonni Zimmaa iimaanaa irratti qajeelfama argachuuf hayyoota isaanii irratti hirkatanii hojjechuu qabu. Dhugumatti seerri Islaamaa Musliimonni nama Zimmaa iimaanaa ofii caalaa beeku akka barbaadan, nama sanas akka hordofan qajeelfama kenna. Muslimoonni waa'ee seera shari'aa gaaffii yoo qabaatan nama ogummaa barbaadamu qabu gaafachuu qabu.

Beekumsi amantii Islaamaa akkaataa beekumsi macaafa qulqulluu jaarraa dhihoo keessa tureen dimokraataawaa miti. Bu'uura beekuu barbaachisuun akka dhiyaatu taasifama. Islaamummaa keessatti wantootni tokko tokko yoo kaasuun hin barbaachifnee fi akkas gochuuf Islaamummaa ifa hamaa keessa galchuu danda'a ta'e qofa hin mari'atamu. Muslimoonni heddu barsiisaa Islaamaa isaanii 'gaaffii dogoggoraa' yeroo gaafatan ceepha'amuun muuxannoo isaan mudateera.

Namni kamiyyuu waa'ee Islaamaa, Qur'aana ykn Sunnaa Muhaammad yaada isaa ibsuuf mirga hin qabu jechuun of sodaachisuu hin qabu. Bara kana keessatti, yeroo barreeffamni maddi jalqabaa dhimmoota kana irratti salphaatti argamu, namni hundi-Kiristaanonni, Yihudoonni, warri Waaqayyoon hin amanne, ykn Muslimoonni-carraa hundatti fayyadamuun of beeksisuu qabu, fi dhimmoota kana irratti yaada isaanii dubbachuu qabu. Namni kamuu fi namni Islaamummaan miidhame kamiyyuu waa'ee isaa of beeksisuu fi yaada mataa isaa uumuuf mirga qaba.

Kutaalee itti aanan kana keessatti hubannoo Islaamummaan Yesuus irratti qabu irratti mari'anna. Akkasumas Yesus Islaamaa maaliif bilisummaa namaaf kennuu akka hin dandeenye ibsina.

Iisaa Kan Nabiyyii Islaamaa

Namoonni amantii qaban gaaffii barbaachisaa ta'e tokko murteessuu qabu: Iyyesuus nama Naazireet hordofu moo Muhaammad isa Makkaa hordofu? Kun filannoo baay'ee barbaachisaa ta'eedha. Namoota dhuunfaafis ta'e sabootaaf illee bu'aa guddaa qaba.

Musliimonni Yesus kan 'Iisaa' jedhanii waamu akkuma Muhaammad ergamaa Rabbii akka ta'etti akka ilaalan beekamaadha. Islaamummaan Yesus dinqiidhaan, durba Maariyaam irraa akka dhalate waan barsiisuuf, yeroo tokko tokko ibn Maariyaam 'ilma Maariyaam' jedhamee waama. Qur'aanni Isaa al- Masih 'Masiihii' jedhees waama garuu mata dureen kun maal jechuu akka danda'u ibsi hin kennamne.

Yesuus Qur'aana keessatti maqaa Iisaa jedhuun yeroo digdamaa ol caqafameera. Wal bira qabamee yoo ilaalamu, maqaan Muhaammad yeroo afur qofa caqafameera-Qur'aanni immoo maqaa tokkoon yokaan kan biraatiin Yesusiin kan agarsiisu walumaa galatti yeroo 93 dubbateera.

Islaamummaan Muhaammad dura ergamtoonni ykn nabiyyoota Rabbiin ummatoota duriitti ergame hedduu akka turan barsiisa. Qur'aanni Isaa dabalatee kun hundi nama qofa akka turan cimsee ibsa.

Ergamtoonni duraanii kun ergaa Muhaammad: ergaa Islaamaa fidaniiru jedha Qur'aanni. Fakkeenyaaf, ajajni lolaa fi ajjeechaa fi waadaan jannata amantoota lola du'aniif kan kenname dur Iisaafis Muusaaf akka kenname (Q9:111), boodarra immoo ajajni fi waadaan wal fakkaataan karaa Muhaammad akka ba'e hima. Yesus inni Naazireet inni dhugaan wantoota akkasii akka hin barsiisnee fi waadaa akka hin galchine beekamaadha.

Qur'aana keessatti duuka buutonni Isaa "Nuti Muslimoota" (Q3:52; akkasumas Q5:111 ilaali) jechuun labsu. Qur'aanni immoo

Abrahaam Yihudii ykn Kiristaana osoo hin taane Muslima akka ture ibsa (Q3:67). Namoonni macaafa qulqulluu biroon Qur'aanni raajota Islaamaa ta'uu isaanii himan Abrahaam, Yisihaaq, Yaaqoob, Ismaa'eel, Musee, Aaron, Daawit, Solomon, Iyoob, Yoonaas fi Yohaannis cuuphaa ni argamu.

Islaamummaan shari'aa jedhame kan 'nabiyyoota Islaamaa' kanaan duraa fidan shari'aa Muhaammad waliin sirriitti tokko akka hin turre ni hayyama. Haa ta'u malee, shari'aan duraanii yeroo Muhaammad dhufe haqamee bakka bu'e, kanaaf Yesuus yeroo deebi'u shari'a Muhaammad ni bulcha jedhamee himama:

> Shari'aan raajota duraanii hunda dhufaatii ergamaa ta'uu Muhaammad wajjin haqamee waan dhaabbatuuf, Yesus, kanaaf, akka seera Islaamaatti murtii ni kenna.[6]

Qur'aanni Isaa kitaaba akka Qur'aana Muhaammad, Injil jedhamu, Rabbiin akka kenne ni hima. Barumsi Injil ergaa Qur'aanaa wajjin tokko ta'uun ni amanama, haa ta'u malee barreeffamni Injil inni jalqabaa akka bade himama. Musliimonni Wangeelonni Macaafa Qulqulluu keessatti argaman ciccitaa Injil isa jalqabaa jijjiiramee fi manca'e qofa akka qaban amanu. Haa ta'u malee, Muhaammad waan barbaadamu irratti jecha dhumaa akka kennu Rabbiin waan ergeef kun Zimmaa hin qabu jedhamee himama.

Bu'uuraan, wanti Islaamummaan barsiisu, akkasumas Muslimoonni baay'een itti amanan, Yesus osoo har'a lubbuun jiraatee Kiristaanotaan, "Muhaammad duukaa bu'aa!" Kana jechuun namni tokko waan Isaa qabatamaan barsiise beekuu barbaadee fi isa duukaa bu'uu yoo barbaade, wanti isaan gochuu qabu Muhaammad hordofuu fi Islaamummaa jala galuu dha: Qur'aanni Kiristaanni gaariin ykn yahuudaan gaariin Muhammad akka nabiyyii Rabbii dhugaa ta'etti beekamtii akka kennu ibsa (Q3:199) jedhu.

Kiristaanonni Yesusiin "Ilma Waaqayyoo" jedhanii akka hin waamne ykn akka Waaqaatti akka hin saganne Qur'aanni akeekkachiiseera. Iisaa nama qofa akka ture (Q3:59) fi gabricha Rabbii (Q19:30) akka ta'e ibsameera.

---

[6] *Sahih Muslim*, vol. 2, p. 111, fn. 288.

Islaamummaan addunyaan osoo hin xumuramin dura amantiin Yihudootaa fi Kiristaanummaa harka Iisaatiin akka diigamu barsiisa. Barumsi waa'ee bara dhumaa kun ilaalcha Islaamaa hubachuuf nu gargaara. Mee hadiisa Suunnaa Abuu Daawud armaan gadii ilaalla:

> [Gaafa Iisaa deebi'u] Kaayyoo Islaamummaaf ummata ni lola. Fannoo ni cabsa, allaattii ni ajjeesa, jizya ni dhabamsiisa. Rabbiin amantii Islaamaa malee amantii hunda akka badu taasisa. Mormituu Kiristoos balleessee waggaa afurtama lafarra jiraata sana booda ni du'a.

Muhaammad asitti Iisaa yeroo gara lafaatti deebi'u "fannoo ni cabsa"-jechuunis amantii Kiristaanummaa ni balleessa-fi "jizyaa ni dhabamsiisa"-jechuunis wal danda'uu seeraa Kiristaanota bulchiinsa Islaamaa jala jiraatan xumuratti godha jechaa jira. Kana jechuun Kiristaanonni kana booda amantii Kiristiyaanaa isaanii eeguuf gibira kaffaluuf filannoo hin qabaatan.

Kun hiikkaan Isaa Muslima Yesuus yeroo deebi'u Kiristaanota dabalatee namoota Musliimaa hin taane hunda gara Islaamummaatti akka fudhatan dirqisiisa jechuudha.

Yesus Nama Naazireet Isa Dhugaa Hordofuu

Namoonni eenyuun akka hordofan murteessuu akka qaban kanaan dura ibsineerra: Yesus moo Muhammad. Haa ta'u malee, Muslimoonni kunniin filannoon tokko akka ta'an barsiifamu: Yesusiin duukaa bu'uun Muhaammad duukaa bu'uu wajjin tokkuma. Musliimonni Muhaammad hordofuu fi jaallachuudhaan Yesuusiin duukaa bu'uu fi Yesusiin jaallachaa akka jiran barsiifamu. Musliimonni Yesuus seenaa, Yesuus Wangeelotaa, Yesuus adda ta'e, Isaa Qur'aanaan bakka buusaniiru. Jijjiirraan eenyummaa kun karoora fayyina Waaqayyoo kan dhoksu yoo ta'u, Muslimoonni Yesus isa dhugaa akka hin argannee fi akka hin hordofneef gufuu ta'uu argama.

Dhugaan jiru garuu Yesus inni dhugaan seenaa keessatti argamu Wangeelota afran irraa, isaanis yaadannoo Yesus jiraataa keessatti barreeffaman irraa nutti beekuun ni danda'ama. Kunis galmeewwan amanamoo Yesus, ergaasaa fi tajaajila isaati. Barumsi Islaamaa, Yesus lafa irra erga deemee waggaa 600 ol walitti qabame, waa'ee Yesus nama Naazireet odeeffannoo argachuuf itti amanamuu hin danda'u.

Namni tokko yommuu Islaamummaa didu fakkeenya Muhaammad qofa osoo hin taane Yesuus kan Qur'aana keessattis sobaan ibsame diduu qaba. Karaan dhugaa fi hundarra gaariin duuka buutuu Yesus ta'anii jiraachuuf, isa irraas ta'e ergaa duuka buutota isaa Wangeelota afran keessatti nuuf eegame irraa barachuudha. Akkuma Luqaas jedhu, "wantoota turtan mirkanaa'uu isaanii akka beektaniif barsiiseera" (Luq 1:4).

Kun baay'ee barbaachisaa waan ta'eef, akkuma ilaallu, furtuun garbummaa hafuuraa irraa bilisa ta'uu argachuuf jiruu fi du'a Yesus Kiristoos waan ta'eefi. Bilisummaa kana kan nuuf kennuu danda'u Yesus isa Naazireet isa dhugaa, Yesus isa Wangeelotaa qofaadha.

Qajeelfama Qo'annoo

Barnoota 3ffaa

Hiika jechootaa

Islaamummaa	*Adhan*	Islaamummaa
shahadaa	*mushrik*	*Sahiih al-Bukhaariin*
Qur'aana	*Shirkii*	*Taqiyyaa*
Suunnaa	Namoota Kitaaba	*Ummaa*
Hadiisa	*al-Fatiha*	*Injilii*
Siiraa	salaata	ergamaa

Maqoota Haaraa

- - Amina Lawal: Dubartii Naayijeeriyaa (1972 dhalatte).
- - Iisaa: maqaa Qur'aanni Yesusiif moggaase

Macaafa Qulqulluu Barnoota kana keessatti

Luqaas 1:4

Qur'aana Barnoota Kana Keessatti

Q33:21	Q8:12-13	Q4:47	Q1:1-7
Q4:80	Q3:85	Q5:15	Q3:28
Q33:36	Q39:65	Q57:28-29	Q9:111
Q24:52	Q9:30-31	Q3:110	Q3:52
Q4:69	Q3:64	Q48:28	Q5:111
Q4:115	Q3:113-14	Q5:72	Q3:67

Q59:7   Q3:199   Q4:47-56   Q3:59
Q9:29   Q98:1   Q5:82   Q19:30

Gaaffiiwwan Barnoota 3

- Qorannoon haalaa irratti mari'adhaa

Akkamitti Muslima ta'uu dandeenya?

1. Hiikni hundee fi ibsi jecha Arabaa
   Islaam jedhu maali?

2. Yoo shahadaa qaraate maal taata?

3. Yeroo shahaada qara'u eenyuun
   qajeelcha jireenya kee akka ta'u labsita?

4. Qajeelfama Muhaammad irraa
   hubachuuf maddoonni lamaan
   maali, akkamitti garaagarummaa
   qabu?

5. Fakkeenyi Muhaammad
   barreeffamoota gosa lamaa kam keessatti galmaa'ee jira?

Namummaa Muhaammad

6. Muslimoonni Rabbiif ajajamuu yoo barbaadan eenyuuf
   ajajamuu qabu?

7. Fakkeenyonni Muhaammad hundinuu Rabbiin akka fakkeenya hundarra gaarii ta'uusaa Muslimoonni hundi akka hordofan yoo seera baasan maaltu ta'a?

8. Akka Q24:52tti eenyuun akka injifatan waadaan galame?

9. Warra Rabbii fi **ergamaa** isaaf ajajamuu dide maaltu waadaan galama?

10. Akka Q9:29 fi Q8:12-13tti Muslimoonni eenyu waliin wal loluu qabu?

11. Durie Muhammad wantoota dinqisiisoo tokko tokko akka hojjete hubata, ta'us fakkeenyota saddeet akkamii akka nama rifachiisan tarreesse?

Qur'aana—Sanada dhuunfaa Muhaammad

12. Yoo shahaada jette, atillee maalitti amanuu fi ajajamuun dirqama sirra jira?

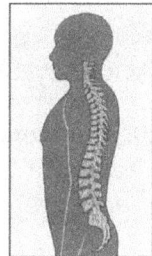

13. Durie hariiroo Sunnaa fi Qur'aana gidduu jiru ibsuuf fakkeenya akkamii fayyadama?

Shari'aa Islaamaa—'Karaa' Muslima ta'uu

14. Muslimoonni **Sunnaa fi Qur'aana** seera sirnaawaa, shari'aa jedhamutti qindeessuuf aangoo ogeessaa eenyu irratti hirkatanii hojjechuu qabu?

15. Akka Durie jedhutti maal malee Islaamummaan jiraachuu hin danda'u?

16. Shari'aan seera paarlaamaa baasan irraa maaliif adda?

"Gara milkaa'inaatti koottaa"

17. Waamichi Islaamaa maali?

18. Waamichi **Qur'aanaa** dhala namaa namoota gosa lama kamiin qooda?

19. Islaamummaan loogii fi miira olaantummaa karaa lamaan kamiin barsiisa?

Addunyaa Qoqqoodame

20. **Qur'aanaa** fi seera Islaamaa keessatti gosootni namoota afran maal fa'a?

21. Muhaammad nama kamiyyuu ykn waanuma fedhe Rabbiin wajjin walqabsiisuun isaa maal jedhamee waamama?

22. Amantiin Yihudootaa fi Kiristaanummaa (**Namoonni Kitaabichaa**) jalqaba irratti **Qur'aana** keessatti bifa qulqulluu tokkicha ta'uu isaanii kan ibsaman yoo ta'u, kun garuu jijjiirameera. Yeroo ammaa Musliimonni, Yihuudonnii fi Kiristiyaanoti kan morman Waantota ijoo afur hubadha:

1)

2)

3)

4)

23. Yihudootaa fi Kiristaanota ilaalchisee wanti gaariin akkamiitu Qur'aana keesatti dubbatama?

24. Himannaan ti'ooloojii afran Muslimoonni Muslimoota hin taane irratti dhiyeessan karaa kamiin? Akkasumas karaa Yihudootaa fi Kiristaanota ari'ataniiru. Arfan isaanii tarreessi:

1)

2) .

3) .

4) .

25. Hariiroon Yihudoonni Muslimoota waliin qaban **Qur'aana** keessatti akkamitti fakkeeffama?

Yahuudotaa fi Kiristaanonni Kadhannaa Muslimoota Guyyaa Guyyaa Keessatti

26. Boqonnaa baniinsa Qur'aanaa, al-Fatihah 'Bana' jedhamtu wantoota sadan maaltu adda isa godha?

27. Akka Durie jedhutti namoonni al- Fatihaa keessatti caqafaman kanneen karaa irraa maqanii fi warri dallansuu Rabbii argatan eenyufa'i?

☙

Rakkoo Shari'aa

28. Maddi rakkoolee bu'uuraa shari'aa sababeeffachuun uumaman maali?

29. Adeemsi aadaa saba tokkoo jijjiiruun Islaamummaa wajjin akka walsimu gochuun maqaan isaa maali?

30. Rakkoolee Duurii shari'aaf maxxansu ja'a adda baasi:

1) .

2) .

3) .

4) .

5) .

6) .

Zimmaa Amina Lawal

31. Jijjiiramni Naayijeeriyaa bara 1999 maal fide **Amina Lawal** ejja raawwachuu isheetiin murtiin itti murtaa'e?

32. Abbaan murtii shari'aa **Amiinaa Lawaal** dhagaadhaan rukutamtee akka du'u yeroo murteessu fakkeenya eenyuu sirriitti hordofaa ture?

33. Qeeqni Durie ja'a seera Islaamaa dhagaadhaan rukutuu irratti dhiheesse maali?

   1) .

   2) .

   3) .

   4) .

   5) .

   6) .

Gowwoomsaa Seera Qabeessa

34. Duurii Muslimoonni sobuu akka danda'an ibsuuf haalawwan hedduu akkamii caqaseera?

35. **Taqiyyaa** jechuun maal jechuudha?

36. Durie akka miidhaa naamusaa soba amala qabuutti maal ilaala?

Ofii Keetii Yaadi

37. Muslimoonni baay'een Zimmaa amantii irratti qajeelfama argachuuf maal irratti hirkatu?

38. Durie amma maddoonni Islaamaa jalqabaa bara ammayyaa interneetii keessatti nuuf dhiyaatanii maal akka goonu nu jajjabeessa?

Iisa Nabiyyii Islaamaa

39. Filannoon barbaachisaan namoota mudatu maali?

40. **Qur'aana** keessatti maqaan caalaatti caqafame: Muhaammad moo Iisaa (Yesuus)?

41. Akka Islaamaatti Muhaammad maaltu akka haqamu godhe?

42. Akka **Qur'aanaatti Injilli** maal ture?

43. Akka **Hadiisaatiitti Iisaa** yeroo deebi'u maal godha?

Yesus Isa Dhugaa Naazireet Hordofuu

44. Musliimonni waa'ee Yesus duukaa bu'uu maal barsiifamu?

45. Kun Muslimoota irraa maal dhoksa?

46. Waa'ee Yesus Naazireetichaa isa dhugaa ta'e amanamummaadhaan beekuu kan dandeenyu akkamitti?

47. Karaa kamiin **Isaa** isa**Qur'aanaa** fi Yesuus isa Wangeelaa adda baasuun barbachisaadha?

4

Muhaammad fi Fudhatam dhabuu

"Diinota keessan jaalladhaa; warra isin jibbaniif gaarii
godhaa" jedheera. Luqaas 6:2

Kaayyoowwan Barnootaa

a. Jireenya Rakkinaa kan Muhaammad Arabiyaa keessatti waggoota 40n jalqabaa ture dinqisiifachuu.

b. Muhaammad keessatti of fudhachuu dhabuu fi of shakkuun Islaamummaa Makkaatti hundeessuuf akkamitti murteessaa akka ta'e hubadhu.

c. Qoosaa fi ari'atama Makkaa irraa dhufuun akkamitti Muhaammad mirkaneessuuf akka itti fayyadaman hubadhu.

d. Jireenya Makkaa Muhaammad keessatti namoota ijoo ta'an dinqisiifadhaa: deeggartoota isaa ciccimoo fi diinota isaa aarii guddaa qaban.

e. Yaadni jalqabaa Muhaammad fitna akka ari'atamaa ykn qorumsaatti qabu akkamitti gara barumsa waraanaa jeequmsaa akka jijjiirame hubadhu, dhuma bara Makkaa irraa eegalee hanga waggoota Madiinaa keessa turetti itti fufe.

f. Fedhiin Muhaammad haaloo ba'uu fi haaloo ba'uuf qabu akkamitti ti'ooloojii isaa fi haala inni namoota hin amanne fi keessumaa Yihudoota irratti qabu haala maaliin bifa qabsiisuu isaa hubadhu.

g. Karaan Muhaammad fudhatama dhabiinsa itti mormu, Islaamummaa keessatti miira miidhamummaa fi weeraraa addunyaa ta'uu isaa hubadhu.

h. Amalli badaan Muhaammad jireenya Muslimoota har'aa keessatti akkamitti akka baay'atu hubadhu, sababa dhiibbaa shari'aatiin.

i. Warri Islaamummaa dhiisanii deeman amala fi fakkeenya Muhaammad irraa adda ba'uun barbaachisaa ta'uu isaa dinqisiifadhaa.

Qorannoo Haalaa: Maal Goota?

Ogummaan kee gahumsa kee fooyyessuuf seminaara murtaa'e fudhachuu si gaafata. Workshopii tokko keessatti garee hojii bakka Musliimaa cimaa, nama Waaqayyoon hin amanne kan ciniinuu, nama maqaa Kaatolikii fi ati jirtu keessa kaa'amta. Garee kana waliin hojjechuun yeroo tokko tokko waliin nyaachuu dabalata. Haasawa yeroo nyaataa tokko keessatti namni Muslimaa kun ibsa jeequmsaa jaarraa hedduuf Kiristaanonni Muslimoota irratti raawwatan hunda fi hammeenya har'a saboota Musliimaa irratti raawwatamaa jiru hunda dabalatee tarreessuuf murteessa. Akkuma inni argu "Muslimoonni miidhamtoota cunqurfamaa dha; Kiristiyaanonni weerartoota dha." Namni Waaqayyoon hin amanne kun Muslima waliin ta'uun itti fayyadama "Waraana Qulqulluu" dhiigaan dhangala'e Warra Fannootiin haleela. Hiriyaan hojii Kaatolikii sun diimaa ta'ee gargaarsaaf si ilaala.

Muslima fi nama waaqa hin amanne, ammas si ilaalaa jiruun maal jetta?

Muhaammad hundee fi qaama Islaamaati. Barumsi kun jireenya Muhaammad keessatti muuxannoowwan dhukkubsatan tokko tokkoo fi akkaataa miidhaa inni rakkina isaaf deebii itti kenne ilaalcha waliigalaa kenna. Kutaa jalqabaa keessatti haala maatii isaa rakkisaa fi rakkoolee biroo Makkaa keessatti isa mudate ilaalla.

Jalqaba Maatii

Muhaammad bara c. 570 Dh.K.D., gara Qureesh, gosa Arabaa Makkaa keessa jirutti. Abbaan isaa Abdullah bin Abd al-Muttalib osoo Muhaammad hin dhalatin du'e. Sana booda Muhaammad waggoota jalqabaa isaa keessatti akka kunuunfamuuf maatii biraatti guddifame. Haati isaa yeroo umuriin isaa waggaa jahaan duute, akaakayyuun isaa humna guddaa qabus yeroo muraasaaf isa ilaale, garuu sana booda innillee yeroo Muhaammad umuriin isaa waggaa saddeet ta'u du'aan boqote. Sana booda Muhaammad obboleessa abbaa isaa Abuu Xaalib bira jiraachuuf kan deeme yoo ta'u, achitti hojii gad of qabuun gaala fi hoolota adeera isaa kunuunsuu itti kenname. Booda raajiin hundinuu tuuta hoolaa tiksee, seenaa isaa isa gad of deebisu gara waan addaa fi adda ta'etti jijjiireera jedheera.

Adeeronni Muhaammad kanneen biroo tokko tokko sooreyyii ta'anis, waan isa gargaaru waan hin raawwanneef fakkaata. Qur'aanni tuffii adeera tokko, maqaa ijoollee Abu Lahab ykn 'abbaa abiddaa' jedhamuun moggaafame, si'ool keessatti gubadha jechuun tuffii isaa ibsa, sababa tuffii Muhaammad irratti qabu irraa kan ka'e:

> Harka Abuu Lahaab haa badu, haa badu! Qabeenyi isaas ta'e wanti inni argate isa gargaaruu hin danda'u. Inni ibidda boba'aa keessatti ni guba, haati manaa isaas, isheen muka ibiddaa baattu, funyoo fiber morma ishee irratti kaa'atte. (Q111).

Fuudha, Heerumaa fi Maatii

Muhaammad dargaggummaa isaatti umuriin isaa waggaa digdamii shan yoo ta'u, dubartii sooressaa Khadijah jedhamtu tokkoof hojjechaa ture. Yeroo isheen gaaffii gaa'ilaa isaaf dhiheessite, umuriin ishee Muhaammad caalaa guddaa ture. Akka Ibnu Kathir gabaasetti, Khadiijaan abbaan ishee gaa'ela kana ni dida jettee waan sodaatteef, osoo inni machaa'ee jiruu akka isaan fuudhu goote. Abbaan ishee yeroo ofitti deebi'u waan ta'e beekuun baay'ee aare.

Aadaa Arabaa keessatti dhiirri haadha manaa tokkoof gatii misirroo kaffaluu qaba ture, sana booda isheen akka qabeenya isaatti ilaalamti turte. Abbaan manaa ishee yoo du'e qaama qabeenya isaa ta'ee illee kan ilaalamu yoo ta'u, dhaaltuun isaa dhiiraa yoo barbaade ishee fuudhuu danda'a. Haala barame irraa faallaa ta'ee, Khadijaan humna guddaa fi sooressaa turte-barreessaan seenaa jireenyaa Muhammad Ibn Ishaaq dubartii "ulfinaa fi qabeenya qabdu" jedhee ishee waame-Muhammad immoo hiyyeessa abdii muraasa kan qabu ture. Khadijaan kanaan duras yeroo lama heerumtee turte. Hubannoo barame waa'ee fuudhaa fi heerumaa Araboota biratti yeroo sanaa fi qophii Khadiijaa fi Muhaammad gidduu jiru kan nama dinqudha.

Khadijah fi Muhaammad ijoollee jaha (akka himannaa tokko tokkoon torba) qaban. Hundi isaanii walitti qabamanii Muhaammad ilmaan dhiiraa sadii (ykn afur) qaba ture. Garuu hundi isaanii dargaggoota ta'anii du'aniiru. Dhaaltuu dhiiraa tokkollee isaaf hin hafne. Kun muuxannoo ijoollummaa isaa irratti

110

dabalataan, muuxannoo jireenya maatii Muhaammad irratti madda mufannaa biraa akka ta'e hin shakkisiisu.

Xummura irratti, haala maatii Muhaammad keessatti haadhaa fi abbaa dhabuu fi akaakayyuu isaa dhabuu, hariiroo hirkattummaa gadhee ta'uu, abbaa warraa machaa'een fuudhuu qabaachuu, ijoollee isaa dhabuu fi xiyyeeffannoo kan dhabe ta'uu dabalatee wantoota dhukkubbii ta'uu danda'an hedduu turan diinummaa firoota humna qaban irraa dhufu. Guddaa akkaataa fudhatama dhabuu fi mufannaa kana irraa kan hafe kunuunsa eessuma isaa Abu Talib itti agarsiise, fi Khadijaan akka hiriyaa gaa'elaatti isa filachuu ishee, kunis hiyyummaa irraa isa baraare.

Amantiin Haaraan Hundeeffame (Makkaa)

Haalli maatii Muhaammad rakkisaa waan tureef yeroo amantii haaraa hundeessu rakkoon itti fufe.

Muhaammad naannoo waggaa 40 yoo ta'u hafuura boodarra ergamaa Jibriil jedhee dubbate irraa daawwannaa argachuu jalqabe. Jalqaba irratti Muhaammad daawwannaawwan kanaan garmalee dhiphate, akkasumas hafuuraan qabamuu fi dhiisuu isaa yaade. "Of ajjeesee boqonnaa akkan argadhuuf gara fiixee gaara sanaa dhaqee gadi of darbadha" jedhee of ajjeesuu illee yaadee ture. Haati manaa isaa Khadiijaan yaaddoo guddaa keessa isa jajjabeessitee gara ilma obboleessa ishee Warraaqaa Kiristaana ta'ee nabiyyii ta'uu isaa, maraataa akka hin taane beeksistetti geessite.

Boodarra yeroo muraasaaf yeroo mul'achuun dhaabbatu Muhaammad ammas yaada of ajjeesuu qaba ture. Garuu yeroo gaara irraa of darbachuuf jedhu hundatti Jibriil mul'atee "Amantii haaraa Muhammad! Dhugumatti ati dhugaa keessatti ergamaa Rabbiiti jedhe"

Muhaammad akka kanatti fudhatama dhabuu waan sodaate fakkaata, sababiin isaas suura jalqabaa tokko keessatti Rabbiin Muhaammad akka isa hin dhiisne ykn akka isa hin gane mirkaneessa (Q93).

Hawaasni Muslimaa jalqaba irratti suuta guddachaa dhufe. Khadijaan nama jalqabaa amantii jijjiirame taate. Kan itti aanu ilma obboleessa Muhaammad dargaggeessa Alii bin Abuu Xaalib kan mana Muhaammad keessatti guddate ture. Kaan immoo irra caalaa hiyyeeyyii, garboota fi garboota bilisa ba'an keessaa dhufan.

Qomoo Muhaammad

Jalqaba amantiin haaraan kun hordoftoota ishee biratti dhoksaan kan eegamu yoo ta'u, waggoota sadii booda garuu Muhaammad akka ummataaf ifa godhu Rabbiin itti hime jedhe. Kanas kan godhe konfiraansii maatii waamuun firoota isaa gara Islaamummaatti afeeruudhaani.

Jalqaba irratti, gosoota Qureeyish Muhaammad kanneen Makkaa keessa jiraatan, hanga inni waaqolii isaanii irratti duuluu jalqabutti qofa isa dhaggeeffachuuf fedhii qabu turan. Kana booda Muslimoonni waan Ibnu Ishaaq "namoota xiqqaa tuffataman" jedhee waamu ta'an. Waldhibdeen daran hammaatee, gama lamaan wal dhabdee uumame.

Mormiin akkuma baay'achaa dhufeen eessuma Muhaammad Abuu Xaalib isa eegaa ture. Namoonni kaan Makkaa keessa jiran, "Yaa Abuu Xaalib, ilmi obboleessa kee waaqa keenya abaare, amantii keenya arrabse, akkaataa jireenya keenyatti qoose ... yookaan isa dhorkuu qabda yookaan akka isa irratti nu gadhiisu" jedhanii yeroo itti dhihaatan Abuu Xaalib lallaafaa isaaniif kenne deebisanii deeman.

Araboonni kaafirri gosa Muhaammad irratti uggura dinagdee fi hawaasummaa qindeessan. Daldala fi wal fuudhuu isaan waliin dhorkan. Sababa hiyyummaa isaaniitiin Muslimoonni saaxilamoo turan. Ibnu Ishaaq wal'aansa isaanii harka Qureeyshii irratti gabaabsee ibsa:

> Ergasii Qureeyshiin diinummaa isaanii warra ergamaa duukaa bu'an hundatti agarsiisan; Gosti Muslimoota of keessaa qabu hundinuu isaan [Musliimoota] irratti duuluun, hidhuu fi reebuun, nyaatas dhugaatii akka hin hayyamne, akkasumas ho'a Makkaa gubaa jiruuf isaan saaxiluun akka amantii isaanii irraa isaan sossobaniif. Gariin dhiibbaa ari'atamaa jalatti karaa kan kennan yoo ta'u, kaan immoo Waaqayyoon eegumsa argachuun isaan morman.[7]

---

[7] A. Guillaume, *The Life of Muhammad*, p. 143.

Muhaammad mataan isaa balaa fi arrabsoo jalaa hin baane: xurii fi garaacha bineensotaa illee yeroo kadhatu irratti darbatame qaba ture.

Yeroo ari'atamni kun itti fufetti dhiironni Musliimaa 83 fi maatiin isaanii bakka dawoo godhatan argachuuf gara Abisiiniyaa Kiristaanummaatti godaanan, achitti eegumsa argatan.

⁂

Kutaalee itti aanan kana keessatti akkamitti Muhaammad ummata ofii Makkaa keessatti Fudhatama Dhabuuf deebii akka kenne ilaalla.

Of Shakkuu fi Of Mirkaneessuu

Yeroo tokkotti Muhaammad dhiibbaa Qureeysh irraan ga'een waaqa tokkotti amanuu isaa irratti kan raafamu fakkaata ture. Waliigaltee Rabbiin yoo waaqa isaanii gabbare ittiin gabbaran itti dhiyeessan turan. Waliigaltee kana hin fudhatu ture, keeyyata Q109:6, "Siif amantii kee, anaaf amantii koo!"

Haa ta'u malee Muhaammad duubatti deebi'uu qaba. Sababiin isaas al-Tabariin akka galmeessetti, akkuma Q53 argachaa tureen, wanti 'Keeyyata Seexanaa' jedhamuun beekamu, kan waa'ee waaqolii dubartootaa Makkaa al-Lat, al- Uzzaa, fi Manat, "Gharaniq (cranes) ol-ka'oo ta'an kanneen araarsummaan isaanii raggaasifame dha."

Aayaata kana yommuu dhagahan QureeyIshiin amantaa hin beekne gammadanii Muslimoota waliin sagaduu eegalan. Haa ta'u malee, ergamaan Jibriil Muhaammad waan ceepha'eef, Muhaammad keeyyanni sun akka haqamte (haqameera) fi sheyxaana irraa akka dhufe beeksise. Muhaammad aayaanni sun akka ofirraa deebi'e yeroo beeksisu, kun Qureeyshoota irraa tuffii daran hawwate, isaanis Muhaammadii fi hordoftoota isaa irratti daran diinummaa jalqaban.

Kana booda Muhaammad aayata tokko gabaase, nabiyyoota isa dura turan hundis sheyxaanniin karaa irraa maqaniiru (Q22:52). Asittis Muhaammad sababa salphinaaf ta'uu danda'u fudhatee gara mallattoo adda ta'etti jijjiiruu isaa argina.

Qoosaa fi himannaa sobaa ta'uu isaa, kan baay'ee isa aarse keessaa, Muhaammad aayatawwan isa mirkaneessan Rabbiin irraa argachuu isaa gabaase, akkasumas amala isaa dinqisiisaa ta'uu isaatiin faarseera. Inni dogoggora keessa hin turre jedha Qur'aanni, garuu nama qulqulluu ture (Q53:1-3; Q68:1- 4).

Duudhaaleen hadiisa adda addaas Muhaammad olaantummaa sanyii, gosa, gosaa fi warra isaatti amanuu akka jalqabe ni gabaasu. Seeraan ala ta'uu isaa himannaaf deebii kennuudhaan, abbootiin isaa hundinuu gaa'ila keessatti akka dhalatan, tokko illee gaa'ela keessaa akka hin jirre, hanga Addaamitti deebi'uu isaanii dubbateera. Hadiisa Ibnu Kathir gabaase keessatti Muhaammad gosa hundarra gaarii (Hashemitoota) saba hundarra gaarii (Araboota) keessaa nama hunda caalu ta'uu isaa beeksise. "Ani hafuuraan isin keessaa hunda caalu, keessatti immoo hunda caaludha warra ... filataman keessaa ani filatamaa dha; kanaafuu namni Araboota jaallatu na jaallachuu isaati kan isaan jaallatu."

Muhaammad waggoota 13 Makkaa keessa tureen yaad-rimeen Islaamaa milkaa'ina fi afaan mo'attootaa fi mo'amtootaa akka mata duree Qur'aana keessatti mul'achuu jalqabe. Fakkeenyaaf, waldhabdee Musee fi waaqeffattoota waaqolii tolfamoo Gibxii giddu jiru irra deddeebi'ee eeruun Qur'aanni bu'aa isaa gama mo'attootaa fi mo'amtootaan ibsa (fakkeenyaaf, Q20:64, 68; Q26:40-44). Muhaammad jecha milkaa'ina jedhus qabsoo ofii isaa fi isaan giddu jiru irratti hojii irra oolchuu jalqabe mormitoota, warri bu'aa Rabbii didan mo'amaa akka ta'an labsuun (Q10:95).

Fudhatama Dhabuu fi Michoota Haaraa Dabalachuu

Makkaa keessatti yeroo muraasaaf wanti gaariin hin deemne, yeroo Muhaammad haadha warraa isaa Khadijaa fi eessuma isaa Abuu Xaalib lamaanuu bara tokkotti dhabe. Kunniin rukuttaa guddaa turan. Deeggarsa fi eegumsa isaanii malee Qureeyshiin Muhaammad fi amantii isaa irratti daran diinummaa akka qabaatan ija jabinaan godhame.

Hawaasni Arabaa gamtaa fi hariiroo maamiltootaa irratti kan hundaa'e ture. Karaan nageenya itti argatan eegumsa nama humna ofii caalu jala galuu ture. Balaan isaa hordoftoota isaa irra ga'u baay'achaa waan dhufeef, akkasumas gosa ofiitiin waan didameef, Muhaammad gara Ta'if, bakka Makkaatti dhihoo jirutti deemee, eegdota biraa barbaaduuf. Haa ta'u malee, Ta'if irratti itti qoosamee fi itti qoosamee tuuta hedduudhaan ari'ame.

Karaa Ta'if irraa deebi'uu irratti, duudhaan Islaamaa akka gabaasetti, gareen jinnii (jinnii) tokko halkan walakkaa osoo salaata isaa dubbatu Muhaammad aayata Qur'aana irraa qara'u dhaga'aniiru. Waan dhaga'an baay'ee waan dinqisiifataniif kallattiin Islaamummaa fudhatan. Sana booda jinniiwwan muslimaa kunniin jinniiwwan biroof Islaamummaa lallabuuf deeman. Taatee kun Qur'aana keessatti yeroo lama eerameera (Q46:29-32; Q72:1-15).

Taatee kun sababa lamaaf barbaachisaa dha. Tokkoffaa, akkaataa Muhaammad of mirkaneessuu wajjin kan walsimudha: ilmaan namootaa isaatiin simachuudhaa yoo baatan iyyuu, jinnoonni waan inni jedheen isa beekan akka jiran himachuu danda'eera: ergamaa dhugaa Rabbiin irraa dhufe.

Sadarkaa lammaffaan ammoo, Musliimoonni sodaa Rabbii of keessaa qabaachuu danda'u yaada jedhu amantaa Islaamummaa keessatti yaada seexanaaf karaa baneera. Sababni biraa Muslimoonni hafuuraa biroo wajjin waliin ta'uun isaanii, Qur'aanaa fi hadiisa keessatti tokkoon tokkoon namaa qaariin ykn afuura hiriyyaa qabaachuu isaa kan eeruudha (Q43:36; Q50:23, 27).

Makkaatti deebi'uun Muhaammad wanta gaarii hin fakkaatu ture. Ta'us dhuma irratti hawaasa fedhii qabu argachuu danda'eera, isa eegi. Isaan kun Araboota Yathrib (booda Madiinaa jedhamte) irraa dhufanii fi magaalaa Yihudoonni hedduun keessa jiraatanis turan. Agarsiisa waggaa waggaan Makkaatti gaggeeffamu irratti gareen daawwattoota Madiinaa irraa dhufan Muhaammadf amanamummaa fi ajajamuu waadaa galanii, ergaa tokkummaa isaa kanaan jiraachuuf waliigalaniiru.

Waadaa jalqabaa kana keessatti falmuuf waadaan hin galle. Haa ta'u malee, agarsiisa bara itti aanu irratti gareen Madiinaanotaa guddaan eegumsa Muhaammad barbaadaa ture waadaa galan. Madiinaanonni 'gargaartota' Ansaar jedhamuun kan beekaman kun, "waraana ergamaadhaaf guutummaatti ajajamuudhaan" geggeessuuf waadaa galan.

Kana booda Muslimoonni Makkaa gara Madiinaatti godaananii bakka siyaasaa nageenya qaban akka ijaaran murtaa'e. Muhaammad yeroo xummuraaf Makkaa baqate, halkan walakkaa foddaa

115

duubaatiin miliqe. Madiinaa keessatti Muhaammad ergaa isaa rakkina tokko malee labsuu kan danda'e yoo ta'u, Araboonni Madiinaa hundi jechuun ni danda'ama waggaa tokkoffaa keessatti Islaamummaa fudhatan. Muhaammad yeroo kanatti umuriin isaa waggaa 52 ol ture.

Bara Makkaa keessa Muhaammad maatii fi gosa ofiitiin loogiin irratti godhamaa ture. Muraasa irraa kan hafe, hiyyeeyyii gad of deebisan qofti isatti kan amanan yoo ta'u, warra hafan hundaan itti qoosamee, doorsifame, salphifamee fi haleelamee ture.

Muhaammad jalqaba irratti miira waamicha raajii isaa fudhatama dhabuu sodaachuun ofitti baay'e kan amanu hin turre. Yeroo tokkotti waaqolii Qureeysh illee waan fudhatu fakkaata ture. Haa ta'u malee, dhumarratti mormiin hundi jiraatus, Muhaammad cimina kutannoodhaan socho'ee garee hordoftoota of kennanii horate

Muhammad Dhuguma Makkaatti Nagaa qabaachaa Turee?

Barreessitoonni hedduun waggoota kurnan Muhaammad Makkaatti ragaa ba'e nagaa akka ta'e himan. Karaa tokkoon kun dhugaa ture. Haa ta'u malee, boqonnaawwan Qur'aana Makkaa keessatti jeequmsi qaamaa tokkollee kan ajajamu ta'us, akka yaadame beekamaadha, mul'attoonni jalqabaa ollaa Muhaammad afaan sodaachisaa ta'een balaaleffatu, jireenya itti aanu keessatti warra amantii isaa didaniif darara hamaa labsu.

Keeyyattoota "mul'ata Makkaa" jedhaman Qur'aana keessatti argaman kayyoo isaanii keessaa tokko Muhaammad Qureeyshota biratti fudhatama dhabuu isaa qolachuun of mirkaneessuu ture. Fkkeenyaaf Qur'aanni warri Muslimaatti kolfan jireenya kanaa fi itti aanu keessatti ni adabamu jedha. Mu'mintoonni, jannata keessatti sofaa isaanii irratti qananiin wayinii dhuguun taa'anii, warra kaafiroota ibidda si'ool keessatti bilcheessan gadi ilaalan ni kolfu (Q83:29-36).

Ergaawwan murtii kunniin ibidda waldhabdee Makkaa akka qabsiisan shakkii hin qabu. Warri waaqolii tolfamoo waaqeffatan kaafirri waan dhaga'aa turan hin jaalanne.

Muhaammad murtii bara baraa lallabuu qofa osoo hin taane, Muhaammad jalqaba bara Makkaa keessa akka ture kan gabaase Muhaammad jalqaba kaafira Makkaa ajjeesuuf akeeka isaa kan agarsiise. Innis "Yaa Qureeysh na dhaggeeffattuu? Nama lubbuu koo harkatti qabatee qalma siif fida."

Booda Muhaammad gara Madiinaa osoo hin baqatin dura gareen Qureeyishii itti dhufanii warra isa didan ajjeesuuf doorsisaa jira jechuun himannaa itti baname: "Muhammad akkanaan himata... yoo isa duukaa hin deemne ni qalamtu, yeroo du'aa kaafamtu immoo ibidda si'ool keessatti ni gubatta." Muhaammad kun sirrii ta'uu isaa himate, "Ani akkas jedha."

Hawaasni Musliimaa Makkaa keessatti Fudhatama Dhabuu fi ari'atamni erga irra ga'ee booda, nabiyyii isaanii Muhaammadiin qajeelfamuun, mormitoota isaanii irratti lola seenuun filate.

۞

Kutaalee kanneen keessatti Muhaammad gara jeequmsaatti warra isa didan irratti dabarsuu fi ergaa isaa qoranna.

Ari'atama Irraa Gara Ajjeechaatti

Jechi Arabaa fitna 'qormaata, ari'atama, qorumsa' jedhu Muhaammad gara hogganaa waraanaatti jijjiiramuu isaa hubachuuf murteessaadha. Jechi kun qorumsa 'irraa garagaluu, qoruu, sossobuu ykn qorumsaaf saaxilamuu' jedhu irraa kan argamedha. Hiikni bu'uuraa isaa sibiilli tokko ibiddaan qorachuu fi qulqulleessuudha. Fitnaan qorumsa yookaan qormaata agarsiisuu danda'a. Kunis mala amansiisuu gaarii fi hamaa dabalatee ti. Innis onnachiiftuu maallaqaa fi kan biroo kennuu ykn dararaa iyyachuu kan dabalatu ta'uu danda'a.

Fitnaan yaad-rimee ijoo ta'e calaqqisiisa ti'ooloojii keessatti muuxannoo hawaasni Musliimaa jalqabaa namoota kaafiroota wajjin qaban irratti. Kan Muhaammad himannaan Qureeyshii irratti dhiyaate, Muslimoonni Islaamummaa akka gadhiisan gochuuf ykn himannaa isaa akka laaffisuuf jecha, fitnaa fayyadamuu isaanii ture- arrabsoo, maqaa balleessii, dararaa, ala ta'uu, dhiibbaa dinagdee fi kaka'umsa biroo dabalatee.

117

Keeyyattoonni qur'aanaa jalqabaa lola ilaallatan kaayyoon lolaa fi ajjeechaa guutuun fitna dhabamsiisuu akka ta'e ifa godhaniiru:

Karaa Rabbiitiin warra sirratti lolan irratti qabsaa'i, garuu weerara hin raawwatin: Rabbiin weerartoota hin jaallatu. Bakka itti dhufte hundatti isaan ajjeesi, .bakka isin ari'anis isaan ari'aa. Ari'atamni [fitnaan] ajjeesuu caalaa hamaadha.....

Hanga ari'atamni [fitnaan] hin jirree fi amantiin kan Rabbii ta'utti isaan lolchi.

Garuu yoo dhaabbatan [kufrii fi mormii Islaamummaa isaanii dhiisan], namoota badii hojjetan irratti malee weerarri hin jiraatu. (Q2:190-93) jedhu.

Yaadni fitnaan Muslimoota "ajjeesuu caalaa hamaadha" jedhu baay'ee barbaachisaa ta'uu mirkaneesse. Gaaleen walfakkaataan kun ji'a qulqulluu keessatti (yeroo duudhaan gosa Arabaa weerara dhorku) karavaana Makkaa irratti haleellaa erga raawwatamee booda (Q2:217) ammas ni mul'ata ture. Yoo xiqqaate dhiiga kaafirootaa dhangalaasuun akka Muslimoota amantii isaanii irraa karaa irraa maqsuu hamaa akka hin taane kan agarsiisu ture.

Suuraa 2 kana keessatti gaaleen guddaan inni biraan "hanga fitnaan hin jirretti isaan lolaa" kan jedhudha. Kunis yeroo lammaffaaf, lola Badrii booda, waggaa lammaffaa Madiinaa keessatti mul'ateera (Q8:39).

Gaaleen fitnaa kun, tokkoon tokkoon isaanii yeroo lama kan mul'atan, jihaadiin namoota Islaamummaatti akka hin seenne gufuu kamiyyuu jiraachuu isaatiin, ykn Muslimoonni amantii isaanii akka dhiisaniif kaka'umsa ta'uu isaatiin sirrii ta'uu isaa hundeessan. Namoota biroo loluu fi ajjeesuun hammam gaddisiisaa ta'us, Islaamummaa xiqqeessuu ykn gufachiisuun caalaa hammaataa ture.

Hayyoonni Musliimaa yaad-rimee fitnaa jedhu babal'isanii, kufrii jiraachuu qofti illee hammachuudhaan, gaaleen kun "kufrii ajjeesuu caalaa hamaadha" jedhamee hiikuun ni danda'ama ture.

Akkasitti yoo hubatame, gaaleen "fitnaan ajjeesuu caalaa hamaadha" jedhu kaafiroota didan hunda lolanii ajjeesuuf ajaja adduunyaa ta'e. Erga Muhaammad Muslimoota gidduu seenanii fi dhiisuu isaanii. Kaafiroonni "kufrii raawwachuu" qofaaf—akkuma

118

yaada kennan akkuma Ibn Kathir jedhe—ajjeefamuu isaanii caalaa hammeenya guddaa ture. Kunis kufrii dhabamsiisuuf, Islaamummaan amantiiwwan biroo hunda irratti ol'aantummaa akka qabaatu gochuuf lolaaf sababa ta'e (Q2:193; Q8:39).

"Nuti Miidhamtoota!"

Kutaalee Qur'aana kana keessatti Muhaammad miidhamummaa Muslimoota cimsee ibsaa ture. Lolaa fi injifannoon qajeelaa akka mul'atu gochuuf diinonni kaafiraa yakkamaa fi haleellaan akka isaaniif malu himate. Miidhaan Muslimoota baay'ee ta'uun jeequmsa kanaaf sababa ta'uuf itti fayyadamaa ture: adabbiin Muslimoonni diina isaanii irratti dabarsan hamma garmalee ta'e, yakka diinaa irratti cichuun barbaachisaa ture. Rabbiin gidiraan Muslimoota "ajjeechaa caalaa hammaataa" ta'uu erga labsee booda, Muslimoonni miidhamuu ofii akka waan diina isaanii irratti raawwatan hunda caalaa akka badii guddaatti ilaaluun dirqama ta'e.

Hundee ti'ooloojii kanatu Qur'aana fi Sunnaa Muhaammad irratti hundaa'e, irra deddeebi'anii Muslimoonni tokko tokko miidhamummaan isaanii kan warra isaan haleelan caalaa akka ta'e maaliif akka cichanii dubbatan kan ibsuudha. Sammuu kana kan agarsiise Ahmad bin Muhammad, Piroofeesara Siyaasa Amantii Aljeeriyaa, falmii Dr Waafaa Sulxaan waliin televijiinii Al-Jazeera irratti taasisaniin. Dr Sulxaan Muslimoonni namoota qulqulluu ajjeesuu isaanii akeekanii turan. Falmii Dr Sulxaan kanaan kan aaree Ahmad bin Muhammad:

> Nuti miidhamtoota! ... Nu [Muslimoonni] keessa namoonni qulqulluun miliyoonaan lakkaa'aman yoo ta'an, isin keessaa warri qulqulluun ... yoo baay'ate kudhan, dhibba, ykn kumaan lakkaa'aman qofa.

Sammuun miidhamaa kun hanga har'aatti hawaasa Musliimaa hedduu dhiphisuu itti fufee jira, akkasumas dandeettii gocha ofii isaaniitiif itti gaafatamummaa fudhachuu isaanii laaffisa.

Haaloo Bahuu

Humni waraanaa Muhaammad Madiinaa keessatti guddachaa dhufuu fi injifachuu yeroo jalqabu, haala inni diina mo'aman irratti qabu kaka'umsa lolaaf qabu daran mul'ise. Taatee namatti himu tokko kan Muhaammad ture wal'aansa Uqbaa isa kanaan dura manca'aa gaala fi garaacha itti darbate. Uqbaan lola Badrii irratti booji'amee, lubbuu isaaf kadhate, "Garuu ijoollee koo eenyutu ilaala yaa Muhammad?" Deebiin isaas "Si'ool!" Ergasii Muhaammad Uqbaa akka ajjeefamu godhe. Lola Badrii booda reeffa warra Makkaa lola kana keessatti ajjeefaman boollatti darbamee Muhaammad halkan walakkaa boolla sanatti deemee du'e Makkaa irratti qoosaa ture.

Taateewwan akkasii Muhaammad warra isa didan irratti haaloo ba'uudhaan of mirkaneessuuf akka barbaade agarsiisu. Dubbii isa dhumaa qabaachuu irratti cicheera.

Warri Muhaammad dide tarree ajjeechaa isaa keessaa sadarkaa olaanaa irra turan. Yeroo Makkaa dhuunfatu Muhaammad ajjeechaa abdii kutachiise. Haa ta'u malee, tarreen namoota ajjeefaman xiqqaan rukuttaa ture. Tarreen kun gantoota sadii, dhiiraa fi dubartii tokko kan Makkaatti Muhaammad arrabsan, akkasumas shamarran garboota lama kan dur waa'ee isaa sirboota qoosaa sirban of keessatti qabata.

Tarreen rukuttaa Makkaa kun Muhaammad fudhatama dhabuu isaa kan calaqqisiisudha. Jireenyi gantootaa itti fufuun bifa fitnaa ture, sababiin isaas hanga jiraatanitti Islaamummaa keessaa bahuun akka danda'amu ragaa waan ta'aniif, warri Muhaammaditti qoosan ykn arrabsan ammoo amantaa namoota biroo gadi buusuuf humna waan qabaniif balaa ta'aniiru.

Hiika Namoota Muslima Hin Taaneef Qabu

Hundeen namoota seera Islaamaa hin amanne fudhachuu dhabuu ilaalcha Muhaammad mataa isaa fudhachuu dhabuu irraatti kan hundaa'edha.

Jalqaba irratti Muhaammad diinummaa isaa namoota gosa isaa wajjin jiraatan Araboota waaqa tolfamaa irratti xiyyeeffate. Akkaataa Muhaammad Araboota waaqa tolfamaa ilaalu keessatti adeemsa tokko ilaaluu dandeenya: dhaddacha isaan Muslimoota irratti tuulaman irratti miira mufannaa qabaachuun yaada kufrii jiraachuun isaa fitna ta'a jedhu mirkaneessuuf itti fayyadama. Adeemsi walfakkaataan kun walitti dhufeenya Muhaammad Namoota Kitaabaa wajjin qabu keessattis ni argama. Akka warra

120

Islaamummaa diduutti dhaabbataadhaan akka yakkamaa, ol'aantummaa argachuun isaaniif malu, fi akka nama gadi aanaatti ilaalamuu jalqaban.

Muhaammad osoo Makka hin qabatin dura mul'ata hajjii Makkaa itti raawwate qaba ture. Kun yeroo sanatti hin danda'amu ture akka muslimoonni warra Makkaa waliin lola keessa turan. Muhaammad mul'ata isaa booda Waliigaltee Huday biyyaa irratti mari'ate, kunis hajjii isaa akka raawwatu isa dandeessise. Waliigaltichi waggaa kudhaniif kan turu yoo ta'u, tumaalee isaa keessaa tokko Muhaammad nama gara isaa dhufu kamiyyuu hayyama eegduu isaanii malee gara warra Makkaatti akka deebisu ture. Kunis garboota fi dubartoota dabalatee ture. Waliigaltichis namoonni gama lamaan irraa walitti dhufeenya akka waliif galan hayyameera.

Muhaammad gama isaatiin waliigaltee kana hin eegne: namoonni haadha manaa ykn gabroota isaanii deebifachuuf Makkaa irraa yeroo gara isaa dhufan aangoo Rabbii caqasuudhaan baqatoota deebisuu dide. Kan jalqabaa dubartii Ummu Kulthum jedhamtu yoo taatu, obbolaan ishee ishee fudhachuuf dhufaniidha. Muhaammad ni dide, sababiin isaas akkuma Ibnu Ishaaq jedhe "Rabbiin dhoowwe" (Q60:10s ilaali).

Suuraan 60 Muslimoonni kaafiroota akka fira isaaniitti akka hin fudhanne qajeelfama kenna. Musliimonni kamiyyuu dhoksaan Makkaa yoo jaallatan karaa irraa maqaniiru jedha, fedhiin kaafirootaa Muslimoota akka kafaruuf qofa waan ta'eef, Suuraan 60 guutuun hafuura Waliigaltee Hudaybiyyaa kan "Diinummaa waliif hin agarsiifnu, dhoksaadhaan of qusachuus ta'e amantiin badaan hin jiraatu" jedhee ture waliin wal dhaba. Haa ta'u malee boodarra muslimoonni yeroo Makkaatti duulanii dhuunfatan kun kan haqa ta'e kan waliigaltee cabse Qureeyshiin ta'uu bu'uura godhachuun haqa jedhame.

Kana booda, Rabbiin kana booda waliigalteewwan waaqolii tolfamoo wajjin godhamuu akka hin dandeenye labse-"Rabbiin waaqeffattoota waaqeffattoota ni dhiisa" fi "waaqeffattoota waaqolii tolfamoo bakka argattan hundatti ajjeesaa" (Q9:3, 5).

Tartiiba taateewwanii kun ilaalcha Islaamaa hundeeffame ta'e kan agarsiisu, kaafirri Musliimaa hin taane uumamaan waliigaltee cabsitoota, kakuu eeguu akka hin dandeenyedha (Q9:7-8). Kanuma waliin Muhaammad qajeelfama Rabbiin irraa argateen kaafiroota waliin waliigaltee cabsuuf mirga isaa himate. Muhaammad angoo ol'aanaa qaba jedhee yeroo waliigalteewwan isaa cabsu kun akka waan qajeelaa hin taaneetti hin ilaalamne.

Taateewwan akkanaa kan mul'isan Muhaammad, namoota kaafiroota gosa warra Muslimoota amantii isaanii irraa sossobanii (i.e. warra fitna raawwatan) keessa galchuudhaan, hanga Islaamummaa fudhachuu didanitti hariiroo idilee isaan waliin qabaachuun akka hin danda'amne taasiseera.

☙

Kutaalee itti aanan kana keessatti akkamitti Muhaammad aarii fi weerara isaa Yihudoota Arabaa irratti akka garagalche, bu'aa gaddisiisaa akka fide ilaalla. Walqunnamtiin Muhaammad Yihudoota Arabaa wajjin qabu bu'uura imaammata Islaamummaa namoota Musliimaa hin taane irratti qabu kan ta'u yoo ta'u, kunis sirna kakuu Zimmaa Namoota Kitaabichaaf kan ta'u yoo ta'u, barumsa boodaatti kan qorannudha.

Ilaalcha Muhaammad Jalqabaa Yihudoota Irratti Qabu

Jalqaba irratti fedhiin Muhaammad Yihudootaaf qabu inni guddaan raajii sarara dheeraa raajota Yihudootaa heddduu of keessaa qabu ta'uu isaa himachuu isaa ilaallata. Bara Makkaa dhuma fi jalqaba Madiinaatti waa'ee Yihudootaa baay'ee kan ibsaman yoo ta'u, yeroo baay'ee Namoota Kitaabaa jedhanii waamu. Yeroo kana keessatti Qur'aanni Yahuudoonni tokko tokko kan amanan yoo ta'u gariin immoo kan hin amanne ta'us ergaan Muhaammad akka eebbaatti akka isaaniif dhufa (Q98:1-8) yaada kaa'a.

Muhaammad Kiristaanota tokko tokkos kan qunname yoo ta'u, qunnamtiin kun jajjabeessaa ture. Obboleessi obboleessa Khadijah kan Kiristaana Waraqa Muhaammad akka raajii adda baasee ture. Muhaammad imala isaa irratti monokseen Baahira jedhamu tokkoon wal bare, innis Muhaammad nabiyyii ta'uu isaa labse jedhus duudhaan ni jira. Tarii Muhaammad Yahuudoonni "mallattoo ifa ta'e" Rabbiin irraa dhufu (Q98) isa keessatti arganii ergaa isaaf deebii gaarii akka kennan abdate ta'a. Dhugumatti

122

Muhaammad wanti inni barsiisaa ture "salaata raawwachuu" fi *Zakaat*[8] kaffaluu dabalatee amantii Yihudootaa wajjin tokko akka ta'e dubbateera (Q98:5). Hordoftoonni isaa illee al-Sham 'Sooriyaa' fuulduratti akka salaatan qajeelfama kenne. Kunis gara Yerusaalemitti hiikamee, aadaa Yihudootaa fakkeessuudha.

Muhaammad yeroo Madiinaa gahu, musliimootaa fi yahuudota gidduutti kakuu hojiirra akka oolche duudhaan Islaamaa galmeessa. Kakuun kun amantii Yihudootaaf beekamtii kenneera- "Yihudoonni amantii isaanii qabu, Muslimoonni immoo kan isaanii qabu"-Yihuudota irraa Muhaammadiif amanamummaa ajajeera.

Mormii Madiinaa keessatti

Muhaammad ergaa isaa Yihudoota jiraattota Madiinaaf dhiyeessu jalqabe, garuu mormii hin eegamneen isa mudate. Duudhaan Islaamaa kana inaaffaaf sababa ta'a. Mul'atni Muhaammad tokko tokko wabiiwwan macaafa qulqulluu kan hammate yoo ta'u, shakkii tokko malee Araaboonni wanna kana mormaniiru, hiika Muhaammad keessatti wal faallessuu argisiisa.

Nabiyyiin Islaamaa gaaffiin Araabootaa rakkisaa ta'ee waan argateef, yeroo tokko tokko Qur'aanni baay'een isaaf gadi bu'ee deebii isaaf dhiyeessa. Akkuma keeyyattoonni Qur'aana agarsiisan, irra deddeebi'ee Muhaammad gaaffii tokkoon yeroo mormu, taatee sana gara carraa of mirkaneessuutti jijjiira ture.

Tooftaalee Muhaammad salphaa ta'an keessaa tokko Yihudoonni gowwoomsitoota kutaalee isaaniif mijatu caqasan ta'uu isaanii mirkaneessuu ture. Kanneen biroo kaayyoo isaaniif hin gargaarre dhoksuu ture (Q36:76; Q2:77). Deebiin biraa Rabbiin biraa yahuudoonni itti yaadanii kitaabota isaanii sobanii turan (Q2:75).

Haasaan Araaboonni Muhaammad waliin taasisan duudhaa Islaamaatiin akka marii dhugaa ykn deebii madaalawaa himannaa Muhammaditti osoo hin taane, akka fitnaatti, yaaliin Islaamummaa fi amantii Muslimoota balleessuuf godhameetti hiikame.

---

[8] Utubaalee Islaamaa keessaa tokko kan ta'e *Zakaat* gibira amantaa waggaa waggaan kafalamuudha.

Ti'ooloojii Diinummaa Warra Didanii

Haasaan Muhaammad Yihudoota waliin taasise kan nama mufachiisu, diinummaan inni isaan irratti qabu akka guddachaa dhufeef gumaacheera. Yeroo darbe keeyyattoonni Qur'aanaa Yihudoonni tokko tokko amantoota ta'uu isaanii kan dubbatan yoo ta'u, boodarra Qur'aanni sanyii Yihudootaa guutuun abaaramaa akka ta'ee fi amantoota dhugaa ta'an baay'ee muraasa qofa akka ta'an labseera (Q4:46).

Qur'aanni yeroo darbe Yihudoonni tokko tokko cubbuu isaaniif gara saree fi allaattii akka jijjiiraman hima (Q2:65; Q5:60; Q7:166). Rabbiin nabi-ajjeestoota jedhees isaan waame (Q4:155; Q5:70). Rabbiin hariiroo yahuudota kakuu cabsan waliin qabu dhiisee, qalbii isaanii jabeessuun isaa ni himama. Kanaaf Muslimoonni yeroo hunda gantoota ta'anii (muraasa malee) isaan argachuu danda'u jedhanii eeguu danda'u (Q5:13). Kakuu isaanii erga cabsanii booda, Yihudoonni qajeelfama isaanii isa dhugaa dhiisanii kan "mo'aman" ta'uun isaanii labsame (Q2:27).

Madiinaa keessatti Muhaammad dogoggora yahuudota sirreessuuf ergame ilaalcha jedhutti dhufe (Q5:15). Jalqaba bara Madiinaatti, mul'attoonni Muhaammad amantiin Yihudootaa sirrii ta'uu isaa yaada dhiheessee ture (Q2:62). Haa ta'u malee, keeyyatni kun Q3:85n haqameera. Muhaammad dhufaatiin isaa amantii Yihudootaa akka haqee, Islaamummaan inni fide amantii isa dhumaa akka ta'e, Qur'aanni immoo bu'aa isa dhumaa akka ta'etti yaade. Warri ergaa kana didan hundi "mo'aman" ta'u (Q3:85). Kana booda Yihudoonni ykn Kiristaanonni amantaa isaanii isa durii hordofuun fudhatama hin qabu: isaanis Muhaammad beekamtii kennuu qabu turan, akkasumas Musliimoota ta'uu qabu turan.

Keeyyata Qur'aanaa keessatti Muhaammad amantii Yihudootaa irratti haleellaa ti'ooloojii guutuu jalqabe. Kunis kan ka'e mufannaa guddaa Muhaammad Yihudoonni ergaa isaa diduu isaanii irratti fudhate irraati. Kun Muhaammad of mirkaneessuu kan biraa ture, akkuma warra waaqeffattoota waaqa tolfamaa Makkaa wajjin itti gargaarame. Sana booda Muhaammad kana caalaa deeme, deebii aggaammii akkasumas hojiirra oolche.

Fudhatama Dhabuun Gara Jeequmsaatti Jijjiirama

Madiinaa keessatti Muhaammad duula yahuudota sodaachisuu fi dhumarratti dhabamsiisuu jalqabe. Lola Badrii irratti warra waaqa tolfamaa waaqeffatan irratti injifannoo argateen jajjabeeffatte, gosa Yihudoota Qaynuqa' daawwachuun haaloo Waaqayyoo akka isaan doorsisu doorsise. Ergasii yahuudota Qaynuqa' marsuuf sababa argatee Madiinaa keessaa ari'e.

Sana booda Muhaammad ajjeechaa Yihudoota irratti xiyyeeffate walduraa duubaan jalqabe, hordoftoota isaatiif ajaja kenne, "Yihuudii aangoo keessan jalatti kufe ajjeesaa." Yahuudotaaf aslim taslim 'Islaamummaa fudhadhaa nagaa ni argattu' jedhee labse.

Hubannoo Muhaammad keessatti jijjiiramni guddaan uumamee ture. Namoonni Muslima hin taane qabeenyaa fi lubbuu isaanii irratti mirga kan qaban osoo Islaamummaa fi Muslimoota deggeranii fi kabajan qofa. Wanti biraa kamiyyuu fitna fi sababa isaan loluuf ture.

Hojiin Muhaammad Yihudoota Madiinaa wajjin hojjechuuf qabu ammallee hin xumuramne. Xiyyeeffannoo isaa jala dhufuuf tarree itti aanee kan turan Banu Nadir turan. Gosti Nadir guutuun kakuu isaanii cabsuudhaan himataman, kanaaf isaan irratti haleelamee, marfama dheeraa booda, akkasuma Madiinaa keessaa ari'amanii, qabeenya isaanii boojuu Muslimootaaf dhiisanii deeman.

Kana booda Muhaammad ajaja ergamaa Jibriil irraa argateen gosa Yihudootaa isa dhumaa hafe, Banu Qurayza rakkise. Yahuudonni haal-duree tokko malee yeroo harka kennatan, dhiironni Yihudootaa bakka gabaa Madiinaa keessatti mataan muraman-dhiirota dhibba 600 hanga 900, seenaa adda addaatiin-dubartoonni fi ijoolleen Yihudootaa akka boojuutti (i.e. akka garbootaatti) Muslimoota gidduutti raabsaman.

Muhammad Yihudoota Arabaa wajjin waraanni qabu guutummaatti hin xumuramne. Erga Madiinaa argamuu isaanii qulqulleessee booda Khaybar irratti duule. Duulli Khaybar kan jalqabe filannoo lamaa Yihudootaaf dhiyeessuun ture: Islaamummaa ykn ajjeefamuu. Haa ta'u malee, Muslimoonni Yihudoota Khaybar yeroo injifatan filannoo sadaffaa irratti mari'atame: haaldureedhaan harka kennachuudha. Akkasitti Yihudoonni Khaybar dhimmis jalqabaa ta'u (Barnoota 6 ilaali).

Kunis marii keenya waa'ee walitti dhufeenya Muhaammad Yihudoota waliin qabu xumura.

Qur'aanni Kiristaanotaa fi Yahuudota akka bakka bu'oota gosa tokkicha Namoota Kitaabaa jedhamuun beekamutti waan ilaaleef, Qur'aana keessattis ta'e jireenya Muhaammad keessatti Yihudoota akka Namoota Kitaabaatti ilaaluun moodeela ilaalcha kiristaanota bara dheeraa keessattis.

⁂

Muhaammad Deebii Sadan Fudhatama Dhabuuf Kenne

Seenaa hojii Nabiyyi Muhaammad keessatti akkamitti karaa hedduudhaan fudhatama dhabuun isa mudate ilaalleerra: haala maatii isaa hawaasa ofii isaa Makkaa keessatti fi Yihudoota Madiinaa keessatti.

Akkasumas deebii inni fudhatama dhabuu irratti kenne garaa gara ta'uusaa ilaalleerra. Jalqaba irratti Muhaammad yaada of ajjeesuu, sodaa hafuuraan qabamuu isaa fi abdii kutannaa dabalatee deebii of fudhachuu dhiisuu agarsiiseera.

Fudhatama hanga kanaa akka hin arganneef soda isaanitti dhaga'amu to'achuuf kan isaan gargaaru deebii qabu turan.[9] Isaan keessaa Rabbiin diinota isaa jahannam keessatti akka adabamu dubbachuu; qabxiiwwan qaanii ta'uu danda'an kan akka raajonni hundi yeroo tokkotti Seexanaan karaa irraa maqan jedhanii dubbachuu akka uwwisu hima; akkasumas keeyyatoota Rabbiin irraa bu'an kan warri wahyii Muhaammad hordofan jireenya tana fi kan itti aanu keessatti mo'attoota akka ta'an labsan.

Dhumarratti deebii aggaammii (aggressive responses) ol'aantummaa qabaachuu dhufe. Isaan kunniin namoota Muslima

---

[9] Marii diduu fi deebii isaaf kennamu ilaalchisee, Noel fi PhylGibson, *Evicting Demonic Squatters and Breaking Bondages* ilaali.

hin taane irratti qabsaa'uu fi injifachuun fitna dhabamsiisuuf doktiriinii jihaada jedhu fide.

Deebii isaa keessatti Muhaammad of fudhachuu dhabuu, achiis of mirkaneessuu fi dhumarratti weeraruun keessa darbe. Muhammad abbaa fi haadha hin qabne warreen irraa du'aniif guddisaa ta'e. Of shakku, kan jinniiwwaniin dararamaa jira jedhee waan sodaateef of ajjeesuu yaade, amantii isaa isa dhumaa ta'e, amantiiwwan biroo hunda bakka buusuuf fi dhuma irratti bakka buusuuf qabsaa'uudhaan amantii isaa fe'e.

Ilaalcha addunyaa miiraa Muhaammad keessatti, mo'amuu fi gadi bu'uun kaafiroota miira hordoftoota isaa "fayyisa" fi dheekkamsa isaanii ni dhaamsa. Fayyinni 'Nagaa Islaamaa' kun, lolaan injifatame Qur'aana keessatti ibsameera:

> Isaan lolaa! Rabbiin harka keessaniin isaan adaba, isaan salphisa, isaan irrattis isin gargaara, qalbii ummata amane fayyisa, dheekkamsa qalbii isaanii irraa ni baasa. (Q9:14-15)

Jalqaba irratti Muhaammadii fi hordoftoonni isaa harka mushrikoota Makkaatiin ari'atamni qabatamaan isaan mudateera. Haa ta'u malee, yeroo Madiinaa keessatti aangoo qabatu, Muhaammad nabiyyii ta'uu isaa irratti kufrii illee akka ari'atama Muslimoota irratti ta'etti ilaaluu jalqabe, akkasumas kaafiroota fi qoosaa-waaqeffattoota waaqa tolfamaa, Yihudoota, ykn Kiristaanota-wal'aansoo qabuuf jeequmsa fayyadamuuf hayyama kenne-kanaaf akka isaan callisanii fi sodaachisee gara bitamuutti. Muhammad sagantaa ilaalchaa fi waraanaa isa, amantii isaa fi hawaasa isaa irraa fudhatama dhabuun bifa hundaan dhabamsiisuuf hundeesse. Boodarra milkaa'inni sagantaa isaa raajii ta'uu isaa kan mirkaneessee fi kan raggaasise ta'uu ibse.

Yeroo kun hundi ta'aa jirutti Muhaammad hordoftoota isaa Muslimoota irratti to'annoo guddaa gochaa ture. Kanaan dura Makkaatti Qur'aanni Muhaammad "akeekkachiisaa qofa" ta'uu isaa kan labse yoo ta'u, gara Madiinaatti erga godaanee booda ajajaa amantootaa ta'ee, jireenya isaanii hamma Qur'aanni al tokko "Rabbii fi ergamaan" murteessan jedhee labsutti qajeelche Zimmaa tokko, mu'mintootaaf gaaffii malee ajajamuu malee wanti hafu hin jiru (Q33:36), karaan Rabbiif ajajamuu danda'us ergamaaf ajajamuu dha (Q4:80).

To'annoon Muhaammad bara Madiinanitti jalqabe har'as karaa shari'aatiin Muslimoota hedduu irratti miidhaa geessisuu itti fufee jira. Fakkeenyi tokko seera shari'aa Muhaammad jalqabe, dhiirri tokko haadha manaa isaa "ani si hiike" jedhee yeroo sadii yoo hiike, garuu sana booda hiriyoonni gaa'elaa deebi'anii fuudhuu yoo barbaadan, isheen dursa dhiira biraatti heerumuu qabdi, walqunnamtii saalaa waliin raawwachuu qabdi. Isa akkasumas abbaa manaa ishee isa jalqabaa deebitee itti heerumuu isheen dura abbaa manaa ishee isa lammaffaatiin akka wal hiiktu ta'a. Seerri kun dubartoota muslimaa irratti gadda guddaa uumeera.

Qur'aanni guddina hojii Nabiyyi Muhaammad nutti agarsiisa: sanadi Muhaammad, kan dhuunfaa cimaa ta'eedha, galmee miira diinummaa fi weerara isaa guddachaa dhufe fuula Fudhatama Dhabuu keessatti, fi fedhii inni jireenya namoota biroo to'achuuf qabu guddachaa dhufedha. Amaloonni booda namoota Muslima hin taane irratti fe'aman - kan akka callisuu, yakka, fi galata galchuu- kan dhufan deebii Muhaammad ofii isaatiin Fudhatama dhabuuf kenne irraa kan dhufan yoo ta'u, warra "Ani nan amana Rabbiin malee gabbaramaan biraa hin jiru Muhaammad immoo nabiyyii isaati" jedhanii amantaa isaa fudhachuu didan hunda humnaan isaan cunqursuun badii isaan irratti fidee jira.

Kun ilaalcha waliigalaa Muhaammad muuxannoo fi deebii Fudhatama dhabuuf kenne, kan namoota biroo irrattis fudhatamee fi fe'amee fi diina isaa irratti milkaa'ina ofii isaa mirkaneessuun hordofuu isaa argisiisa.

"Fakkeenya Hundarra Gaarii".

Barumsa kana keessatti waa'ee amaloota ijoo Muhaammad tokko tokko barachaa turre. Islaamummaa keessatti fakkeenya hundarra gaarii dhalli namaa hordofuu qabu ta'ee fudhatamus, dhiibbaa irra ga'ee fi dhugumatti fudhatama dhabuun gadi fageenyaan akka miidhame argineerra. Deebiin inni kenne of diduu, of mirkaneessuu, to'achuu fi aggaammii kan dabalatu ture. Deebiin fudhatama dhabuuf kennaman kun isa irratti miidhaa kan geessisan yoo ta'u, hanga har'aattis namoota biroo hedduu irratti miidhaa geessisaa jiru.

Seenaan dhuunfaa Muhaammad barbaachisaa dha. Sababiin isaas rakkoon dhuunfaa isaa rakkoo addunyaa ta'eera haa ta'u malee shari'aa fi ilaalcha addunyaa ishee. Haala kanaan Muslimni amala fi fakkeenya Muhaammadiin hafuuraan hidhamee jira. Hidhamiinsi kun sirna shahaada qara'uudhaan kan mirkanaa'u yoo ta'u, yeroo shahadaan qara'amu hunda sirna Islaamaatiin kan cimudha. Daa'imni muslimaa erga dhalatee booda jechi jalqabaa dhaga'u labsii shahaadaa gurra isaa keessatti qara'amuudha.

Shahadaan Muhaammad ergamaa Rabbii ta'uu labsa. Kunis Qur'aana akka jecha Rabbiitti, ergamaa Rabbii ta'ee gara Muhammaditti gadi bu'ee raggaasisudha. Shahaada mirkaneessuun waan Qur'aanni waa'ee Muhaammad jedhuuf hayyama kenna. Kunis dirqama fakkeenya isaa hordofuu, doorsisaa fi abaarsa Muhaammad warra isa hin hordofne irratti labse fudhachuu, akkasumas dirqama warra isa hin hordofne mormuu fi illee loluu dabalatee ergaa isaa diduu fi isa hordofuu diduu.

Akka dhugaatti, shahadaan addunyaa hafuuraaf-abbootii fi humnoota addunyaa dukkanaa kanaaf (Efesoon 6:12)-amantichi fakkeenya Muhaammad wajjin akka walsimu kakuudhaan akka hidhame labsuu dha: inni ykn ishiin 'lubbuu qaba ' Muhammaditti (Barnoota 7 ilaali). Kunis Muhaammad waliin walitti dhufeenya hafuuraa uuma. Hidhamni kakuu kun aangawootaa fi humnoonni rakkoo naamusaa fi afuuraa Muhaammadiin mormee fi hidhe, akkasumas karaa shari'aa Islaamaa keessatti maxxanee fi cimee, aadaa hawaasa Islaamaa keessatti gadi fageenyaan karaa isaanii akka hojjetan amantoota Musliimaa irratti akka fe'aniif hayyama kenna.

Dhiibbaa shahaadaa fi shari'aatiin kan ka'e jireenya Muslimoota heddduu keessatti kan fakkeeffaman wantoota gadhee heddduu Sunna Muhaammad keessaa muraasa qofa irratti mari'achaa turre. Amaloota gadhee fakkeenyaa fi barsiisa Muhaammad amala godhatan tokko tokko kunooti:

- jeequmsaa fi lola
- ajjeechaa
- gabrummaa
- haaloo bahuu fi haaloo bahuu
- jibba

129

- jibba dubartootaa
- jibba Yihudootaa
- miidhaa geessisuu
- nama salphisuu fi salphisuu
- sodaachisuu
- gowwoomsaa
- mufachuu
- miidhamummaa
- of mirkaneessuu
- miira olaantummaa
- Waaqayyoon dogoggoraan bakka bu'uu
- namoota biroo irratti ol'aantummaa qabaachuu
- gudeeddii.

Muslimoonni yeroo shahaada qara'an qabatamaan himannaa Qur'aanaa fi Sunnaa waa'ee Kiristoosii fi Macaafa Qulqulluu dubbate deggeraa jiru. Isaan keessaa:

- du'a Kiristoos fannoo irratti ganuu
- jibba fannoo
- Yesus ilma Waaqayyoo ta'uu isaa ganuu (warra kana amananis abaarsa) .
- himannaa Yihudoonni fi Kiristaanonni macaafa qulqulluu isaanii mancaasaniiru
- Yesus Kiristaanummaa balleessuuf deebi'ee addunyaa guutuu shari'aa Muhaammad jalatti akka bitamu dirqisiisa jedhu.

Amaloonni kun dhuguma ba'aa guddaadha. Qormaata warra Islaamummaa dhiisanii Iyyasuus Kiristoosiin hordofan mudatan keessaa tokko amaloonni kun murteessaan yoo hin ilaalamne lubbuu namootaa keessatti bakka miila argachuu itti fufu. Kun sababa Muslimoonni gara Kiristoositti yoo deebi'an deemsa kiristaanaa isaanii keessatti qabsoo fi rakkoon isaan mudachuu danda'u keessaa isa tokkodha.

Sadarkaan Muhaammad akka ergamaa ifatti kan hin fudhatamne yoo ta'e, abaarsi fi doorsisni Qur'aanaa fi Muhaammad du'a Kiristoosii fi gooftummaa Kiristoos mormuun isaa sababa tasgabbii dhabuu hafuuraa ta'uu danda'a. Namni tokko haala salphaan akka sodaatuuf, akkasumas duuka buutuu Yesus hanga ta'ee jirutti ofitti amanamummaa akka hin qabaanneef isa taasisa. Kun ammoo duuka buutummaa nama sanaa jalaa miidhuu mala.

Sababa kanaan namni tokko yeroo Islaamummaa keessaa bahu, fakkeenyummaa fi barsiisa Muhaammad, akkasumas Qur'aana, hambaa fi abaarsa shahadaan ibsu hunda waliin addatti diduu fi dhiisuu akka qabu gorfama. Jireenya Iyyasuus Kiristoosii fi fannoo isaa yeroo ilaallu, akkasumas furtuuwwan humna qaban fakkeenya Muhaammad irraa bilisa ta'uuf yaada dhiyeessuun barnoota itti aanu keessatti akkamitti akka kana goonu ni baranna.

Qajeelfama Qo'annoo

Barnoota 4ffaa

Hiika jechootaa

Caqasoota Seexanaa	Waliigaltee Hudaybiyyaa
Haquu	Zakaa
Jiinnii	Aslim taslam
Qarin	Khaybar
Godaansa	Dhimmi
Fitna	Namoota Kitaaba

Deebiin diduu: of diduu, of mirkaneessuu, aggaammii

Maqoota Haaraa

- Qureeyshiin, gosa Muhaammad Makkaa
- Abdullah bin Abd al-Muttalib: Abbaa Arabaa Muhaammad (Dh.K.D bara 570 du'e) .
- Abuu Xaalib: adeeraa fi gargaaraa Muhaammad (Dh.K.D bara 620 du'e)
- Abu Lahab: adeera fi mormituu Muhaammad (Dh.K.D bara 624 du'e) .
- Khadiijaa: Haadha warraa Muhaammad kan Makkaa (Dh.K.D bara 620 duute) .

- Ibnu Kathir: hayyuu seenaa fi hayyuu Sooriyaa (1301-1373 Dh.K.D) .
- Ibnu Ishaaq: barreessaa seenaa jireenyaa Muslimoota Sooriyaa Muhaammad (704-768 Dh.K.D). Seenaan isaa waa'ee jireenya Muhaammad kan galmaa'e-bifa gulaalamee-Ibn Hisham (c. 833 AD).
- Jibriil: ergaa Muhaammad erge jedhama

- Waraqa: ilma obboleessa Kiristaana Khadiijaa, haadha warraa Muhaammad isa jalqabaa
- Alii bin Abuu Xaalib: ilma obboleessa Muhaammad isa quxisuu, ilma Abuu Xaalib fi Muhaammad kan lammaffaa amantii jijjiirame (601-661 Dh.K.D) .
- Al-Tabari: hayyuu seenaa Muslimaa dhiibbaa guddaa qabuu fi yaada Qur'aana irratti (839-923 AD) .
- Al-Lat, al-Uzza, fi Manat: waaqayyittii Makkaa, ijoollee durbaa Rabbii sadan
- Haashemitoota: sanyii akaakayyuu Muhaammad, Hashim
- Yathrib: maqaa duraan Madiinaaf moggaafame
- 'Gargaartoota' Ansaar: Madiinaanota Muhaammad hordofan
- Dr Wafaa Sulxaan: ogeessa sammuu lammii Sooriyaa-Ameerikaa fi qeeqa Islaamaa (Dh.K.D bara 1958 dhalate)
- Ahmad bin Muhammad: Piroofeesara Siyaasa Amantii Aljeeriyaa
- Uqbaa: Arabaa Makkaa Muhaammad diinummaa qabu
- Bahiraa: monokseen Kiristaana kan Muhaammad imala isaa irratti wal bare
- Banu Qaynuqaʻ, Banu Nadir fi Banu Qurayza: gosoota yihudoota Madiinaan

Macaafa Qulqulluu barnoota kana keessatti

Efesoon 6:12

Qur'aana barnoota kana keessatti

Q111	Q46:29-32	Q36:76	Q2:27
Q93	Q71:1-15	Q2:77	Q5:15
Q109:6	Q83:29-36	Q2:75	Q2:62
Q53	Q2:190-93	Q4:46	Q3:85
Q22:52	Q2:217	Q2:65	Q9:14-15
Q53:1-3	Q8:39	Q5:60	Q33:36
Q68:1-4	Q2:193	Q7:166	Q4:80
Q20:64, 69	Q60:10	Q4:155	
Q26:40-44	Q9:3-5, 7-8	Q5:70	
Q10:95	Q98:1-8	Q5:13	

Gaaffiiwwan Barnoota 4

- Qorannoon haalaa irratti mari'adhaa

Jalqaba maatii

1. Waggoota umirii guddinaa jalqabaa Muhaammad keessatti taateewwan nama miidhan sadan maaltu raawwatame?

2. Eessuma Muhaammad Abuu Lahaab maaliif beekamaa?

3. Gaa'ela Muhaammadf Khadijaa kan adda ta'e wantootni ja'a maali

4. Muhaammad fi Khadijaan mucaa godhachuu keessatti gidiraa akkamii isaan mudate?

5. Namoonni lamaan Muhaammadiif kunuunsa guddaa agarsiisan eenyufa'i?

Amantiin haaraan ni hundeeffama (Makkaa)

6. Muhaammad yeroo daawwannaa 'malakaa' **Jibriil** irraa mudachuu jalqabe umriin isaa meeqa turee fi deebii akkamii kenne?

7. **Waraqaan** daawwannaa Muhaammad gaafa dhaga'u maal beeksise?

8. Muhaammad irra deddeebi'ee maal sodaate, kan Rabbiin irra deddeebi'ee akka hin taane itti mirkaneesse?

9. Amantoonni muslimaa jalqabaa eenyufa'i?

Gosa Muhaammad Ofii Isaatii

10. Hawaasni xiqqaan Musliimoota Muhaammad namoota xiqqaa tuffataman akka ta'an kan taasise maali?

11. Eessuma **Abuu Xaalib** Muslima ta'uu baatus gahee guddaa akkamii qaba ture?

12. Imaammanni haaraan gosti **Qureesh** Makkaa Muhaammadii fi hawaasa isaa irratti qaban maal ta'e?

13. Muslimoonni hedduun gara saba kiristaana kamitti baqatan dhiironni meeqa maatii isaanii waliin godaanan?

⁂

Of Shakkuu fi Of Mirkaneessuu

14. Muhaammad waliigaltee akkamii dhiyaate kan Q109:6 irratti xiyyeeffate?

15. Waantonni warra Makkaa gammachiise garuu yeroo booda faallaa kanaa akka ta'uuf kan taasise tarkaanfiin Muhammad maaliidha? Yeroo ammaa lakkoofsa seexanaa jedhamee kan waamamu kamiidha?

16. Muhaammad duubatti deebi'uu isaa hordofee, Q22:52 sababa akkamii dhiheesse?

17. Muhaammad olaantummaa isaa guddisuuf of jajuu hedduu akkamii godhe?

18. Dhuma bara Makkaa irratti yaadni haaraan Muhaammad 'milkaa'ina' jedhu maal ta'e?

Fudhatama Dhabuu fi Michoota Haaraa Dabalataa

19. Muhaammad rukuttaa dachaa akkamii eegaa turee fi eegdota haaraa eessaa argate?

20. Gaafa Muhaammad Taa'if irraa deebi'u gaafa salaataa dhaga'an eenyutu Muslima ta'e

21. Durie Muslimoonni hedduun addunyaa hafuuraaf banaa ta'uu isaaniif sababoota lama akkamii kenniti?

22. Waadaan **Ansaroonni** Madiinaa irraa Muhaammad irratti galan maali?

23. Muhaammad waggaa tokkoffaatti kan Makkaatti hin arganne Madiinaa keessatti maal argate?

Dhuguma Muhaammad Makkaatti Nagaa Ture?

24. Suura Makkaa keessatti beeksisa hamaa akkamii argama?

25. Akka **Ibnu Ishaaq** jedhutti Muhaammad gosa Qureesh Makkaa maal akka ta'u waadaa gale?

137

Ari'atama Irraa Gara Ajjeechaatti

26. Muhammad warreen Qureeyishootaan fayyadamuun isaa sababa kamiin ture? Kunis kaayyoo waraana isaa galmaa kan ga'edha?

27. Akka Muhaammad jedhutti nama ajjeesuu ykn ji'a qulqulluu jeequmsaan sarbuu caalaa maaltu nama gaddisiisa?

28. Yeroo hunda jihaada maaltu haqa?

29. Hayyoonni Musliimaa fi barsiisaan Sooriyaa Iibnuu Katiih akka dubbatanitti amanuun yoo siif gale yaadni isaa maaliidha?

"Nuti Miidhamtoota!"

30. Muslimoonni maaliif diina isaanii ajjeesuu caalaa miidhamuu isaanii akka hammaatutti ilaalu?

31. Piroofeesar **Ahmad bin Muhaammad** yeroo Dr **Waafaa Sulxaan** falman Zimmaa isaa miidhamummaa maal irratti hundaa'e?

Haaloo Bahuu

32. Ilaalchi Muhaammad **Uqbaa** fi amala isaa maal agarsiisa?

33. Tarreen ajjeechaa Muhaammad lammiilee Makkaa booji'aman maal calaqqisiisa?

Hiika Namoota Muslima Hin Taaneef Qabu

34. **Namoonni Kitaabaa** isaanis gaafa Islaamummaa didan maaltu mudataan?

35. Akka Durie jedhutti jireenya Muhaammad keessatti maaltu ol'aantummaa qabaachuu dhufe?

36. Muhaammad maaliif **Waliigaltee Hudaybiyyaa** cabsuu akka danda'u itti dhaga'ame?

37. Q9:3-5 Muslimoonni waaqeffattoota waaqa tolfamaa wajjin maal akka godhan qajeelfama kenna?

Ilaalcha Muhaammad Jalqabaa Yihudoota Irratti Qabu

38. Suuraalee Makkaa Qur'aanaa fi Suuraa 98 keessatti waa'een yahuudoonni akkamitti dubbatama?

39. Muhaammad Yihudoonni ergaa isaaf deebii gaarii akka kennan abdachaa akka ture maaltu agarsiisa?

Mormiin Madiinaa Keessatti

40. Muhaammad Araaboota Yihudoota Madiinaa wajjin wal jijjiire keessatti maaliif mul'ata qur'aanaa haaraa irratti hirkatanii jiraachuun isarra ture?

41. Muhaammad karaa lamaan fitnaa yahuudotaaf deebii akkamii kenne?

Ti'ooloojii Diinummaa Warra Didan

42. Durie ergaa haaraa Muhaammad farra Yihudootaa ibsa: Qur'aanni maal jedha "Yihudoonni" maal jedha?

    1) Q4:46 ...

    2) Q7:166, k.k.f

    3) Q5:70 ...

    4) Q5:13 ...

    5) 5Q2:27 ...

43. Muhammad amma ergaan isaa maal akka haqame amane?

Diduun Gara Jeequmsaatti Jijjiirama

44. Muhammad gosa **Qaynuqaʿ** Yihudoota Madiinaan jalqabaa maal godhe?

45. Muhaammad maaliif yahuudota hafan Madiinaatti **aslim taslam** lallabe?

46. Muhaammad gosa **Nadir** Yihudoota Madiinaan lammaffaa maal godhe?

47. Muhaammad **Qureeyza** yahuudaa Madiina sadaffaa maal godhe gosa?

48. Muhammad gosa Yihudoota **Khaybar** maal godhe?

49. Islaamummaa keessatti akka **Namoota Kitaabaatti** eenyutu ilaalama?

✧

Muhaammad Deebii Sadan Fudhatama Dhabuuf Kenne

50. Sababa bifa dachaa diduu irraa kan ka'e, Muhaammad deebii kennuudhaan sadarkaa sadii akkamii keessa darbe?

51. Akka Q9:14-15tti maaltu miira Muhaammadii fi hordoftoota isaa "fayyisa" fi dheekkamsa isaanii dhaamsa?

52. Muhaammad isa fi hawaasa isaa diduu ittisuuf maal godhe?

53. Jijjiiramni gahee Muhaammad erga gara Madiinaatti godaanee booda maal ture?

54. Qur'aana keessatti keeyyattoonni boodarra jiran maal akka karaa Rabbiif ajajamuutti ilaalu?

55. Dirqamni callisuun, yakki, fi galatni namoota Muslima hin taane maal irratti hundaa'a?

"Fakkeenya Hundarra Gaarii" .

56. Rakkoon Muhaammad akkamitti addunyaaf rakkoo ta'e?

57. Jechoonni jalqaba gurra daa'ima Muslimaa reefuu dhalate keessatti dubbifaman maali?

58. Muslimoonni yeroo jedhan waan lama akkamii raggaasisu shahadaa?

59. Akka Durie jedhutti shahaada qara'uun hayyamni maal hojjeta humnoota hafuuraaf kennuu?

60. Yoo dhuunfaan Muslimoota qunnaman, fakkeenya Muhaammad gama 18 armaan gaditti tarreeffaman keessaa tokko gocha isaanii keessatti ilaaltaniittuu? (Tokko ykn isaa ol geengoo godhi.)

- Jeequmsa / waraana
- Ajjeechaa
- Gabrummaa
- Haaloo bahuu / haaloo bahuu
- Jibba
- Jibba dubartootaa
- Jibba yihudootaa
- Miidhaa geessisuu
- Salphina / salphina
- Sodaachisuu
- Gowwoomsaa
- Mufachuu
- Miidhamummaa
- Of mirkaneessuu
- Miira olaantummaa
- Waaqayyoon dogoggoraan bakka bu'uu
- Namoota biroo irratti ol'aantummaa qabaachuu
- Gudeeddii
- Kanneen armaan olii keessaa tokkollee hin jiru

61. Qur'aana fi Sunnaan Ilmummaa Kiristoos waaqa ta'eef deebii akkamii kennu?

62. Qur'aana fi Sunnaa Macaafa Qulqulluu irratti deebii akkamii kennu?

63. Iyyesuus (Isaa) yeroo gara lafaatti deebi'u kiristaanota irratti maal godha jedhu Qur'aanni fi Sunnaa?

64. Fakkeenyummaa Muhaammad fi abaarsa isa waliin jiru gaafa diduu fi gannu, maal biraa dinna?

65. Muhaammad ifatti ganuu dhabuu irraa amala afuuraa afur maaltu uumamuu danda'a?

5

Bilisummaa *Shahaadaa* Irraa

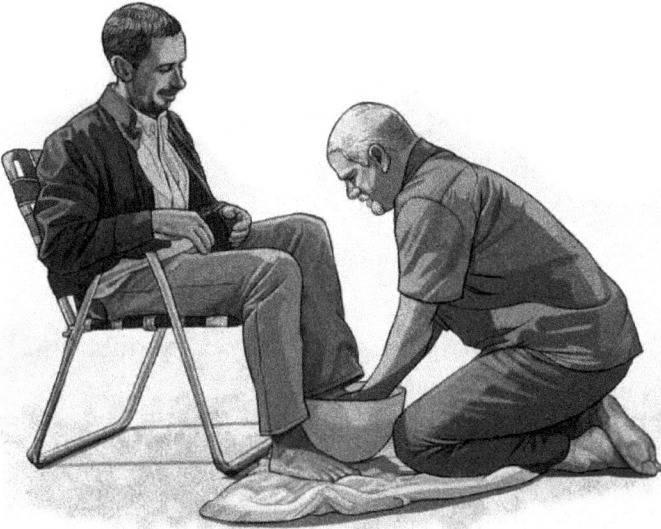

"Namni Kiristoos keessa yoo jiraate, namni sun uumama haaraa dha." 2 Qorontos 5:17

Kaayyoowwan barnootaa

a. Yesus fi Muhaammad akkaataa isaan Fudhatama Dhabuuf deebii kennan irratti hammam adda akka ta'an wal bira qabii hubadhu.

b. Karaalee baay'ee Yesus gaaffii itti gaafatame, fudhatama dhabee fi tuffatame qoradhu.

c. Yesus akkamitti diduu akka fudhatee fi jeequmsa akkamitti akka dide hubadhu.

d. Barumsi Kiristoos diinota keenya jaallachuu jedhu dhiibbaa guddaa akkamii akka geessise dinqisiifadhaa.

e. Yesus duuka buutota isaa fi Kiristiyaanota hundumaa ari'atama dhuma irratti akka isaan mudatu akka qopheesse fudhadhu.

f. Waaqayyo du'a Yesus Kiristoos fannoo irratti diduu namaa fi waaqa akkamitti akka ilaalu hubadhu.

g. Du'aa ka'uu fi ol ba'uun du'a Yesus Kiristoos akkamitti akka sirrii ta'e argisiisu hubadhu.

h. Jibba cimaa Muhaammad fannoo Iyyesuusiif qabu irratti dammaqaa.

i. Kiristoosiif kadhannaa isa duukaa bu'uuf dubbisuudhaan waadaa galuu hundeessi.

j. Shahaada ganuuf yeroo qophooftu caqasoota macaafa qulqulluu dhugaa addaa 15 labsan ilaali.

k. Kadhannaa gantummaa qara'uudhaan shahaada irraa bilisummaa hafuuraa gaafadhu.

Qorannoon haalaa: Maal goota?

Konfiraansii "Amantii fi Haqaa" irratti akka hirmaattuuf gara Jos, Nijeriyaatti affeeramtaniittu. Maallaqa kee guutuu qabda, kutaa miidiyaaf gargaaraa tola ooltummaa taatee deemta. Mariin quuqama fi hawwataa ta'ee kan sitti mul'atu yoo ta'u, akkasumas walgahii garee xixiqqaa irratti taa'ee akka dhaggeeffattu hoggansa irraa jajjabeeffama. Fedhii keetiin akkas goota.

Guyyaa lammaffaatti dhimmi garee xiqqaa keessan keessatti falmisiisaa jiru "Kiristaanonni qoonqa sadaffaa10 garagalchuu qabuu?"[10] Sagaleen lama garee keessan keessatti jeequmsa hin qabne, nagaa itti fufiinsa qabu, fi haala jeequmsaa kamirraayyuu baqachuu cimsanii jajjabeessa. Sagaleewwan garee keessan keessa jiran hedduun kana mormuun, "Baqachuu sodaachisaa fi hookkara dhabuun Muslimoonni qulqullina amantii guutuu Naayijeeriyaa keessatti akka babal'isan qofa jajjabeessa" jedhu. Muslimoonni mormii mormii, tarkaanfii eegumsaa cimaa fi hawaasa waldaa dammaqee qofa kabaju jechuun falmu. Kiristiyaanonni dhugaan qe'ee fi ganda isaanii ni falman malee hin baqatan.

Gamoonni lamaan amantii isaanii mirkaneessuuf Macaafa qulqulluutti fayyadamu. Dhumarratti gara keetti garagalanii "Maal jetta? Yesuus, 'Qaama isa kaan garagalchi' jedheera."

Maal jetta?

———

Kutaalee kanneen keessatti Yesus muuxannoowwan Fudhatama Dhabuuf deebii akkamii akka kenne ilaalla. Jireenyi Iyyesuus, jireenya Muhaammad irraa gadi hin taane, seenaa diduu, kan fannoo irratti fiixee isaa gahu. Muhaammad ari'atamaaf deebii haaloo ba'uudhaan kenne: Deebiin Kiristoos guutummaatti adda ture kunis furtuu Islaamummaa irraa bilisa ta'uu kan kennudha.

---

[10] Isa booda Kana jechuun, Kiristiyaanonni maddii isaanii kaan al tokko qofa utuu hin ta'in, si'a lama ykn isaa ol garagalchuu isaanii itti fufuu qabuu?

Jalqaba Cimaa

Akkuma Muhaammad haalli maatii Yesuus gaarii ta'uu irraa fagoo ture. Yeroo dhalatu salphinni seeraan ala ta'uu isa irratti fannifame (Maatewos 1:18-25). Haala gad of deebisu keessatti, mana horii keessatti dhalate (Luq 2:7).

Dhaloota, Mootichi Heroodis isa ajjeesuuf yaalii godhe. Sana booda baqataa ta'e, gara Gibxiitti baqate (Maatewos 2:13-18).

Yesuus Gaaffii Keessa Galeera

Yesus tajaajila barsiisummaa isaa yeroo jalqabu, naannoo waggaa soddomaatti, mormii guddaa isa mudate. Akkuma Muhaammad, geggeessitoonni amantii Yihudootaa gaaffii Yesus aangoo isaa mormuuf fi xiqqeessuuf yaadame gaafatan:

> ... Fariisonni fi barsiisonni seeraa waan inni jechuu danda'u tokkoon isa qabachuuf eegaa, ciminaan isa mormuu fi gaaffiidhaan isa marsuu jalqaban. (Luqaas 11:53-54)

Gaaffiiwwan kun kan ilaallatu turan:

- Yesus maaliif guyyaa Sanbata namoota gargaaraa ture: gaaffiin kun seera cabsuu isaa agarsiisuuf ture (Maarqos 3:2; Maatewos 12:10)

- wantoota hojjete hojjechuuf aangoo akkamii qaba ture (Maarqos 11:28; Maatewos 21:23; Luqaas 20:2)

- dhiirri haadha manaa isaa hiikuun halaala ta'uu fi dhiisuu isaa (Maarqos 10:2; Maatewos 19:3)

- Qeesaariif gibira kaffaluun seera qabeessa ta'uu fi dhiisuu isaa (Maarqos 12:15; Maatewos 22:17; Luqaas 20:22)

- isatu abboommii guddaadha (Maatewos 22:36) .

- kan ilmi isaa Masihii ta'e (Maatewos 22:42) .

- Abbaa ta'uu Yesus (Yohaannis 8:19) .

- du'aa ka'uu (Maatewos 22:23-28; Luqaas 20:27-33) .

- mallattoo akka raawwatan ni gaafata (Maarqos 8:11; Maatewos 12:38; 16:1).

Gaaffilee kanaan alattis Yesus akkas jedhamee himatame:

- jinniin ta'uu, 'seexana qabaachuu', fi humna seexanaan dinqii hojjechuu (Mar 3:22; Maatewos 12:24; Yohaannis 8:52; 10:20)

- duuka buutota Sanbata hin kabajne qabaachuu (Maatewos 12:2) ykn sirna qulqullinaa (Mar 7:2; Maatewos 15:1-2; Luq 11:38)

- ragaa sirrii hin taane kennuu (Yohaannis 8:13).

Warra Didan

Jireenyaa fi barsiisa Yesus yommuu ilaallu, namoota dhuunfaa fi gareewwan adda addaa hedduu irraa fudhatama dhabuun isaa akka isa mudate hubanna:

- Mootichi Heroodis yeroo daa'ima turetti akka ajjeefamuuf yaale (Maatewos 2:16).

- Namoonni ganda dhaloota isaa Naazireet itti aaranii (Maarqos 6:3; Maatewos 13:53-58) isa ajjeesuuf cirracha irraa darbachuuf yaalan (Luq 4:28-30).

- Miseensonni maatii ofii sammuu isaa keessaa bahe jedhanii himatan (Mar 3:21).

- Hordoftoonni isaa hedduun isa dhiisanii deeman (Yohaannis 6:66).

- Tuutni hedduun dhagaadhaan rukutuu yaale (Yohaannis 10:31).

- Geggeessitoonni amantii isa ajjeesuuf shira xaxan (Yohaannis 11:50).

- Yihudaan, geengoo keessa isaa keessaa tokko ta'een ganameera (Maarqos 14:43- 45; Maatewos 26:14-16; Luqaas 22:1-6; Yohaannis 18:2-3).

- Pheexiroos, duuka bu'aa isaa isa guddaa ta'een yeroo sadii ganameera (Maarqos 14:66-72; Maatewos 26:69-75; Luqaas 22:54-62; Yohaannis 18).

- Fannifamuu isaa kan gaafate namoota Yerusaalemitti, magaalaa guyyoota muraasa dura qofa akka Masihii ta'uu danda'utti iyya gammachuutiin isa simatte (Maarqos 15:12-15; Luqaas 23:18-23; Yohaannis 19:15) .

- Geggeessitoota amantiitiin rukutamee, tuftee, itti qoosame (Maarqos 14:65; Maatewos 26:67-68).

- Eegdotaa fi loltoota Roomaatiin itti qoosamee fi miidhaa irra ga'eera (Maarqos 15:16-20; Maatewos 27:27-31; Luqaas 22:63-65, 23:11).

- Mana murtii Yihudootaa fi Roomaa duratti sobaan himatamee, murtiin du'aa itti murtaa'e (Maarqos 14:53-65; Maatewos 26:57-67; Yohaannis 18:28ff).

- Inni fannifame, mala ajjeechaa warra Roomaa biratti kan nama salphisu, kunis Yihudoota biratti akka adabbii abaarsa Waaqayyoo fideetti ilaalama ture (Keessa Deebii 21:23).

- Hattoota lama gidduutti fannifamee, Yesus fannoo irratti dhiphina du'aa isaa osoo dandamatuu arrabfame (Maarqos 15:21-32; Maatewos 27:32-44; Luqaas 23:32-36; Yohaannis 19:23-30).

Deebii Yesus Fudhatama Dhabuuf Kenne

Diduu kana hunda yommuu ilaallu, Yesus deebii kennuudhaaf gara jabeessa ykn gara jabeessa akka ta'e hin argannu. Haaloo bahuu hin barbaadu.

Yeroo tokko tokko Yesus himannaa isa irratti dhiyaateef salphaatti deebii hin kennu ture, inni beekamaan yeroo fannifamuu isaa dura himatame (Maatewos 27:14). Waldaan durii kana akka raawwii raajii Masihichaa tokkootti ilaalti turte:

> Inni cunqurfamaa fi dhiphachaa ture, ta'us garuu afaan isaa hin banne; akka hoolaa gara qalmaatti geggeeffame, akka hoolaan warra ishee muratan duratti callisteetti, akkasuma afaan isaa hin banne. (Isaayyaas 53:7)

Yeroo ofii isaa mirkaneessuuf mormame, Yesus yeroo tokko tokko kana gochuu ni dide, kanaa mannaa gaaffii gaafachuu filata (fakkeenyaaf, Maatewos 21:24; 22:15-20).

Yesus yeroo baay'ee namoonni isa wajjin wal loluuf yaalan ta'us, nama wal lolu hin turre:

Hin wal dhabu, hin iyyu; namni sagalee isaa karaa irratti hin dhaga'u. Qaccee caccabee hin cabsu, haqa aarsamaa jirus hin xuuxu, hamma haqa gara injifannootti geessutti. (Maatewos 12:19-20, Isaayaas 42:1-4 caqasuudhaan)

Yeroo namoonni Yesusiin dhagaadhaan rukutuu ykn ajjeesuu barbaadan, inni gara iddoo biraatti qofa tarkaanfata ture (Luqaas 4:30), taateewwan gara fannifamuu isaatti geessan malee, yeroo Yesus itti yaadee du'a isaa dhaqe.

Qabxiin waa'ee deebii kanaa, Yesus muuxannoowwan diduutiin yeroo qoramu, qorumsa sana mo'ee, diduu sanaaf hin mo'amne. Xalayaan warra Ibrootaaf ergame deebii inni kenne akka armaan gadiitti gabaabsee ibseera:

... angafa lubaa dadhabina keenyaaf mararfachuu hin dandeenye hin qabnu, garuu akkuma keenya karaa hundumaan kan qorame qabna-ta'us inni cubbuu hin hojjenne. (Ibroota 4:15)

Suuraan nuti Wangeelota keessatti waa'ee Yesus qabnu kan nama baay'ee nageenya qabuu fi ofitti tasgabbaa'ee tureedha. Inni haaloo ba'uu hin dandeenye: lakki jedhee itti dhaga'ame warra isa irratti dhufan irratti duuluu ykn balleessuu barbaachisa. Yesus fudhatama dhabuu isaatiif deebii gaarii kennuu qofa utuu hin ta'in; akkasumas duuka buutota isaa Fudhatama Dhabuuf deebii kennuudhaaf, dhugumatti diduudhaaf bu'uura ti'ooloojii barsiiseera. Qaamonni ijoo ti'ooloojii kanaa barnoota kana keessatti booda ibsamaniiru.

Oduu Durii Fudhatama Dhabuu Lama

Hundeessitoonni amantiiwwan gurguddoo addunyaa lamaan Yesusii fi Muhaammad lamaan isaanii iyyuu muuxannoo Fudhatama Dhabuu cimaa akka itti fufe gabaafamuun isaanii waan nama ajaa'ibudha. Isaan kun haala dhalootaa fi daa'imummaa isaanii irraa kan jalqaban yoo ta'u, miseensota maatii fi abbootii taayitaa amantii wajjin walitti dhufeenya qabaachuutti kan babal'atan ture. Lamaanuu maraatummaa fi humnoota badiitiin to'atamuun himataman. Lamaanuu itti qoosamanii fi arrabsaman.

Lamaanuu gantummaan isaan mudate. Lamaanuu lubbuu isaanii irratti balaan isaan mudate.

Haata'u malee, walfakkeenyi dinqisiisaan kun garaagarummaa kana caalaa dinqisiisaa ta'een kan golgame yoo ta'u, kunis akkaataa amantiiwwan kun lamaan itti hundeeffaman irratti dhiibbaa guddaa geessiseera. Seenaan jireenya Muhaammad deebii diduu gadhee dhala namaa keessatti waliigalaa ta'e guutuu kan agarsiisu yoo ta'u, of diduu, of mirkaneessuu fi weerara dabalatee, jireenyi Yesus kallattii guutummaatti adda ta'een deeme. Fudhatama Dhabuu kan mo'ate, warra kaan irratti fe'uudhaan osoo hin taane, hammachuudhaan, kanaanis akka amantii kiristaanaatti humna isaa mo'ee dhukkubbii isaa fayyisuun. Jireenyi Muhaammad furtuuwwan hambaa hafuuraa hidhaa shari'aa hubachuuf kan of keessaa qabu yoo ta'e, jireenyi Kiristoos namoota Islaamummaa dhiisaniifis ta'e Kiristaanota haala shari'aa keessa jiraataniif furtuu bilisummaa fi guutummaa hammam dhiyeessa.

✿

Kutaalee itti aanan kana keessatti Yesus ergama isaa akka Masiihii fi Fayyisaa ta'uu isaatiin diduu akkamitti akka hubate, akkasumas jireenyi isaa fi fannoon isaa akkamitti bu'aa hadhaa'aa diduu irraa bilisa nu baasuu akka danda'u qoranna.

Fudhatama Dhabuu Simachuu

Yesus akka Masiihii Waaqayyootti waamicha isaa keessatti fudhatama dhabuun isaa kutaa barbaachisaa ta'uu isaa ifa godheera. Waaqayyo isa dide sana akka dhagaa furtuu guutummaa gamoo isaatiif itti fayyadamuuf karoorfate:

> Dhagaan ijaartonni didan dhagaa boba'aa ta'eera ... (Maarqos 12:10, Faarfannaa 118:22-23 caqasuudhaan; Maatewos 21:42 illee ilaali)

Yesus adda baafame (fakkeenyaaf, 1 Pheexiroos 2:21ff fi Hojii Ergamootaa 8:32-35) akka garbicha Isaayyaas isa gatame, dhiphachaa jiru, kan gidiraa isaatiin namoonni cubbuu isaanii irraa nagaa fi fayyina argatu:

> Namoota biratti tuffatamee fi ganamaa ture, .
> nama gaddaa, fi dhukkubbii beeku.

...

Inni garuu irra daddarba keenyaaf bocame,
yakka keenyaaf in caccabse;
adabbiin nagaa nuuf argamsiise isarra ture,
madaa isaatiinis ni fayyine. (Isaayyaas 53:3-5)

Fannoon karoora kana keessatti kutaa giddu galeessaa kan ture si'a ta'u, Yesus irra deddeebi'ee akka ajjeefamu dubbateera:

Sana booda Ilmi Namaa rakkina baay'ee akka isa mudatee fi jaarsolii, angafoota lubootaa fi barsiisota seeraa biratti fudhatama dhabuu akka qabu, akkasumas ajjeefamuu fi guyyaa sadii booda deebi'ee ka'uu akka qabu isaan barsiisuu jalqabe. Waa'ee kanaa ifatti dubbateera ... (Maarqos 8:31-32; akkasumas Maarqos 10:32-34; Maatewos 16:21; 20:17-19; 26:2; Luqaas ilaali 18:31 irratti; Yohaannis 12:23)

Jeequmsa Diduu

Yesus yeroo lubbuun isaa balaadhaaf saaxilamutti illee, kaayyoo isaa galmaan ga'uuf humna fayyadamuu ifatti fi irra deddeebi'ee balaaleffateera:

Yesus, "Warra billaa harkisan hundinuu billaadhaan ni du'u" jedheen. (Maatewos 26:52)

Yesus gara fannootti yeroo deemu, ergama isaa mirkaneessuuf humna fayyadamuu ni dhiisa, gatii du'a isaatiif illee ni dhiisa:

Yesuus, "Mootummaan koo kan biyya lafaa kanaa miti. Osoo akkas ta'ee silaa tajaajiltoonni koo Yihudootaan akkan hin hidhamneef wal lolu turan. Amma garuu mootummaan koo iddoo biraa irraa dhufe." (Yohaannis 18:36)

Yesus waa'ee gidiraa waldaa gara fuula duraa yeroo dubbatu "billaa" fiduu eereera yeroo akkas jedhe:

Lafa irratti nagaa fiduuf dhufe jettanii hin yaadinaa. Ani nagaa fiduuf miti, billaa fiduuf hin dhufne. (Maatewos 10:34)

Kun yeroo tokko tokko Yesus jeequmsa raawwachuuf hayyama akka kenne ragaa ta'ee kennama; haa ta'u malee, dhugaa irratti qoqqoodinsa maatii keessatti dhufuu danda'u kan agarsiisu yeroo kiristaanonni Kiristoositti amanuu isaaniitiin fudhatama dhaban:

kutaan walgitu Luqaas keessatti "billaa" osoo hin taane jecha "qoqqoodinsa" jedhu qaba (Luq 12:51). Billaan asitti argamu fakkeenya, waan qoqqooduuf kan dhaabbatu, miseensa maatii tokko kan biraa irraa adda kan baasudha. Hiikkaan biraa ta'uu danda'u, haala bal'aa gorsa Yesus waa'ee ari'atama gara fuula duraa kennaa ture keessatti, "billaan" ari'atama kiristaanaa kan agarsiisu ta'uu isaati. Haala kana keessatti, kun billaa sababa dhugaa ba'umsa isaaniitiin kiristaanota irratti ka'eedha malee isaan namoota biroo irratti miti.

Yesus jeequmsa fudhachuu diduu isaa, Masihichi saba Waaqayyoo fayyisuuf yommuu dhufu maal akka godhu ilaalchisee wanti yeroo baay'ee eegamu kan faallessu ture. Fayyinni kun kan waraanaa fi siyaasaa akkasumas kan hafuuraa akka ta'u abdiin ture. Yesus filannoo waraanaa ni dide. Mootummaan isaas siyaasa akka hin taanes ifa godheera, "kan biyya lafaa kanaa miti" jedhee yommuu dubbatu. Namoonni waan Qeesaar ta'e Qeesaar, kan Waaqayyoo immoo Waaqayyoof kennuu akka qaban barsiiseera (Maatewos 22:21). Mootummaan Waaqayyoo qaamaan argamuu akka danda'u ni gane, sababni isaas namoota keessatti argamuu qaba (Luqaas 17:21).

Duuka buutota isaa, kanneen Mootummaa Waaqayyoo keessatti aangoo siyaasaa filatamaa eenyutu argata jedhanii wal falmaa turan— bakka taa'umsa isaaniitiin kan fakkeeffame—Yesus mootummaan Waaqayyoo akka mootummoota siyaasaa isaan beekan akka hin taane, eessatti akka hin taane isaanitti hime namoonni walirratti gooftaa turan. Tokkoffaa ta'uuf, isa boodaa ta'uu qabda jedheera (Maatewos 20:16, 27), hordoftoonni isaas tajaajilamuu irra tajaajiluu barbaaduu qabu (Mar 10:43; Maatewos 20:26-27).

Waldaan durii barsiisa Yesus jeequmsa ilaalchisee kenne garaatti qabdi turte. Fakkeenyaaf, amantoonni durii jaarraa jalqabaa mana kiristaanaa keessa turan, ogummaa loltuu dabalatee hojiiwwan tokko tokko irratti akka hin hirmaanne kan dhorkame si'a ta'u, Kiristaanni tokko akka tasaatti loltuu yoo ta'e immoo akka hin ajjeesne dhorkamee ture.

Diina Kee Jaalladhu

Diduu irratti miidhaa geessisan keessaa tokko aggaammii ta'uu danda'a. Kunis diinummaa muuxannoon diduu fiduu danda'uun kan oofudha. Yesus garuu akkas jedhee barsiiseera:

- haaloo ba'uun kana booda fudhatama hin qabu—gochoonni hamaan deebi'anii gaariin wal qunnamuu qabu malee hamaa miti (Maatewos 5:38-42).

- namatti murteessuun dogoggora (Maatewos 7:1-5).

- diinonni jaallatamuu qabu malee jibbamuu hin qaban (Maatewos 5:44).

- warri garraamoon lafa ni dhaalu (Maatewos 5:5).

- warri nagaa buusan ijoollee Waaqayyoo ni jedhamu (Maatewos 5:9).

Barumsi kun jechoota duuka buutonni dhaggeeffatanii booda dagatan qofa miti. Duuka buutonni Yesus xalayaawwan isaanii, Kakuu Haaraa keessatti eegamanii jiran keessatti, seera bu'uuraa kun qormaata guddaa fi mormii guddaa keessatti illee akka isaan qajeelchan ifa godhaniiru:

> Hanga sa'aatii kanaatti beela'ee dheebonnee deemna, citaa keessa jirra, gara jabummaan nutti mul'ata, mana dhabnee ... Yeroo abaaramnu ni eebbifna; yeroo ari'atama nurra ga'u obsina; yommuu maqaa balleessinu gaarummaadhaan deebii kennina. (1 Qorontos 4:11-13; akkasumas 1 Phexros 3:10; Tiitoos 3:1-2; Roomaa 12:14-21 ilaali)

Ergamoonni amantootatti fakkeenya Yesus mataa isaa agarsiisaniiru (1 Phexros 2:21-25). Kun dhiibbaa guddaa waan qabuuf barreeffamoota waldaa durii keessatti caqasni "diinota keessan jaalladhaa" jedhu Maatewos 5:44 kutaa Macaafa Qulqulluu baay'inaan caqasame ta'eera.

Ari'atamaaf of Qopheessaa

Yesus duuka buutota isaa ari'atamni akka hin oolle barsiiseera: akka reebamanii, akka jibbaman, akka dabarsan, akka ajjeefaman (Maarqos 13:9-13; Luqaas 21:12-19; Maatewos 10:17-23).

Duuka buutonni isaa, ergaa isaa akkamitti akka warra kaanitti akka geessan yeroo isaan leenjisu, diduu akka isaan mudatu akeekkachiiseera. Fakkeenyaafi barsiisa Muhaammad kan Musliimonni gidiraa jeequmsaa fi qalma illee akka deebii kennan jajjabeessu irraa haalaan faallaa ta'een, Yesus duuka buutonni isaa salphaatti "yeroo deemtan biyyee miila keessan irraa raasaa" jedhee barsiiseera. Jecha biraatiin, wal-arguu isaanii irraa waan hamaa ykn xuraa'aa tokkollee osoo hin fudhatiin gara fuulduraatti tarkaanfachuu qofa qabu (Maarqos 6:11; Maatewos 10:14). Kun hadhaa'ummaan addaan ba'uu waan hin turreef, nagaan isaanii gara isaaniitti "deebi'a" ture (Maatewos 10:13-14).

Yesus ofii isaatii kana fakkeenya kan ta'e yommuu ganda Samaariyaa tokko isa simachuu dide. Duuka buutonni isaa akka isaan bilbilan barbaaddaa jedhanii isa gaafatan samii irraa ibidda Samaariyaa irratti gadi buuse, Yesus garuu duuka buutota isaa ceepha'ee akkasumaan itti fufe (Luq 9:54-56).

Yesuus duuka buutota isaa yeroo ari'ataman gara iddoo biraatti akka baqatan barsiiseera (Maatewos 10:23). Isaan yaadda'uu hin qaban, sababiin isaas Hafuurri Qulqulluun waan jedhan akka beekaniif isaan gargaara (Maatewos 10:19-20; Luq 12:11-12, 21:14-15), akkasumas sodaachuu hin qaban (Maatewos 10:26, 31 irratti kan argamu).

Barumsi Yesus adda ta'e tokko, duuka buutonni isaa yeroo ari'atamutti gammaduu akka qaban ture, sababiin isaas isaan raajota wajjin wal fakkeessuu waan ta'aniif:

> Yeroo namoonni si jibban, yeroo si ala godhanii si arrabsan maqaa kee hamaa jedhanii gad, sababa Ilma namaatiif eebbifamta. Samii irratti mindaan keessan guddaa waan ta'eef, guyyaa sanatti gammadaa gammachuudhaan utaalamaa. Abbootiin isaanii akkasitti raajota waan qabaniif. (Luqaas 6:22-23; Maatewos 5:11-12s ilaali)

Ergaan kun waldaa jalqabaatiin garaa guutuudhaan akka fudhatame ragaan baay'eedha, akka qaama of kennuu isaanii Kiristoosiif:

> ... waan sirrii ta'eef rakkachuu yoo qabaatte iyyuu eebbifamteetta. (1 Phexros 3:14; akkasumas 2 Qorontos 1:5; Filiphisiiyus 2:17-18; 1 Phexros 4:12-14)

Yesus duuka buutota isaas, ari'atamaa wajjin, kennaa jireenya bara baraa ni argatu jedhee abdachuudhaan jajjabeesse, garuu jireenya itti aanutti abdii kana argachuuf jireenya kana keessatti amanamoo ta'anii turuu qabu (Maarqos 10:29-30, 13: 13).

Araara

Hubannoo kiristaanaa keessatti rakkoon dhala namaa inni barbaachisaan cubbuu dha, innis dhala namaa Waaqayyoo fi waliirraa fageessa. Rakkoon cubbuu Zimmaa ajajamuu diduu qofa miti. Walitti dhufeenya Waaqayyoo wajjin qaban cabsuudha. Addaamiifi Hewaan yeroo Waaqayyoof ajajamuu didan isa irraa garagalan. Waaqayyoon amanamuu osoo hin taane bofa dhaggeeffachuu filataniiru. Waaqayyoon dugda garagalchanii, isa gananii, walitti dhufeenya isaa wajjinis ni didan. Kanarraa kan ka'e Waaqayyo isaan ganee fi fuula isaa jalaa isaan hambiseera. Abaarsa Kufaatii jalatti kufan.

Seenaa Israa'el keessatti Waaqayyo karaa Musee walitti dhufeenya sirrii Waaqayyoo fi dhala namaa gidduutti deebi'ee uumuuf kakuu kan kenne yoo ta'u, sabni isaa garuu abboommii didanii karaa mataa isaanii deeman. Abboomamuu diduu isaaniitiin hariiroo Waaqayyoo wajjin diduudhaan murtii jala galan. Waaqayyo garuu guutummaatti isaan hin ganne: deebisanii dhaabuuf karoora qaba ture. Fayyina isaanii fi fayyina biyya lafaatiif karoora qaba ture.

Namoonni Waaqayyoon kan ganan ta'us, inni dhumarratti isaan hin ganne. Garaan isaa namoota inni tolche hawwee, araara isaaniif karoora qaba ture. Foon uffachuu fi fannoon Iyyasuus Kiristoos raawwii karoora dhala namaa hundumaa Waaqayyoo wajjin walitti dhufeenya fayya qabeessa ta'een deebisuuf kan ta'eedha.

Fannoon Zimmaa gadi fagoo ilmaan namootaa Waaqayyoon diduu fi firdiin kun fidu mo'uuf furtuudha. Yesus diduudhaaf bitamuun isaa, karaa fannoo, diduu mataa isaa mo'uuf furtuu kenna. Humna diduu deebii inni onnee namoota bakka hundatti kakaasuuf amala qabu keessatti argama. Jibba warra isa haleelan xuuxuudhaan, cubbuu biyya lafaatiif lubbuu isaa aarsaa godhee kennuudhaan, Yesus humna diduu mataa isaa injifate, jaalalaan isa mo'e. Jaalalli

Yesus argisiise kun jaalala Waaqayyo biyya lafaa inni uume malee kan biraa miti:

Waaqayyo akkasitti biyya lafaa jaallate, ilma isaa tokkicha hamma kenne, namni isatti amanu hundinuu jireenya bara baraa akka qabaatuuf malee akka hin badneef. (Yohaannis 3:16)

Yesuus du'a fannoo irratti du'a isaa keessatti adabbii dhala namaa Waaqayyoon ganuu isaaf malu ofitti fudhate. Adabbiin kun du'a ture, namoonni isatti amanan hundinuu dhiifamaa fi jireenya bara baraa akka argataniif Kiristoos kan baate. Haala kanaan Yesus humna diduus mo'ate, adabbii isaa guutuudhaan.

Tawraatii keessatti cubbuu kan araarsu dhiiga horii aarsaa dhangalaasuun ture. Fakkeenyummaan kun Kiristaanonni hiika du'a Yesus fannoo irratti du'e hubachuuf hojiirra oolaniiru. Kun kan ibsame faarfannaa Isaayyaas waa'ee hojjetaa rakkataa:

... adabbiin nagaa nuuf bite isarra ture, madaa isaatiinis ni fayyine ... Ta'us isa caccabsee dhiphisuun fedha Gooftaa ture, Gooftaan jireenya isaa cubbuudhaaf aarsaa yoo godhe iyyuu kan isaa ni arga sanyii godhatee umrii isaa dheeressa

... lubbuu isaa hanga du'aatti dhangalaase, warra irra daddarban waliinis lakkaa'ame. Inni cubbuu namoota baay'ee baatee, warra irra daddarbaniif ni kadhateera. (Isaayyaas 53:5,10,12)

Phaawulos ergaa isaa warra Roomaaf barreesse keessaa kutaa humna guddaa qabu keessatti aarsaan Kiristoos faallaa isaa, araara nuuf kennuudhaan akkamitti diduu akka xumura itti godhu ibseera:

Sababni isaas, yeroo diinota Waaqayyoo turretti, du'a ilma isaatiin isa waliin yoo araaramne, kana caalaa hammam jireenya isaatiin fayyina! Kana qofa osoo hin taane, karaa Gooftaa keenya Iyyasuus Kiristoos isa amma araara arganne Waaqayyootti gammadna. (Roomaa 5:10-11)

Araarri kun mirga balaaleffannaa qaama sadaffaatiin ka'uu danda'u hundumaas ni mo'a, isaanis dhala namaa, ergamoota yookaan jinniiwwan dabalatee (Roomaa 8:38):

Warra Waaqayyo filate irratti eenyutu himannaa tokko ni fida? Waaqayyotu qajeelaa ... [Homtuu] jaalala Waaqayyoo isa

Kiristoos Yesus Gooftaa keenya keessa jiru irraa adda nu baasuu hin danda'u. (Roomaa 8:33, 39)

Kana qofa osoo hin taane, kiristaanonni tajaajila araaraa imaanaa itti kennamee jira, araara namoota birootti babal'isuudhaan akkasumas ergaa fannoo fi humna inni diduu balleessuuf qabu labsuun:

Kun hundinuu Waaqayyo isa karaa Kiristoos ofitti nu araarsee tajaajila araaraa nuuf kenne irraati; Waaqayyo cubbuu namootaa isaanitti lakkaa'uu dhiisee Kiristoosiin biyya lafaa ofitti araarsaa akka ture. Ergaa araaraas nuuf dabarsee jira. Kanaaf nuti akka waan Waaqayyo karaa keenya iyyannoo isaa dhiyeessutti ergamtoota Kiristoos ti. (2 Qorontos 5:18-20)

Du'aa ka'uu

Mata dureewwan itti fufiinsa qaban 'mul'ata' Muhaammad fi ibsa isaa hedduu keessaa tokko fedhii sirrii ta'uu ykn of mirkaneessuu ture. Kanas ofii isaatiif galmaan kan gahe diinonni isaa dirqisiisuudhaan amantii isaatiif akka bitaman gochuudhaan, akka isaan qajeelfamaa fi aangoo isaa jala of kaa'an, yookaan immoo dhimmitiu akka fudhatan dirqisiisuudhaan. Filannoon isaanii inni sadaffaan du'a ture.

Hubannoo kiristaanaa ergama Kiristoos keessatti, qajeelummaan ni jira, garuu Kiristoos ofii isaatiif hin galma. Gaheen Masiihiin rakkate of gad of deebisuu, diduu hammachuu ture. Du'aa ka'uu fi ol ba'uu Kiristoos isa du'aa fi humni isaa hundinuu ittiin mo'ame;

... awwaalatti hin gatamne, qaamni isaas manca'uu hin argine. Waaqayyo Yesus kana jireenyatti kaase, nuti hundi keenya dhugaa kana dhugaa ba'aa dha. Gara mirga Waaqayyootti ol ka'ee, Hafuura Qulqulluu abdachiifame Abbaa irraa fudhatee waan amma argituu fi dhageessan dhangalaasee jira ... Waaqayyo Yesus kana ... Gooftaa fi Kiristoos godheera. (Hojii Ergamootaa 2:31-36)

Ergaa Phaawulos warra Filiphisiyusiif barreesse keessaa kutaan beekamaan tokko, Yesus fedhiidhaan ga'ee garbichaa akkamitti akka 'gad of deebisee' ibsa. Abboomamuun isaa hanga du'aatti illee kan babal'ate ture. Waaqayyo garuu sadarkaa hafuuraa aangoo ol

159

aanaa ta'etti ol isa godheera. Injifannoon kun kan dhufe carraaqqii Kiristoos ofii isaatiin osoo hin taane Waaqayyo aarsaa ol aanaa Kiristoos fannoo irratti mirkaneessuu isaati:

> ... yaada Kiristoos Yesus wajjin wal fakkaatu qabu: inni uumama isaatiin Waaqayyoo ta'uu isaatiin Waaqayyoo wajjin walqixxummaa akka waan faayidaa ofii isaatiif itti fayyadamuuf hin ilaalle; kanaa mannaa, uumama hojjetaa fudhachuudhaan, fakkeenya namaatiin uumamuudhaan homaa of hin goone.

> Akkasumas bifaan akka namaatti waan argameef, hamma du'aatti abboomamaa ta'uudhaan of gad of deebiseera—fannoo irratti du'a illee!

> Kanaaf Waaqayyo iddoo ol aanaatti ol isa ol kaase, maqaa Yesusiin jilbi hundinuu akka jilbeenfatuuf maqaa hundumaa caalu isaaf kenne ... (Filiphisiiyus 2:4-10)

Duuka Bu'ummaa Fannoo

Kiristaanotaaf Kiristoosiin duukaa bu'uun du'aa fi du'aa ka'uu isaa wajjin adda ba'uu jechuudha. Yesus ta'e duuka buutonni isaa irra deddeebi'anii Kiristoosiin "du'uu" jechuunis, akkaataa jireenyaa durii du'aaf kaa'uu—fi deebi'anii dhalachuu, jireenya haaraatti akka karaa jaalalaa fi araaraa Kiristoositti ka'uu malee jiraachuu osoo hin taane eeru Waaqayyoof malee ofii keenyaaf. Kiristaanonni muuxannoo gidiraa akka mala gidiraa Kiristoos keessaa qooda fudhatanitti ilaalu. Kunis hiika qorumsa isaan keessa darban akka karaa jireenya bara baraatti ittiin darbu, akkasumas mallattoo mo'amuu osoo hin taane, injifannoo gara fuula duraatti ibsa. Amantoota amanamoo kan mirkaneessu Waaqayyodha malee humnoota gara jabeeyyii biyya lafaa kanaa miti:

> Namni duuka bu'aa koo ta'uu barbaadu of ganee fannoo isaa fudhatee na duukaa bu'uu qaba. Namni lubbuu isaa fayyisuu barbaadu ni dhaba, namni anaaf, wangeelaaf lubbuu isaa dhabe garuu ni fayyisa. (Maarqos 8:34-35; akkasumas 1 Yohaannis 3:14, 16; 2 Qorontos 5:14-15; Ibroota 12:1-2)

Muhaammad Nama Fannoo Jibbu

Hunda baranne, akkasumas addunyaa hafuuraa keessa akka jiraannu beekuun, Muhaammad fannoo akka jibbu baruun nu ajaa'ibuu hin qabu. Hadiisni tokko yoom iyyuu Muhaammad mana isaa keessatti meeshaa mallattoo fannoo irratti barreeffame yoo argate akka balleessu gabaaseera.[11]

Akkuma Barumsa 3ffaa irratti arginee jibbiinsi Muhaammad fannoo irratti qabu, Isaa, Iyyesuus Islaamaa, Kiristaanummaa lafa irraa dhabamsiisuuf, nabiyyii Islaamaa fannoo balleessu ta'ee gara lafaatti akka deebi'u barsiisuutti illee babal'ate.

Har'a Diinummaa Muhaammad fannoof qabu Muslimoota hedduu biratti qooddata. Kutaalee addunyaa hedduu keessatti har'a fannoon kiristaanaa Muslimoota biratti jibbamaa, dhorkamee fi barbadaa'eera.

Kunis, Archbishop Kaantarbarii Joorji Keeriin bara 1995 xiyyaarri isaa Sa'udii Arabiyaa keessatti humnaan dhaabbachuu yeroo qabutti fannoo isaa morma isaa irraa buqqisuuf walii galuu illee dirqisiise. Taatee kana Deeviid Iskiidmoor Tajaajila Oduu Ipiskoopaal irratti akkas jechuun ibseera:

> Balaliin Kaariin Kaayiroo keessaa bahee gara Sudaanitti imalu Sa'udii Arabiyaa keessatti dhaabbachuu giddu galeessaa gochuuf dirqame. Magaalaa qarqara galaanaa Galaana Diimaa Jiddaa, Sa'udii Arabiyaatti yeroo dhiyaatu, Kaariin koolaa barreessaa fi fannoo garaa isaa dabalatee asxaa amantii hunda akka buqqisu itti himame.

Ta'us fannoon Muslimoota biratti fudhatama dhabus, kiristaanotaaf bilisummaa keenyaaf dhaabata.

☙

Kutaalee kanneen keessatti kadhannaa waadaa Yesuus Kiristoosiin duukaa bu'uu, dhugaa ba'umsa bilisummaa tokko tokko, akkasumas kadhannaa humna Islaamaa fi kakuu shahaadaa jalaa bilisa ta'uu ilaalla. Kadhannaan kun addatti namoota Islaamummaa dhiisanii Yesuus nama Naazireet hordofuuf filataniif, akkasumas

---

[11] W. Muir, *The Life of Muhammad*, vol. 3, p. 61, note 47.

namoota duraan Yesus hordofuu filatanii fi seera bu'uuraa fi humna Islaamaa hunda irraa bilisummaa isaanii himachuu barbaadaniif kan yaadamedha.

Yesusiin Duukaa Bu'aa

Kadhannaa kana sagalee kee ol kaastee dubbisuudhaan Kiristoosiin duukaa bu'uuf waadaa galte akka mirkaneessitu affeerramta. Dubbisuu kee dura kana sirriitti irra deebi'ii ilaali, kanaaf wanta dubbattu mirkaneeffachuu dandeessa.

Kadhannaa kana yeroo ilaaltan wantoota armaan gadii akka of keessatti hammate hubadhaa:

1. Waadaa galuu lama:
   - Ani cubbamaa waanan ta'eef of fayyisuu hin danda'u.
   - cubbuu kootiif akka du'uuf ilma isaa Yesusiin kan erge Waaqayyo tokkicha uumaa.

2. Badii koo irraa fi waan hamaa hundumaa irraa garagaluu (towbachuu).

3. Dhiifama, bilisummaa, jireenya bara baraa fi Hafuura Qulqulluu gaafachuu.

4. Amanamummaa Kiristoosiin akka Gooftaa jireenya kootti dabarsuu.

5. Kiristoosiif akkan bitamuufi akkan tajaajiluuf waadaa fi qulqullummaa jireenya koo.

6. Kiristoos keessatti eenyummaa koo labsuu.

Labsii fi Kadhannaa Waadaa Yesus Kiristoosiin Duukaa Bu'uu

Waaqa tokkicha, uumaa, Abbaa ol'aanatti nan amana.

'waaqolii' biro hunda nan gana.

Waaqayyoo fi namoota irratti cubbuu raawwachuu koo nan amana. Kana gochuudhanis Waaqayyof ajajamuu diduudhan Isaa fi seerota Isaa irratti fincileen jira.

162

Cubbuu kiyya irraa of oolchuu hin danda'u.

Yesus inni Kiristoos, Ilma Waaqayyoo ta'uu Isaa nan amana. Iddoo kiyya fannoo irratti du'uudhan adabbii cubbuu kiyyaa akka naaf fudhate nan amana. Anaaf du'aa ka'ee jira.

Cubbuu kiyya irraa nan deebi'a.

Kennaan dhiifamaa Kiristoosin fannoo gubbaatti argame akka naaf ta'u nan gaafadha.

Amma kennaa dhiifamaa kana nan fudhadha.

Waaqayyo akka Abbaa kiyaatti fudhachuudhan kan Isaa ta'uudhaf nan fedha.

Kennaa jireenya bara baraa nan fedha.

Mirga jireenya kiyyaa hunda Isaaf kunnuun har'a irraa jalqabee akka Gooftaa jireenya kiyyaatti akka na bulchu Isa nan affeera.

Waadaa hafuurotaa isaan biro hunda nan gana. Keessumattuu shahaadaa fi wanta narraa eegu hunda nan gana.

Seexanaa fi badii hunda nan gana. Walii galtee qulqulluu hin taane hafuurota hamoo fi humnoota hamoo waliin taasise hunda nan gana.

Aboo qulqulluu hin taane kan narratti shaakalan waliin walitti dhufeenyan qabu hunda nan gana.

Abbootin kiyya iddoo koo bu'uudhan waadaa qulqulluu hin taane kan seenan kan jireenya koo irratti dhiibbaa fidan hunda nan gana.

Humnoota xiinsammuu yookin kan hafuuraa karaa Kiristoosin Waaqayyo biraa hin dhufne hunda nan gana.

Kennaa abdii Hafuura Qulqulluu nan gaafadha.

Yaa Waaqayyo Abbaa, ulfina si qofaaf fiduu akkan danda'uu maaloo bilisa nabaasi akkasumas na jijjiiri.

Si'i kabajuu akkan danda'uu fi namoota biro jaalachuu akkan danda'u firii Hafuura Qulqullu ana keessatti guuti.

Waaqayyoof karaa Yesus Kiristoosin of foo'uu koo namoota fi hafuurota aboo qaban hunda fuulduratti nan labsa.

163

Lammii samii ta'uu koo nan labsa. Waaqayyo tiksee kooti. Gargaarsa Hafuura Qulqulluutin Yesus Kiristoosif bitamuuf akkasumas Isa qofa akka Gooftaa kootitti hordofuuf murteessen jira.

Ameen.

Dhuga-Ba'umsa Bilisummaa

Namoota kadhannaa barnoota kana keessatti fayyadamanii bilisa bahan dhugaa ba'umsa muraasni kunooti.

Koorsii Duuka Bu'ummaa

Tajaajilli Ameerikaa Kaabaa tokko namoota seenaa Musliimaa ta'anii fi Kiristoosiin akka Gooftaa fi Fayyisaa isaaniitti fudhataniif leenjii cimaa yeroo hunda gaggeessaa ture. Qindeessitootni koorsii hirmaattonni rakkoolee duuka bu'ummaa itti fufiinsa qaban hedduu akka isaan mudate argataniiru. Kadhannaa kitaaba kana keessatti shahaada ganuuf godhame hubatanii hirmaattonni koorsii hundi salaata kana fayyadamuun waliin Islaamummaa akka dhiisan affeeruuf murteessan. Deebiin hirmaattonni kennanis kan boqonnaa fi gammachuu guddaa ture. Isaanis, "Maaliif namni Islaamummaa ganuun akka nu barbaachisu hin ibsine? Silaa yeroo dheeraa dura kana gochuu qabna turre!" Sana booda Islaamummaa dhiisuun leenjii isaanii keessatti qaama barbaachisaa ta'e.

Kiristaanota Baha Giddu Galeessaa Kanneen Shahaadaa Ganan

Musliimota Baha Giddu Galeessaa keessatti erga shahaada dhiisanii booda ragaaleen lama kunooti:

Dhuguma bilisa ta'ee natti dhaga'ama, akka waan harqoon morma kootti hidhamee ture laaffisee fi cabeetti. Kadhannaan kun ajaa'iba caalaa. Akka bineensa godoo keessa jiruu fi bilisa baheetti natti dhagahama. Bilisummaan natti dhagahama.

Kana baay'ee na barbaachisa turee fi akka waan sammuu koo keessatti waan ta'aa jiru beektutti natti dhaga'ame ... yeroon kadhannaa sana irra deddeebi'ee dubbadhu jajjabina ajaa'ibaa jecha bira darbee natti dhaga'ame; akka waan ba'aan guddaan na irraa ka'ee guutummaatti bilisa ba'eetti. Miira bilisa nama baasu akkamii!

164

Dhugaa Wal Qunnamuu

Shahaada (ykn Zimmaa) dhiisuuf of qopheessuuf tarkaanfiin jalqabaa keeyyata macaafa qulqulluu tokko tokko ilaaluudha. Kana kan goonu dhugaa barbaachisaa ta'e tokko mirkaneessuuf, innis kadhannaa keenyaaf bu'uura ta'a. Kunis 'wal-qunnamtii dhugaa' jedhamuu danda'a.

Keeyyattoonni Wangeela 1 Yohaannisii fi Yohaannis irraa argaman kun dhugaa macaafa qulqulluu akkamii akka amanamuu fi kadhannuu nu barsiisu?

> Kanaaf jaalala Waaqayyo nuuf qabu ni beekna, itti hirkanna. Waaqayyo jaalala. Namni jaalalaan jiraatu Waaqayyo keessa jiraata, Waaqayyo immoo isa keessa jiraata. (1 Yohaannis 4:16)

> [Yesus akkas jedhe:] Waaqayyo akkasitti biyya lafaa jaallate, ilma isaa tokkicha hamma kenneetti, namni isatti amanu hundinuu jireenya bara baraa akka qabaatuuf malee akka hin badneef. (Yohaannis 3:16)

Jaalalli Waaqayyoo diduu akka mo'u nu barsiisu.

Keeyyattoonni lamaan kun dhugaa waaqaa akkamii akka hammannee kadhannu nu barsiisu?

> Waaqayyo hafuura humnaa, jaalalaa fi of to'achuu malee hafuura sodaa nuuf kenne. (2 Ximotewos 1:7)

> Hafuurri isin fudhattan garboota isin hin godhu, sodaa keessa deebitanii akka jiraattaniif; kanaa mannaa, Hafuurri ati argatte gara ilmaatti akka guddifattu si fide. Isaan immoo "Abbaa Abbaa" jennee iyyina. Hafuurri mataan isaa nuti ijoollee Waaqayyoo ta'uu keenya hafuura keenyaan dhugaa ba'a. Amma ijoollee yoo taane, dhaaltota dha-dhaaltota Waaqayyoo fi Kiristoosiin waliin dhaaltota, yoo dhuguma ulfina isaa irraa qooda fudhachuuf gidiraa isaa irraa qooda fudhanne. (Roomaa 8:15-17)

Dhaalli keenya sodaachisuu akka hin taane: Waaqayyo keessa akka jiru nu barsiisu.

Keeyyattoonni lamaan kun dhugaa akkamii akka amannu fi kadhannu nun barsiisu?

[Yesus akkas jedhe:] Yeroo sanatti dhugaa ni beektu, dhugaanis bilisa isin baasa. (Yohaannis 8:32)

Bilisummaaf Kiristoos bilisa nu baase. Egaa jabaadhaa dhaabadhaa, ammas harqoota garbummaatiin akka isinitti hin ba'amne. (Galaatiyaa 5:1)

Bilisummaan jiraachuuf akka waamamne nu barsiisu.

Keeyyattoonni lamaan kun dhugaa akkamii akka amanamuu fi kadhannu nu barsiisu? Qaamni keessan mana qulqullummaa Qulqullootaa akka ta'e hin beektanii?

Hafuura, eenyutu si keessa jira, isa Waaqayyo biraa fudhatte? Ati kan kee miti; gatiin bitamte. Kanaaf qaama keessaniin Waaqayyoon kabajaa. (1 Qorontos 6:19-20)

Dhiiga hoolichaatiin isa injifatan ... (Mul'ata 12:11)

Qaamni keenya kan Waaqayyoo malee kan cunqursaa akka hin taane nu barsiisu: gatiin dhiiga keenyaa duruu kaffalamee jira.

Keeyyatni kun dhugaa macaafa qulqulluu akkamii akka himachuu fi kadhannu nu barsiisa?

... Yihudiis ta'e Giriikii, garbichi, bilisa ta'e, dhiiraa fi dubartiin hin jiru, hundi keessan Kiristoos Yesuus keessatti tokko waan taateef. (Galaatiyaa 3:28)

Dhiiraa fi dubartiin Waaqayyoo duratti wal qixa, gareen tokko garee biraa akka hin caalle nu barsiisa.

Kutaaleen sadan kun dhugaa waaqummaa akkamii akka amannu fi kadhannu nu barsiisu?

Garuu galatni Waaqayyoof haa ta'u, inni yeroo hundumaa akka booji'amtoota jila injifannoo Kiristoos keessatti nu geggeessee fi urgooftuu beekumsa isaa bakka hundumaatti babal'isuuf nutti fayyadamu. Nuyi warra fayyanii fi warra badaniif urgooftuu Kiristoos Waaqayyoof gammachiisu waan taaneef. (2 Qorontos 2:14-15) ulfina ati naaf kennite sana isaaniif kenneera, isaanis akkuma nuti tokko ta'aniif, ani isaan keessa, ati immoo ana keessa—akka isaan tokkummaa guutuutti fidaniif. Sana booda addunyaan ni beekti ati na ergitee akkuma na jaallatte isaan jaallatte. (Yohaannis 17:22-23)

[Yesus akkas jedhe:] Namni duuka bu'aa koo ta'uu barbaadu of ganee guyyaa guyyaan fannoo isaa fudhatee na duukaa bu'uu qaba. (Luqaas 9:23)

Amalli adda ta'e keenya salphina ykn gad-aantummaa osoo hin taane, injifannoo Kiristoos, jaalala Kiristoos keessatti tokkummaa fi fannoo akka ta'e nu barsiisu.

Caqastoonni kun dhugaa macaafa qulqulluu akkamii akka hammachuu fi kadhannu nu barsiisu?

[Yesus akkas jedhe:] Yoon deeme malee, Abukaatoon gara keessan hin dhufu; yoon deeme garuu gara keessaniitti isa nan erga. Yommuu dhufu, waa'ee cubbuu fi qajeelummaa fi firdii addunyaan dogoggora keessa akka jiru ni mirkaneessa ... (Yohaannis 16:7-8)

[Yesus akkas jedhe:] Inni hafuurri dhugaa yommuu dhufu garuu gara dhugaa hundumaatti isin qajeelcha. (Yohaannis 16:13)

Humna hafuura qulqulluu dhugaa mul'isuuf akka qabnu nu barsiisu.

Keeyyatni kun dhugaa akkamii akka amannu fi kadhannu nu barsiisa?

... ija keenya Yesus isa qajeelchaa fi amantii guutuu ta'e irratti kaa'uudhaan. Gammachuu isa dura kaa'ameef, salphina isaa tuffatee fannoo obsee, teessoo Waaqayyoo mirgaa taa'e. (Ibroota 12:2)

Salphina mo'uu keessatti Kiristoosiin duukaa bu'uuf aangoo akka qabnu nu barsiisa.

Keeyyatni kun dhugaa waaqaa akkamii akka amanamuu fi kadhannu nu barsiisa?

Of eeggannoo qofa godhaa, hamma lubbuun jirtan wantoota iji keessan argite akka hin daganne ykn garaa keessan keessaa akka hin hafneef sirriitti of ilaalaa. Ijoollee keessanii fi ijoollee isaanii booda isaanii barsiisaa. (Keessa Deebii 4:9)

Waa'ee Zimmaa hafuuraa ofii keenyaa fi ijoollee keenya barsiisuuf mirgaa fi itti gaafatamummaa akka qabnu nu barsiisa.

Caqastoonni kun dhugaa macaafa qulqulluu akkamii akka hammachuu fi kadhannu nu barsiisu?

Arrabni humna jireenyaa fi du'aa qaba, warri isa jaallatan immoo firii isaa ni nyaatu. (Fakkeenya 18:21)

Amma yaa Gooftaa, doorsisa isaanii ilaalaa, tajaajiltoonni kee ija jabina guddaadhaan jecha kee akka dubbatan dandeessisi. (Hojii Ergamootaa 4:29)

Jaalalli badiitti hin gammadu dhugaatti gammada malee. (1 Qorontos 13:6)

Namni Yesus Ilma Waaqayyoo ta'uu isaa yoo beeku yoo jiraate Waaqayyo isaan keessa jiraata isaanis Waaqayyo keessa jiraata. (1 Yohaannis 4:15)

Kanaaf ofitti amanamummaa kee hin gatatin; badhaasa guddaa ni argata. (Ibroota 10:35)

Jaalalaan, ija jabinaan dhugaa dubbachuuf Kiristoos keessatti aangoo akka qabnu nu barsiisu.

Keeyyattoonni kun dhugaa macaafa qulqulluu akkamii akka amannu fi kadhannu nu barsiisu?

... Dhugaa ba'umsi Waaqayyoo kan caalu dhugaa ba'umsa Waaqayyoo waan ta'eef, isa inni waa'ee Ilma isaa kenne. (1 Yohaannis 5:9)

Isaan injifatan ... jecha dhugaa ba'umsa isaaniitiin. (Mul'ata 12:11)

Dubbii dhugaa irratti amantaa guutuu qabaachuu akka dandeenyu nu barsiisu.

Keeyyattoonni kun dhugaa waaqummaa akkamii akka himachuu fi kadhannu nu barsiisu?

Dhumarratti Gooftaa fi humna isaa isa guddaatti jabaadhu. Meeshaa waraanaa Waaqayyoo guutuu uffadhu, akka ati mala seexanaa dura dhaabbattuuf. (Efesoon 6:10-11)

Sababni isaas, nuti biyya lafaa keessa jiraannus akka biyya lafaa lola hin banu. Meeshaan waraanaa nuti ittiin lollu meeshaa addunyaa miti. Faallaa kanaatiin, humna waaqummaa kan qaban ciccimoo diiguuf. Falmii fi fakkeessuu hundumaa kan beekumsa Waaqayyoo irratti of dhaabu ni diigna, yaada hundumaas booji'uun Kiristoosiif akka bitamu goona. (2 Qorontos 10:3-5)

Nuti ittisa kan hin qabne ykn meeshaa waraanaa kan hin qabne osoo hin taane, hafuuraan Kiristoosiin hidhannee akka jirru nu barsiisu.

Keeyyatni kun maal akka amanamuu fi kadhannaa nu barsiisa?

Obboloota koo, yeroo qormaanni gosa hedduu isin mudatu hundumaatti gammachuu qulqulluu akka ta'etti ilaalaa ... (Yaaqoob 1:2; Filiphisiiyus 1:29 ilaali)

Maqaa Kiristoosiin rakkachuun gammachuu akka ta'etti ilaaluu akka qabnu nu barsiisa.

Caqastoonni kun dhugaa macaafa qulqulluu akkamii akka hammachuu fi kadhannu nu barsiisu?

[Yesus akkas jedhe:] ... amma bulchaan biyya lafaa kanaa ni ari'ama, ani garuu yeroon lafa irraa ol ka'u namoota hundumaa gara kootti nan harkisa. (Yohaannis 12:31-32)

Fannoon humna seexanaa balleessee gara bilisummaa Kiristoositti akka nu harkisu nu barsiisu.

Keeyyattoonni kun dhugaa macaafa qulqulluu akkamii akka himachuu fi kadhannu nu barsiisu?

Yeroo ati cubbuu keetiin fi dhaqna qabamuu dhabuu foon keetiin du'aa turtetti Waaqayyo Kiristoosiin si jiraachise. Himata liqii seeraa keenyaa isa nu dura dhaabbatee nu balaaleffate haqee cubbuu keenya hundumaa nuuf dhiise; fannoo irratti mismaaraan dha'ee fudhatee jira. Aangoo fi aangawoota hidhannoo hiikkachiisee, fannoodhaan isaan injifate, ummataaf daawwannaa isaan godhe. (Qolosaayis 2:13-15)

Fannoon kakuu Waaqayyoon hin sodaanne haqee humna isaanii hunda akka balleessu nu barsiisu.

Kadhachuu keenya dura kadhannaa fi labsiin keenya humna guddaa fi bu'a qabeessa ta'uu isaa hubachuu qabna. Gara bilisummaa guutuutti si galchuun fedha isaa akka ta'e Waaqayyoo wajjin walii galuu filadhu. Kiristoos si fudhate, kiyyoo isa hamaa hundumaa irraas bilisa si baasuu akka barbaadu dhugaa fudhachuuf hafuura keetiin walii galuu. Soba kakuu Islaamaa fuulduratti ba'uu fi diduudhaaf murteessuu.

Kuni kadhannaa shahaada ganuudha. Dhaabbatee dubbisuun gaariidha.

Labsii fi Kadhannaa Shahadaa Ganuufi Aangoo Isaa Cabsuu

Bittaa sobaa Muhaammad barsiise fi fakkeenyummaadhan mul'ise nan gana.

Amantaan Muhaammad ergamaa Waaqayyooti jedhu soba ta'uu rageessee nan gana.

Qur'aanni sagalee Waaqayyooti isa jedhu nan gana.

Shahaadaa fi dubbii isaa hunda nan gana.

Al-faatihaa dubbachuu nan gana. Jecha isaa isa Yihuudonni abaarsa Rabbii jala jiran jedhuu fi Kiristiyaanonni dogongoraniiru jedhu nan gana.

Yihuudota jibbuu nan gana. Macaafa Qulqulluu faalanii jiru jecha jedhu nan gana.

Rabbi Yihuudota gatee jira jechi jedhu soba ta'uu isaa labsuun nan gana.

Qur'aana qara'uu fi aangoo inni jireenya kiyya irratti qabu nan gana.

Waaqeffannaawwan sobaa fakkeenyummaa Muhaammad irratti hundaa'an hunda nan gana.

Barsiisawwan sobaa Muhaammad fide hunda, akkasumas Allaahn Qur'aana keessatti Waaqa dhugaati isa jedhu nan gana.

Yeroon dhaladhetti Islaamummaadhaa kennamuu koo akkasumas abbootin koo kennamuu isaanii nan gana.

Keessumattuu fakkeenyummaa Muhaammad nan gana. Gooli galtummaa, sossodaachisuu, jibba, hafuura mufannaa, gowwoomsaa, ol'aantummaa, gudeeddii, dubartoota miidhuu, hattoomaa fi cubbuuwwan Muhaammad hojjete hunda nan gana.

170

Salphina nan gana, hin fudhadhu. Kiristoos Yesus irraa kan ka'e firdiin akka narra hin jirree fi Dhiigni Yesus cubbuu hundarraa akka na qulqulleesse nan amana.

Soda Islaamummaan natti fide hunda nan gana. Sababa Islaamummaatin soda keessa galuu kootif Waaqayyo dhiifama nan gaafadha. Karaa hundaan Waaqayyo Abbaa Gooftaa koo Yesus Kiristoos nan abdadha.

Muhaammad akka ergamaa rabbiititti sababan hordofe irraa kan ka'een hojiiwwan qulqulluu hin taane kanan hojjedhe hundaaf Waaqayyo dhiifama nan gaafadha.

Dubbii sobaa fi gantummaa isa Yesus yemmuu deebi'ee dhufu namoonni shari'aa Muhaammad akka hordofan ni dirqisiisa jedhu hin fudhadhu, nan gana.

Kiristoosi fi Isa qofa hordofuuf filadheen jira.

Kiristoos Ilma Waaqayyoo ta'uu Isaa, cubbuu kootif fannoo irratti du'uu Isaa akkasumas fayyina kootif du'aa ka'uu Isaa nan rageessa. Waa'ee fannoo Kiristoosif Waaqayyo nan galateeffadha. Fannoo kootis baattadhee Isa nan hordofa.

Kiristoos Gooftaa hundaa ta'uu Isaa nan rageessa. Samii fi ardii irratti ni moo'a. innii Gooftaa jiraanya kiyaati. Warra jiranii fi warra du'an irratti faraduuf akka dhufu nan rageessa. Maqaan biraa kan na fayyisu samii fi ardii irra akka hin jirre nan rageessa.

Waaqayyo Abbaan koo onnee haarawa, onnee Kiristoos akka naaf kennu nan gaafadha. Wantan ani dubbadhuu fi hojjedhu hundaan akka na gaggeessu nan gaafadha.

Waaqeffannaalee sobaa hunda ganuudhan qaama koo waaqeffannaa dhugaa Waaqa jiraataa Abbaa, Ilmaa fi Hafuura Qulqulluutif nan kenna.

Ameen.

Qajeelfama Qo'annoo

Barnoota 5ffaa

Barumsi barnoota kana keessatti kennamu Yesusii fi Macaafa Qulqulluu irratti waan xiyyeeffateef, wabiiwwan qur'aanaa, jechoota haaraa, maqaan haaraan hin jiru.

Caqasoonni Macaafa Qulqulluu gaaffilee itti aanan keessatti hammatamaniiru.

Gaaffiiwwan Barnoota 5

- Qorannoon haalaa irratti mari'achuu.

Jalqaba Cimaa

1. Jireenyi Iyyesuusii fi Muhaammad maal fakkeessa?

2. Jalqabbii jireenya Yesus irratti rakkina kan fide waantonni 4 maali?

   1) .

   2) .

   3) .

   4) .

Yesuus Gaaffii Keessa Galeera

3. Fariisonni gaaffii akkamiitiin Kiristoositti duulani?

- Maarqos 3:2, fi kkf gaaffilee waa'ee ...
- Maarqos 11:28, fi kkf gaaffilee waa'ee ...
- Maarqos 10:2, fi kkf gaaffilee waa'ee ...
- Maarqos 12:15, fi kkf gaaffilee waa'ee ...
- Maatewos 22:36, gaaffiiwwan waa'ee ...
- Maatewos 22:42, gaaffilee waa'ee ...
- Yohaannis 8:19, gaaffilee waa'ee ...
- Maatewos 22:23-28, fi kkf gaaffilee waa'ee ...
- Maarqos 8:11, fi kkf gaaffilee waa'ee ...
- Maarqos 3:22, fi kkf gaaffilee waa'ee ...
- Maatewos 12:2, fi kkf gaaffilee waa'ee ...
- Yohaannis 8:13, gaaffilee waa'ee ...

Warri Didan

4. Yesus gantummaa akkamiitu isa mudate?

- Maatewos 2:16 ...
- Maarqos 6:3 fi kkf ...
- Maarqos 3:21 ...
- Yohaannis 6:66 ...
- Yohaannis 10:31 ...
- Yohaannis 11:50 ...
- Maarqos 14:43-45 fi kkf ...
- Maarqos 14:66-72 fi kkf ...

- Maarqos 15:12-15 fi kkf ...

- Maarqos 14:65 fi kkf ...

- Maarqos 15:16-20 fi kkf ...

- Maarqos 14:53-65 fi kkf ...

- Keessa Deebii 21:23 ...

- Maarqos 15:21-32 fi kkf ...

Deebii Yesus Fudhatama Dhabuuf Kenne

5. Durie wantoota ja'a Yesus fudhatama dhabuudhaaf deebii akkamii akka kenne kan nama dinqisiisan akkamii hubata? (Maatewos 27:14; Isaayaas 53:7; Maatewos 21:24; Maatewos 22:15-20; Maatewos 12:19-20; Isaayaas 42:1-4; Luqaas 4:30 irratti hundaa'a.)

1) .

2) .

3) .

4) .

5) .

6) .

6. Yesus yeroo fudhatama dhabuun qorameef deebii adda ta'e kan kenne akkamitti? (Ibroota 4:15 irratti kan hundaa'e.)

7. Yesus namoota isa irratti dhufan irratti duuluu ykn balleessuun akka barbaachisu kan itti hin dhaga'amne maaliifi?

Fudhatama Dhabuu Simachuu

8. Karoora Waaqayyootiin, waamicha Yesus Masiihii Waaqayyoo ta'uu isaa keessatti kutaa barbaachisaa ta'e maali ture? (Maarqos 12:10 fi kkf fi Isaayaas 52:3-5 irratti hundaa'a.)

9. Karoora Waaqayyoo keessatti kutaan giddu galeessaa maali ture? (Maarqos 8:31-32 fi kkf irratti hundaa'ee)

Jeequmsa Diduu

10. Akka Maatewos 26:52 fi Yohaannis 18:36tti Yesus maal dide?

11. Durie "billaa fiduu" Maatewos 10:34 irraa akkamitti hubata?

12. Yesus waa'ee Masiihichaa ilaalcha akkamii, duuka buutota isaa tokko tokko mufachiise? (Maatewos 22:21; Luqaas 17:21; Maatewos 20:16; Maarqos 10:43; Maatewos 20:26-27 irratti hundaa'a)

13. Waldaan durii barsiisa kana loltoota kiristaana ta'an irratti akkamitti hojiirra oolchite?

Diina kee jaalladhu

14. Yesus akkamitti namoota kaan akka qaban maal barsiise?

1) Maatewos 5:38-42, waa'ee hammeenyaaf haaloo ba'uu ...

2) Maatewos 7:1-5, murtii kennuu ilaalchisee ...

3) Maatewos 5:44, waa'ee diinotaa ...

4) Maatewos 5:5, garraamummaa ilaalchisee ...

5) Maatewos 5:9, waa'ee namoota nagaa buusan ...

6) 1 Qorontos 4:11ff, fi kkf ari'atama ilaalchisee ...

7) 1 Phexros 2:21-25, fakkeenya keenya ilaalchisee ...

Ari'atamaaf of Qopheessaa

15. Yesus wanta hin oolle ilaalchisee duuka buutotasaa maal barsiise? (Maarqos 13:9-13 fi kkf irratti hundaa'uun)

16. Muhaammad hordoftoonni isaa gidiraa jeequmsaan akka deebisan utuu barsiisu, Yesus hordoftoota isaa akkamitti qajeelfama kenne? (Maarqos 6:11; Maatewos 10:13-14 irratti hundaa'a.)

17. Yesus utuu hin hadhaa'in gara fuulduraatti tarkaanfachuun barbaachisaa ta'uusaa fakkeenya kan ta'e yoom? (Luqaas 9:54-56 irratti kan hundaa'e.)

18. Yesus duuka buutonnisaa yeroo ari'atamni cimaan isaan irra ga'u wantoota sadii akkamii akka godhan barsiise? (Maatewos 10:19-20 fi kkf irratti hundaa'uun)

   1) .

   2) .

   3) .

19. Barumsa adda ta'e afraffaan Yesus duuka buutota isaa ari'atamni isaan mudateef kenne maalidha? (Luqaas 6:22-23 fi kkf irratti hundaa'uun)

20. Dhugaan shanaffaan duuka buutota ari'atamaniif barsiifaman maali ture? (1 Phexros 3:14 fi kkf irratti hundaa'uun)

Araara

21. Durie cubbuun Addaamiifi Hewaan dhala namaatiif bu'aa sadii akka fide hubata. Maal turan?

22. Karoorri Waaqayyoo dhala namaa deebisuuf fi hariiroo Waaqayyoo fi namaa fayyisuuf qabu raawwiin isaa maali?

23. Fudhatama Dhabuu mo'uuf furtuu kan ta'u maalidha?

24. Yesus humna diduu kan mo'e akkamitti? (Yohaannis 3:16 irratti hundaa'a.)

25. Fakkeenyummaa kakuu moofaa isa kam fi duuti Yesus fannoo irratti du'e raajii kam duubatti akeeka?

26. Fudhatama Dhabuu xumura gochuu keessatti aarsaan Kiristoos maal nuuf kenne?

27. Akka Roomaa 8tti araarri kana caalaa maal mo'a?

28. Akka 2 Qorontos 5tti, humna diduu akka balleessinuuf Waaqayyo tajaajila akkamii nuuf kenne?

Du'aa ka'uu

29. Muhaammad diinota isaa maal gochuu hawwe?

30. Akka HoE. 2:31-36 Kiristoos akkamitti qajeelummaa argate?

31. Akka hubannoo Durie'n Filiphisiiyus 2:4-10 irraa argameetti, Waaqayyo Kiristoosiin of gad of qabuu fi fannoo irratti of dhiyeessuun maal kenna?

Duuka Bu'ummaa Fannoo

32. Duuka buutonni Kiristoos 'fannoo isaanii yeroo fudhatan', muuxannoo gidiraa isaanii akkamitti hiiku? (Maarqos 8:34-35 fi kkf irratti hundaa'uun)

Muhaammad Fannoo Irratti

33. Muhaammad hangam fannoo jibbe?

34. Akka Islaamummaatti, erga Isaa (Iyyesuus Islaamaa) gara lafaatti deebi'ee booda filannoo akkamiitu bada jedhame?

35. Archbishop Ingilizii Joorji Keerii yeroo balali'ee gara Sa'udii Arabiyaatti seenu gaaffiin salphina akkamii irratti dhiyaate?

🕊

Kutaa kadhannaatiif ammoo tarkaanfiiwwan armaan gadii hordofaa:

1. Jalqaba hirmaattonni hundi 'Labsii fi Kadhannaa Waadaa Yesus Kiristoosiin Duuka Bu'uu' waliin dubbisu.
2. Sana booda ragaaleen fi keeyyattoonni 'dhugaa wal qunnaman' hirmaattota hundaaf dubbifamu.
3. Kana booda hirmaattonni hundi waliin dhaabbachuun 'Labsii fi Kadhannaa Shahaadaa Ganuun Aangoo Isaa Cabsuuf' jedhu qara'u.
4. Qajeelfama bal'aa argachuuf Qajeelfama Hooggantootaa ilaali.

6

Zimmaa Irraa Bilisoomuu

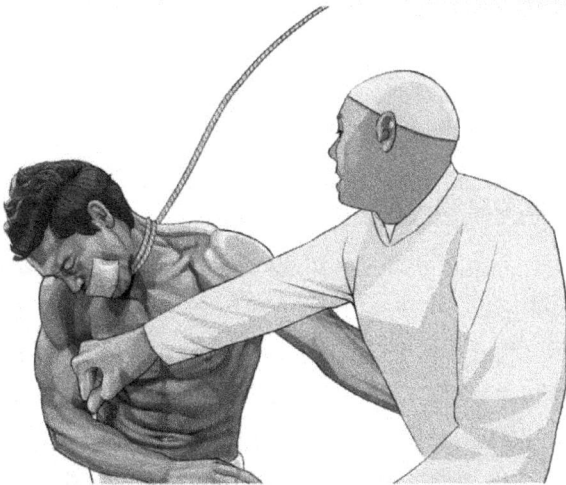

"Dhiigni isaa dubbii dhugaa dubbata." Ibroota 12:24

Kaayyoowwan barnootaa

a. Bu'uura ti'ooloojii kakuu "Zimmaa" Muslimoonni ummata mo'ame irratti fe'an qabadhu.

b. Filannoo sadan Muslimoonni namoota bitaman irraa barbaadanii fi dhiibbaa "filannoo sadaffaa" hubadhu.

c. Hiika kakuun Zimmaaa namoota Muslima hin taaneef qabu ibsi.

d. Mee fakkeenya Zimmaa bitamuu ogbarruu Islaamaa fi namoota ijaan argan irraa ilaalaa.

e. Dhiibbaa xiinsammuu fi afuuraa sirni waggaa waggaadhaan mataa muruu qabachuu.

f. Mee fakkeenyota dhimmituun har'a gara warra dhihaatti deebi'aa jiru ilaalaa.

g. Namoonni tokko tokko Zimmaa kana ganuun maaliif akka barbaachisu hubadhu kakuu.

h. Yesus fi Muhaammad Fudhatama Dhabuuf deebii akkamii akka adda ta'e gabaabinaan irra deebi'ii ilaali.

i. An. Kiristaanota tokko tokkoof kadhannaan kakuu Zimmaa dhiisuu maaliif akka barbaachisu hubadhu.

j. Dhiibbaa hafuuraa gadhee dhimmituun geessisu gabaabinaan tarreessi.

k. Shahaada ganuuf yeroo qophooftu (yoo barnoota darbe keessatti hin raawwatamin) caqasoota macaafa qulqulluu dhugaa addaa 15 labsan ilaali.

l. Kadhannaa waadaa galuu fi labsii fi gantummaa adda ta'e 35 dabalatee kadhannaa gantummaa qara'uun Zimmaa irraa bilisummaa hafuuraa gaafadhu.

Qorannoon Haalaa: Maal goota?

Atii fi hiriyyoonni kee konfiraansii kadhannaa giddugala of duuba deebi'uu tokkotti akka argamtan affeeramtaniittu. Deemuuf fedhii guddaa qabda akkasumas namoota biroo wajjin akkuma wal argitu Kiristaanota baay'ee kanneen duubee Musliimaa irraa dhufan arguuf baay'ee gammadda.

Xumura kutaa galgalaa isa jalqabaa irratti garee namoota 10-12 ta'anitti makamuun fedhii akka qooddattuu fi daqiiqaa 30f akka kadhattu qajeelfamni siif kennama. Gareen keessan Amantoota Duubbee Muslimaa hedduu qaba. Isaan keessaa hedduun isaanii bananii Kiristiyaanota kaanii wajjin ta'uu isaaniitti hammam akka gammadan ni qoodu. Haa ta'u malee, Kiristaanonni muraasni garee kana keessa jiran Muslimoota akka nama gadi aanaa fi kaafiraatti isaan miidhan, fi ganda isaanii keessatti marginalized godhan irraa hammam akka miidhaman, sodaa, salphina, fi jibba illee akka isaan irra gahe qooduu jalqabu. Muslimoonni duraanii deebisanii, "Eeyyee, kana dhaga'uu keenyatti dhiifama garuu dhiifama qofa isaaniif godhaa; Muslimoonni kun waan hojjetan hin beekan ta'a."

Deebiin kun warra dhukkubbii isaanii qooddatan akka miidhe hubachuu dandeessu. Gara kee fi namoota garee sana keessa jiran kaanitti garagalanii, "'Dhiifama siif godheera' jechuu caalaa gadi fageenyaan kan seenu dhugaa mitii? Dhiifama isaaniif gooneerra, garuu ammallee Muslima kamiyyuu baay'ee mijataa ta'uu dhabuu, sodaa illee nutti dhaga'ama." Jechoonni dhumaa kun amma Muslimoota duraanii baayyee mufachiisaa akka jiran hubachuu dandeessu.

Maal jetta, maal goota?

Barnoota kana keessatti imaammata Islaamummaan namoota Musliimaa hin taane bulchiinsa Islaamaa jala galan irratti qabuu fi ilaalcha isaa ilaalla. Namoonni kun Kiristaanotaa fi Yahuudota dabalatee Islaamummaa keessatti Zimmaa jedhamuun beekamu.

Kakuu Zimmaa

Bara 2006 Phaaphaasiin Benedikt barumsa isaanii beekamaa Regensburg yeroo kennan, Emperor Baayizaantiin Maanu'eel 2ffaa Paleologus kan waa'ee Muhaammad "ajaja amantii inni lallabu billaadhaan akka babal'isu" dubbate caqaseera.

Yaadni Phaaphaasichi kun Muslimoota irraa deebiin dheekamsa argateera. Haasaa kana booda jeequmsa addunyaa guutuutti uumameen namoonni gara 100 ta'an ajjeefamaniiru. Deebii hawwataa ta'e keessaa tokko Sheek Abdul Aziiz al- Sheek, Muftii Guddaa Sa'uudii Arabiyaa irraa yoo ta'u, Islaamummaan jeequmsaan akka hin babal'anne ibsa gaazexeessitootaaf kenne. Kanaan Islaamummaa himachuun dogongora jedhee falme, sababni isaas kaafiroonni filannoo sadaffaa waan qabaniif. Filannoon jalqabaa Islaamummaa, inni lammataa billaa yoo ta'u, inni sadaffaan immoo "harka kennanii gibira kaffaluu, akkasumas eegumsa Muslimoota jalatti amantii isaanii eeggachaa lafa isaanii irra akka turaniif ni hayyamamaaf."

Muftiin Guddaan dubbistoota isaa fakkeenya Muhaammad eereera. "Warri Qur'aanaa fi Sunnaa dubbisan dhugaa jiru hubachuu ni danda'u" jedhe.

Filannoon sadan muftiin eere:

1. Islaamummaatti jijjiiramuu;

2. billaan ajjeesuu ykn ajjeefamuu; yookaan

3. humnoota Islaamaatiif harka kennachuu.

Filannoon lamaan jalqabaa gara Muhammaditti deebi'a, innis akkas jedhe:

Hanga Rabbiin malee namni tokkollee mirga gabbaramuu akka hin qabnee fi Muhaammad ergamaa Rabbii ta'uu ragaa bahanitti akkan ummata irratti qabsaa'uuf (Rabbiin) ajajamee

jira ... kanaaf yoo sana hunda raawwatan lubbuu fi qabeenya
isaanii irraa baraaru ana ...

Haa ta'u malee, kun ibsa biroo Muhaammad filannoo sadaffaa,
Islaamummaa ykn billaa dabalatee, kan harka kennachuu, fi gibira
jizya jedhamuun beekamu kaffalu kenneen kan madaalame ture:

Maqaa Rabbii fi karaa Rabbiitiin qabsaa'aa.
Warra Rabbiitti kafare irratti qabsaa'aa. Lola qulqulluu godhi
...
Diinota kee kanneen waldaa ta'an waliin yeroo wal argitu
tarkaanfii sadii irratti isaan afeeri.
Yoo isaan kana keessaa tokkoof deebii kennan, atillee
fudhattee miidhaa tokkollee akka isaan hin geessisne of
dhorki.
Islaamummaa (fudhachuuf) isaan afeeri; yoo deebii siif
kennan isaan irraa fudhadhuu isaan irratti qabsaa'uu irraa of
qusadhu ...
Yoo Islaama fudhachuu didan jizyaa irraa gaafadhu.
Yoo kaffaluuf walii galan isaan irraa fudhadhuu harka kee
irraa qabadhu.
Yoo gibira kaffaluu didan gargaarsa Rabbii barbaadaa isaan
lolaa.

Jiziyaa kaffaluuf dirqamni isaas aayata Qur'aanaa tokko irratti
hundaa'a:

Warra ... Kitaabni kennameef falmi—hanga jizya [gibira]
harkaa ba'anii kaffalanii fi salphatanitti [xiqqaa godhatanitti,
xiqqeessanitti]. (Q9:29)

Hawaasni bulchiinsa Islaamaatiif harka kennatan seera Islaamaatiin
akka waliigaltee Zimmaa fudhatanitti ilaalama, kunis kakuu harka
kennachuu hawaasni Muslima hin taane waan lama irratti walii
galudha: 1) Musliimootaaf waggaa waggaan gizyaa kaffalu, fi 2)
salphina ykn 'xiqqaa taasifamuu', ilaalcha gad of deebisuu mo'ame
fudhachuu.

Namni muslimaa ibsa kenne Ibnu Kathir yaada Q9:29 irratti
kenneen "Muslimoonni namoota Zimmaaa kabajuu ykn
muslimoota olitti ol kaasuun hin hayyamamu, sababni isaas isaan
gaddisiisaa, salphinaafi salphina waan ta'aniif." Haalli gad bu'e kun,

seera shari'aatiin mirkanaa'uu akka qabu ibseera, kunis "salphina, salphina fi salphina isaanii itti fufiinsaan akka qabaatan" wabii ta'a.

Kakuu Zimmaa irratti walii galuu isaaniif deebii ta'ee, shari'aan namoonni Muslima hin taane amantii moo'icha dura qaban akka eegan hayyama. Namoonni Muslima hin taane haala kana jala jiraatan dhimmis jedhamuun beekamu.

Sirni Zimmaaa mul'ata siyaasaa seera bu'uuraa ti'ooloojii lama Qur'aana keessatti:

1. Islaamummaan amantiiwwan biroo irratti injifachuu qaba:

   Qajeelfama fi amantii dhugaatiin ergamaa isaa kan ergedha, akka amantii hunda irratti akka mo'atuuf. (Q48:28) jedhu.

2. Muslimoonni waan sirrii fi dogoggora irratti barsiisa Islaamaa hojiirra oolchuuf bakka aangoo qabaachuu qabu:

   Ati hawaasa hundarra gaarii ilma namaatiif fidame, sirrii ajajuu fi dogoggora dhorkuu, Waaqayyootti amanuudha. (Q:110)

Jiziyaa

Seera shari'aa Islaamaa keessatti kakuun Zimmaa namoota muslima hin taane akka namoota osoo Muslimoonni isaan hin qusanne lubbuun isaanii badee tureetti ilaala. Kun yaada Islaamummaa duraa yoo nama injifatte, fi akka jiraatu goote, mataa isaa si irraa liqii qaba jedhutti deebi'a. Sababa kanaan, gibirri mataa jizyaa waggaa waggaadhaan dhiironni dhimmi ga'eessonni mootummaa Islaamaatiif kaffalan, maddoota Islaamaa aangoo qaban keessatti akka furuu dhimmiin dhiiga isaanii deebisee kaffalan jedhamee ibsama. Jechi jizya jedhu 'beenyaa', 'beenyaa' ykn 'gibira' jechuudha. Ogeeyyiin jechootaa Musliimaa hiika isaa akka armaan gadiitti ibsaniiru:

... gibira mootummaa Musliimaa bilisaa Muslima hin taane irraa fudhatamu kan isaan waliigaltee [waliigaltee Zimmaa] eegumsa isaaniif mirkaneessu raggaasisan, akka waan beenyaa ajjeefamuu dhabuu isaaniitiif ta'etti.[12]

Muhammad ibn Yusuf Atfayyish, yaada kennaan Aljeeriyaa jaarraa kudha sagalffaa, yaada Q9:29 irratti kenne keessatti qajeelfama kana ibseera:

Akkas jedhame: inni [jizyaan] dhiiga isaaniif quufa. Ajjeefamuu dhabuu isaaniif beenyaa kaffaluuf ... gahaa ta'eera jedhama. Kaayyoon isaa dirqama (wajiiba) ajjeechaa fi kan gabrummaa bakka buusuuf ... Faayidaa Muslimootaati.

Yookiin akkuma Wiliyaam Itoon jaarraa tokkoo ol dura kitaaba isaa Qorannoon Impaayera Turkii bara 1798 maxxanfame:

Jechoonni foormulaa isaanii, gibira mataa isaanii [jizya], galtee kaffaluu isaanii irratti, bitamtoota kiristaanaaf kennaman, walitti qabaan maallaqa argatan, bara sanatti mataa isaanii akka uffatan hayyamameef akka beenyaatti fudhatama.

Adabbiin seera kabajuu dhabuu

Seera Islaamaa keessatti kakuu Zimmaa hin kabajne adabbiin cimaan ni raawwatama ture. Dhimmi tokko gibira jizyaa kaffaluu yoo dhiise, ykn dambii dhimmi irratti fe'ameef yoo hin ajajamne, adabbiin isaa jihaadiin deebi'ee eegaluu ture. Kana jechuun haala waraanaa jechuudha: qabeenyi dhimmis saamamuu, dubartoonni garboomfamuu fi gudeedamuun, dhiironni ni ajjeefaman (ykn fixee billaatiin jijjiiramuu qabu).

Fakkeenyi beekamaan kakuu Zimmaa addaa, kan Waliigaltee Umar jedhamuun beekamu, keewwata Kiristaanonni Sooriyaa adabbii jihaada kana ofirratti itti waamaman of keessatti qabateera:

Kunneen haal-duree nageenyaa fi eegumsa deebisnee ofii keenyaa fi hordoftoota amantii keenyaa irratti kaa'an dha. Waadaa faayidaa keessaniif kaa'an kana keessaa tokko ofirratti yoo cabsine Zimmaa keenyatu cabe waan ta'eef namoota mormii fi finciltootaa irraa waan isiniif hayyamame nuuf gochuun isiniif hayyamamaaf.

---

[12] Edward W. Lane, *Arabic-English Lexicon*.

Qabxiin wal fakkaataa Ibnu Qudaamaa, dhimmi muslimaa hin taane tokko yoo haal-duree kakuu Zimmaaa hin eegne, lubbuu fi qabeenya isaanii akka dhaban:

Namni eegumsa argate tokko waliigaltee eegumsa isaa kan cabsu, gibira mataa [jizya] kaffaluu diduudhaan yookaan seera hawaasaaf bitamuu diduudhaan ... nama isaa fi meeshaa isaa halaal ['seera qabeessa'—bilisaan akka ajjeefamu ykn booji'amuuf akka argamu taasisa Muslimoota].

Seenaan hawaasa dhimmi hedduu taateewwan seenaa nama gaddisiisan kanneen ajjeechaa, gudeeddii, fi saamicha of keessaa qabaniin kan beekamanidha. Kunis namoota Muslima hin taane haala sodaachisaa bara baraa keessa akka turuuf kan tajaajilan yoo ta'u, gabrummaa xiinsammuu fi afuuraa Zimmaan hawaasa guutuu irratti qabu cimsaniiru. Fakkeenyonni lama:

- Bara 1066tti Yihudoonni Giraanaadaa naannoo 3,000 ta'an Muslimootaan ajjeefaman. Duubni isaa Saamu'eel ha- Nagid, Yihudii, Grand Vizier of Granada ta'ee, tajaajilaa ture Sulxaana Muslimaa. Innis biiroodhuma kana keessatti ilmi isaa Yooseef ha-Nagiid hordofe. Milka'inni Yihudoota kanaa akka haal-duree Zimmaaa cabsuutti ilaalama ture, kunis namoonni Musliimaa hin taane Muslimoota irratti aangoo akka hin qabaanne dhorku. Duulli amantii kakaasuu Yihudoota irratti godhame, kan dambii Zimmaaa irratti iyyate, duguuggaa sanyii kanaaf sababa ta'e. Booda hayyuun seeraa lammii Afrikaa kaabaa al-Maghili jedhamu, Yihudoonni sulxaana tajaajiluuf bakka guddaa yeroo qabaatan hundatti, "haala fincila dhaabbataa sadarkaa [dhimmi] isaanii irratti, yeroo sanaa kaasee kana booda isaan hin eegu" keessa akka jiran barreesseera. Kana jechuun dhiigni isaanii halaala ture.

- Bara 1860tti Kiristaanonni Damaasqoo 5,000 ol ajjeefaman. Duubni isaas Usmaanonni seera Zimmaaa ifatti haqaniiru. Kunis dhiibbaa siyaasaa humnoota Awurooppaatiin raawwatame. Lallabdoonni Musliimaa Damaasqoo sadarkaa fooyya'aa kana kan aaran yoo ta'u, kana booda Kiristaanonni akka dhimmitti bitamuu waan hin dandeenyeef sadarkaan eegumsa argatan akka fudhataman labsan. Duguuggaan kana irraa kan ka'e hojimaata waraana jihaada durii hordofe:

188

dhiironni ni ajjeefaman, dubartoonniifi daa'imman garboomaniiru, dubartoonni booji'aman gudeedamaniiru, qabeenyis ni saamamu. Gariin immoo Islaamummaa jijjiirrachuun lubbuu isaanii waliin miliqan.

Sirna Nama Jeequ

Gibirri jizyaa waggaa waggaan tokkoon tokkoon dhiira ga'eessota ta'een kaffalamuu kan qabu si'a ta'u, sirni addaa tokko hordofamuu qaba ture. Dhiironni Dhimmi hanga jaarraa digdamaffaatti addunyaa Muslimaa guutuu keessatti sirna kana akka raawwatan dirqama ture.

Sirni kaffaltii jizyaa mallattoo cimaa kan Muslimni dhimmi morma irratti rukutu, fi gosoota tokko tokko keessatti dhimmi funyoo morma isaa irratti hidhamee waliin harkifamuu kan of keessatti hammate ture. Gochoonni sirnaa kun dhimmichi du'a ykn gabrummaa jalaa miliquuf, gibira kanaan lubbuu isaa kaffalaa akka ture kan agarsiisan turan. Sirni kun du'a mataa muruudhaan labsii kaffaluun jizyaa waggaa waggaan yeroo tursiifamuu mo'ate ture.

Maddoonni Musliimaas ta'e kan Musliimaa hin taane sirna kana ilaalchisee gabaasa hedduu kan kennan yoo ta'u, Morookoo irraa kaasee hanga Bukhaaraatti, jaarraa sagalffaa irraa kaasee hanga jaarraa digdamaffaa. Sirni kun biyyoota Musliimaa tokko tokko kan akka Yaman fi Afgaanistaan keessatti hanga dhuma bara 1940mootaa fi jalqaba bara 1950mootaatti Yihudoonni gara Israa'el ba'anitti itti fufee kan ture yoo ta'u, waggoota dhiyoo asitti Muslimoonni hundee jabeeyyii ta'aniin akka deebi'u waamichi hedduun godhamaa tureera.

Akka fakkeenyaatti mataa murachuutti, sirni kaffaltii jizyaa akka 'waliigaltee dhiigaa' ykn 'kakaa dhiigaa' (Barnoota 2ffaa keessatti ibsame)tti fudhatamuu danda'a, hirmaataan akkaataa raawwii isaanii fakkeessuudhaan du'a ofitti waamu, yoom iyyuu yoo ta'e haal-duree waliigaltee isaanii eeguu dhabuu. Kakaan akkasii jaarraa hedduuf sirna eebbaa keessatti waldaalee dhoksaa fi gareewwan dhokataadhaan kan itti fayyadamaa turan yoo ta'u, namoota sirnoota kana irratti hirmaatan akka bitamuu fi ajajamuuf humna saayikoo-hafuuraa qabu.

Sirni jizyaa fakkeenyaan dhimmi isa keessatti hirmaatu haala kakuu Zimmaaa kamiyyuu yoo cabse mataa isaa akka dhabu hayyama gaafata, kunis lubbuu isaa baraareera. Innis gocha of abaaruudha, innis akkasumaan "Haal-duree kakuu koo keessaa tokko yoon cabse mataa koo sirritti qabaachuu dandeessa" jedha. Booda dhimmi tokko kakuu isaa yoo cabse sirna ummataa kana raawwachuu isaatiin duraan dursee adabbii du'aa ofirratti labsee jira, yoo ajjeefame immoo hayyama duraan ofii isaatiin ta'a.

Kutaalee kanneen keessatti dhiibbaa xiinsammuu sirni Zimmaa namoota Muslima hin taane irratti qabu ilaalla.

Galata gad of qabuu

Hundee isaatiin, namoonni Musliimaa hin taane seera Islaamaa kalaasikaa keessatti akka namoota lubbuu isaanii Muslimoota mo'attoota isaanii irraa liqii qabanitti ilaalamu. Ilaalcha galateeffannaa fi gad of deebisuu qabaachuun isaan irraa eegama. Yaada kennitoonni Islaamaa qabxii kana irratti ifatti dubbatu.

Dambiiwwan shari'aa hedduun namoota Muslima hin taane irratti gadi aantummaa fi saaxilamummaa akka fe'uuf kan qophaa'an turan. Fakkeenyaaf:

- Ragaan dhimmis mana murtii shari'aa keessatti fudhatama hin argatu ture: kunis cunqursaa gosa hundaaf akka saaxilaman isaan taasise.

- Manneen Dhimmi manneen Musliimaa caalaa gadi ta'uu qabu turan.

- Dhimmiin farda yaabbachuus ta'e kan Muslimootaa olitti mataa ol kaasuun hin hayyamamu ture.

- Dhimmis daandii ummataa irratti karaa Muslimoota keessaa bahuun, akka isaan darban gara cinaa karaatti socho'uu qaba ture.

- Dhimmis mala of ittisan tokkollee hin hayyamamneef, kunis gocha jeequmsaa harka Muslimootaatiin akka saaxilaman isaan taasiseera.

- Mallattoolee amantii ykn sirnoota amantii Musliimaa hin taane ummata duratti agarsiisuu hin hayyamamne.

- Manneen amantaa haaraa ijaaramuu hin dandeenyee fi manneen amantaa miidhaman suphamuu hin dandeenye.

- Qeeqni Islaamaa kamiyyuu hin hayyamamu ture.

- Dhimmis uffata adda ta'e ykn halluu adda ta'e uffachuu qaba ture.

- Dhiironni Musliimaa dubartoota dhimmi fuudhuu kan danda'an yoo ta'u daa'imman kamiyyuu Muslima ta'anii guddifamuu qabu turan; haa ta'u malee dubartiin muslimaa dhiira dhimmi heerumuun dhoowwamee ture.

- Seerotni biroo hedduun hawaasa Musliimaa hin taane irratti salphina fi addaan bahuu dirqisiisan turan.

Seeronni akkasii akka ibsa hawaasummaa fi seeraa "xiqqaa taasifamuu" ta'etti hubatamaa turan, akka Qur'aanni ajajetti (Q9:29).

Sirni Zimmaaa hawaasa Musliimaa hin taane ol'aantummaa qabu hir'isuu fi xiqqeessuuf kan qophaa'e ture. Yaada barreessaan Morookoo jaarraa kudha saddeetffaa Ibn Ajibah kaayyoo isaa akka lubbuu ajjeesuutti ibseera:

> [Dhimmiin] lubbuu isaa, carraa gaarii fi hawwii isaa akka du'u ajajame. Hundaa ol jaalala jireenyaa, hooggansaa fi kabajaa ajjeesuu qaba. [Dhimmiin] hawwii lubbuu isaa garagalchuudha, hamma guutummaatti bitamtuutti hamma isheen baachuu danda'u caalaa ulfaataa gadi fe'uudha. Sana booda wanti isaaf hin danda'amne hin jiru. Inni bitamuu ykn humnaaf Zimmaa hin qabu. Hiyyummaa fi qabeenyi isaaf tokko ta'a; faaruu fi arrabsuun tokko ta'a; ittisuu fi bu'aa kennuunis tokko ta'a; badee argames tokkuma ta'a. Sana booda, yeroo wanti hundinuu kanuma, ishiin [lubbuun] bitamuu fi waan kennuu qabdu fedhiidhaan ni kenniti.

Xiinsammuu Gadi Aanaa

Jechi 'dhimmitude' jedhu waliigala haalawwan kakuun Zimmaa tokko oomishuuf itti fayyadama. Akkuma saalqunnamtii fi

191

sanyummaa, dhimmituun caasaa seeraa fi hawaasummaa qofa keessatti kan ibsamu osoo hin taane, xiinsammuu gadi aanaa galateeffannaa fi fedhii tajaajiluu kan hawaasni ol'aantummaa qabu of eeguuf yaalii godhu keessatti fudhata.

Akkuma hayyuun Yihudii guddaan bara gidduu galeessaa Iberian Maimonides jedhe, "Nuti dulloomanis ta'e dargaggoota, salphinaaf of inure gochuuf acquiesced ..."; akkasumas jalqaba jaarraa digdamaffaa keessa, hayyuun teessuma lafaa lammii Sarbiyaa Jovan Cvijic sodaan jeequmsaa harka Turkii bulchaa jiruu fi Muslimoota Albaaniyaatiin dhaloota gidduutti uumame akkamitti uummata Kiristaanota Baalkaan keessa jiran saayikoloojiidhaan akka jijjiire ibseera:

[Isaan] gita gadi aanaa, garbummaa, kan dirqamni isaanii gooftaa biratti fudhatama of gochuu, isa duratti gad of qabuu fi isa gammachiisu ta'e keessaa ta'uu amaleeffatan. Namoonni kun afaan dhihoo, dhoksaa, haxxummaa ta'u; namoota biroo irratti amantaa hunda ni dhabu; isaan kun jiraachuuf akkasumas adabbii jeequmsaa irraa fagaachuuf waan barbaachisoo ta'aniif fakkeessummaa fi hammeenya ni baratu.

Dhiibbaan kallattiin cunqursaa fi jeequmsi Kiristaanota hunda keessatti jechuun ni danda'ama akka miira sodaa fi sodaa ta'ee mul'ata ... Maqedooniyaa keessatti namoonni akkas jechuu isaanii dhaga'eera: "Abjuu keenya keessattillee Turkii fi Albaaniyaa jalaa baqanna."

Gad aantummaa dhimmi walsimsiisuun olaantummaa Muslima, kan dhimmi akka jiraatu hayyamee fi qabeenya isaa fudhachuu irraa of qusatee miira arjaa ta'uu isaaf kennamedha. Akkuma lammiin Iraan tokko Kiristaanummaatti jijjiirame tokko natti hime, "Kiristaanummaan amma iyyuu akka amantii namoota gita gadi aanaa ta'etti ilaalama. Islaamummaan amantii gooftotaa fi bulchitootaati; Kiristaanummaan amantii gabrootaati."

Ilaalchi addunyaa dhimmituu kun akkuma Muslimoota hin taaneef salphina qaba. Muslimoonni haala wal qixa ta'een dorgomuu barachuu hin dandeenye yeroo hundeessan of miidhu. Imaammattoonni eegumsa dinagdee ni danda'u diinagdeen saba tokkoo akka gadi bu'u ni taasisa; haala wal fakkaatuun eegumsa amantii Zimmaaa jechuun Muslimoonni miira olaantummaa sobaa

192

irratti hirkatanii dhufuu isaanii, kunis dhumarratti isaan dadhabsiisee, dandeettii hubannoo dhugaa ofii isaanii fi addunyaa naannoo isaanii jiru argachuu isaanii miidhe jechuudha.

Sirni dhimmituu tuuta ilaalcha gadi fageenyaan hidda gadi fageeffate gama lachuutiin dhalootaa dhalootatti uuma. Akkuma sanyummaan gabrummaan sanyii irratti hundaa'e erga haqamee waggoota hedduu booda saboota keessatti itti fufuu danda'u, dhaabbati dhimmituu hariiroo Muslimootaa fi namoota biroo gidduu jiru irratti dhiibbaa uumuu fi illee ol'aantummaa qabaachuu itti fufeera, yeroo gibirri jizyaa yaadannoo fagoo qofa ta'ettillee.

Xiin-sammuu dhimmituu hawaasa bulchiinsa shari'aa jalatti kufanii hin beekne irratti illee dhiibbaa uumuu danda'a. Kunis gaaffii barnootaa laamshessuu fi haasaa siyaasaa miidhuu danda'a. Fakkeenyaaf, namoonni siyaasaa warra dhihaa Islaamummaa faarsuun, amantii nagaa ta'uu labsuun, yeroo walfakkaatutti galata isaanii ibsan tarree dheeraan turan. Faarfannaa fi galata akkanaa ibsuun amala dhimmi bulchiinsa Islaamaati.

Ari'atama amantii fi Deebi'uu *"Zimmaa"*

Jaarraa kudha sagalffaa fi digdamaffaa keessa humnoonni Awurooppaa addunyaan Muslimaa sirna Zimmaaa sadarkaa gadi buusuuf ykn diiguuf dirqisiisan. Haa ta'u malee, jaarraa darbe keessa haaromsi shari'aa addunyaa irratti mul'ateera. Akka qaama haaromsa sanaatti, seerri fi ilaalchi addunyaa Zimmaaa guutuu addunyaa Musliimaa hunda keessatti deebi'aa kan ture yoo ta'u, kana waliinis haalli loogii, sodaachisaa fi loogii Kiristaanotaa fi namoota Musliimoota hin taane biroo irratti raawwatamu dabalaa dhufeera. Fakkeenyi isaa Paakistaan akka saba heera sekulaarii qabdutti kan hundeeffamte yoo ta'u, boodarra garuu mootummaa Islaamaa ta'uu ishee labsite, manneen murtii shari'aa deebiftee galchitee, seera arrabsoo namoota Musliimaa hin taane irratti loogii godhu fiddedha. Adeemsi shari'aa deebisee jiraachisuu kun ari'atama Kiristaanota Paakistaan irratti raawwatamu guddachaa dhufeera.

Addunyaa har'aa keessatti bakka shari'aan itti deebi'ee jiraatu hundatti jireenyi Kiristaanotaa fi namoota Muslima hin taane biroof hammaataa deema. Har'a saboota Kiristaanonni itti ari'ataman shan keessaa afur Islaamummaa yoo ta'an, akkaataan addaa Kiristaanota iddoowwan kanneen keessatti ari'ataman kan akka iddoowwan waaqeffannaa ijaaruu irratti daangaa kaa'ame, akka qaama haaromsa shari'aa guddaa ta'etti seera Zimmaaa haaromsuun kan deeggaramuudha.

⁂

Kutaalee kanneen keessatti sababoota Zimmaa ganuu itti qabnuu fi miidhaa hafuuraa inni geessisu ilaalla.

Furmaata Hafuuraa

Jireenyi Muhaammad muuxannoo gadi fagoo diduutiin kan bocame yoo ta'u, kunis gara hafuura madaa'uu, hafuura mufannaa, sammuu miidhamaa, hafuura jeequmsaa fi fedhii namoota biroo irratti ol'aantummaa qabaachuutti kan geessu ture. Waamichi inni 'carraa'uu jihaadaaf godhe haala hafuuraa cunqursaa kanaan kan hoogganame yoo ta'u, kunis karaa salphina namoota birootiin gadhiifamuu barbaade. Sirni Zimmaa nama salphisu bu'aa isaati.

Faallaa kanaatiin, Kiristoos ni fudhatama, garuu aaruu dide, jeequmsa fudhachuu dide, warra kaan irratti ol'aantummaa qabaachuu dide, akkasumas hafuura madaa'e fudhachuu dide. Fannoo fi du'aa ka'uun isaa Fudhatama Dhabuu fi humnoota dukkanaa injifate. Kiristaanonni hambaa Zimmaa irraa bilisummaa argachuuf gara fannootti deebi'uu danda'u.

Dhugaa Ba'umsa "Zimmaaa" Irraa Bilisa Ta'uu

Namoota kakuu Zimmaaa dhiisanii kadhannaa kadhatanii bilisummaa argatan keessaa muraasni dhugaa ba'umsa isaanii kunooti.

Sodaa Dhaloota Gidduu Jiru

Dubartiin ani waliin kadhadhe tokko jireenya ishee keessatti bakka adda addaatiin sodaadhaan rakkatte. Abbootiin ishee waggaa dhibba dura Damaasqoo, Sooriyaa keessatti dhimmis ta'anii jiraachaa kan turan yoo ta'u, bara 1860tti duguuggaan sanyii beekamaan Kiristaanota irratti raawwatame.Yeroon kadhannaa kakuu Zimmaa dhiiftu akka dubbattu ishee jajjabeessuu humni

194

sodaa cabee, boqonnaa guddaa argatte jireenya ishee guyyaa guyyaa keessatti sodaa irraa kan ka'e.

Dhaala Duguuggaa Sanyii Irraa Bilisa Ta'uu

Namni dhalootaan Armeeniyaa ta'e tokko abbootiin isaa maqaa Giriikii fudhachuudhaan duguuggaa sanyii sanarraa hafanii karaa Ismirnaa gara Gibxiitti miliqan qaba ture. Jaarraa tokko booda, ilmi baqattootaa kun guyyaa guyyaan sodaa cunqursaatiin rakkachaa ture. Hin dandeenye balbalaa fi foddaa hunda cufee jiraachuu fi dhiisuu isaa osoo yaaddoon guddaan itti hin dhaga'amin manaa ba'a. Haa ta'u malee, sodaa dhaloota gidduu jiru kan miidhaa duguuggaa sanyii darbee wajjin walqabatu dhiisee, akka hiikamuuf yeroo kadhatu, fayyina hafuuraa fi bilisummaa guddaa argateera.

Tajaajila Muslimoota Irratti Bu'a Qabeessummaa Guddaa

Dubartiin Niwuu Ziilaand tokko dhimmituu fi Zimmaa erga dhiistee booda tajaajilli isheen Muslimootaaf kennitu akkamitti akka jijjiirame naaf gabaaste:

> Hariiroo dhuunfaa keessatti sodaachisaa fi sodaa irraa humnaan bilisa bahee akkasumas erga seminaara keessan irratti kadhannaa dhimmituu salaadhee kaasee gara bu'a qabeessummaa wangeelaa Muslimoota baay'ee guddaa ta'etti ce'eera. I've been reaching out to Muslims since 1989 ... Miseensi garee kanaa kan biraa kan seminaara keessan irrattis argamees dhimmituu erga dhiisee booda dubartoota Baha Giddugaleessaa bira ga'uu irratti bu'a qabeessummaa baay'ee guddaa argateera.

Sodaa Irraa Gara Ija Jabinaatti: leenjii Wangeelaa

Gareen Kiristaanota afaan Arabaa dubbatan tokko kadhannaa kitaaba kana keessatti kenname akka qaama qophii isaaniitti fayyadamuun Muslimoota akka turistiitti biyya Awurooppaa tokko daawwachaa turan bira ga'uu isaaniiti. Kiristiyaanonni kun biyya bilisa ta'e keessa kan turan ta'us, amantiisaaniirratti hirmaachuuf sodaa akka itti dhaga'amu himaniiru. Mariin dhimmituu barbaachisummaa sodaa irraa fayyuun garaa isaanii bane. Hogganaan tokko, "Kakuu bakka kee bu'ee galteef sodaan keessa kee jiraata" jedhee ibseera. Namoonni ibsa kakuu Zimmaaa irratti erga mari'atanii booda kadhannaa bilisummaa kadhatanii waliin

195

kakuu Zimmaaa ganan. Guyyaa dhumaa sagantichaa irratti isaan keessaa tokko madaallii kana barreesse:

> Bu'aan argame ajaa'iba ture. Wanti adda ta'e malee warri irratti argaman hundinuu kun mata duree leenjii tajaajilaa barbaachisaa ta'ee fi sababa eebba gadi fagoo fi bilisummaa dhugaa ta'uu isaa humnaan ibsaniiru, keessumaa namni hundi kakuu Zimmaa dhiifnee kakuu isaa karaa dhiiga isaatiin Yesusiin labsuuf carraa akka argate. Waaqayyoon galateeffadhu kakuu kana irraa birmadummaan dhiiga Yesuus keessa jira, karaa kadhannaa.

Kiristaanni Kooptikii tokko bilisummaa fi aangoo Muslimoota wangeela lallabuuf argate ogeessi seeraa

Kiristaana Kooptikii tokko ragaa kana qoodeera:

> Shari'aa akka gosa barnootaa guddaatti waggoota afuriif akka qaama digirii seeraa kootti biyya Islaamaa keessatti baradhe. Dambii Zimmaaa dabalatee seera shari'aa jalatti Kiristaanonni gadi bu'uu isaanii bal'inaan qoradheera, garuu dhiibbaa dhuunfaa barsiisni akkasii amala koo irratti qabu irratti hubannoo koo wanti na dhorkaa ture. Ani Kiristaana of kenne waanan tureef Gooftaa Iyyesuus Kiristoosiin jaalladha ture, garuu miira isaanii akkan hin miidhamneef hiriyyoota koo Musliimaa fuulduratti Gooftaa koo jedhee labsuu yeroo yeroon dadhabe.

> Dhimmituu irratti dhiheessi tokko yeroon hirmaadhu haalli hafuuraa koo ifatti akka fidamaa jiru, mufannaa gadi fagoon lubbuu koo keessa jirus akka saaxilamu natti dhaga'ame. Haalawwan hedduu yeroon gammachuudhaan fudhatee fi illee olaantummaa Muslimoota lafa isaan mo'atan, lafa abbootii kootii keessatti falme yaadachaa ture. Waggoota dheeraaf gad-aantummaa dhimmi ta'uu fudhadhee jiraachaa akkan ture natti murtaa'e. Kadhannaa barbaade, battaluma sanatti bilisummaa guddaa Kiristoos keessatti argadhe.

> Halkanuma sana gara manaatti deebi'ee hiriyyaa Musliimaa dhiyoo tokko bilbile. Iyyasuus Kiristoos akka ishee jaallatuu fi fannoo irratti akka isheef du'e itti hime. Ergasii tajaajilli ani Muslimootaaf godhu baay'ee bu'a qabeessa waan ta'eef baay'een

isaanii Kiristoosiin Gooftaa fi Fayyisaa isaanii ta'uu isaanii labsuu isaanii argeera.

Sababoota Kakuu Zimmaa Dhiifnuf

Sababoota adda addaa hedduudhaan labsii fi kadhannaa barnoota kana keessatti itti aanan kadhachuu barbaadda ta'a:

- Ati ykn abbootiin kee bulchiinsa Islaamaa jalatti akka Muslima hin taaneetti jiraattee, kakuu Zimmaa fudhattee, ykn haala seera jihaada fi dhimmituutiin dhiibbaa irra gahe keessa jiraattee ta'uu danda'a.

- Seenaan dhuunfaa ykn maatii kee taateewwan nama gaddisiisan, kan akka muuxannoo jeequmsaa jihaada waliin walqabatee ykn miidhaa biroo jalatti uumamuu danda'uun baay'ee miidhame ta'uu danda'a Zimmaa haalaa. Taateewwan akkasii illee hin dhageenye ta'a, garuu kutaa seenaa maatii keessanii ta'uu isaanii shakkuu dandeessu.

- Ati ykn abbootiin kee jihaada Islaamaatiin doorsiftee ta'uu danda'a, seenaan maatii qabatamaan Islaamummaa jala jiraachuu jiraachuu baatus, sodaa fi sodaachisaa irraa bilisa ta'uu barbaadda.

- Ati ykn abbootiin kee Muslima ta'anii jiraachaa turtan ta'uu danda'a, kakuu Zimmaaa fi bu'aa isaa hunda keessatti qaama ta'uu dhiisuu barbaadda.

Kadhannaan kunniin kakuu Zimmaa, bu'aa hafuuraa isaa hundumaa waliin, akka inni jireenya kee irratti aangoo tokkollee hin qabaanneef haquf kan qophaa'aniidha. Akkasumas dhimmi mootummaa Islaamaa keessa jiraatu ta'uu isheetiin abaarsa sirratti ykn abbootii kee irratti godhame hunda mormuuf fi cabsuuf kan qophaa'aniidha. Akkasumas kadhannaawwan kana yeroo darbe beekumsa dhabuu irraa kan ka'e miira gaddaatiin dubbachaa jirta ta'a, dhugaa Dubbii Waaqayyoo keessa dhaabbachuu barbaadda ta'a. Dhiibbaa hafuuraa gadhee dhimmituun dhufu hunda irraa bilisa ta'uu isaanii himachuuf kan qophaa'an yoo ta'u, kanneen akka:

- miidhamuu

- sodaa jedhu

197

- sodaachisuu

- salphina

- miira yakka itti dhaga'amuu

- miira gadi aantummaa

- of jibbuu fi of ganuu

- jibba namoota biroo

- dhiphina sammuu

- gowwoomsaa

- salphina

- ofirraa baasuu fi adda baafamuu

- callisuu

Amma kadhannaa kakuu Zimmaaa dhiisuu ilaalla. Kadhannaan kun kiristaanota har'a ol'aantummaa Islaamaa jala jiraatan, ykn abbootiin isaanii bulchiinsa Islaamaa jala jiraatan bilisa baasuuf kan qophaa'edha.

Dhugaa Wal Qunnamuu

Yoo barnoota darbe keessatti kana qofa hin goone ta'e, Zimmaa kana dhiisuuf kadhannaa qara'uu kee dura, barumsa 5ffaa keeyyata 'dhugaa wal qunnamuu' jedhu sagalee ol kaastee dubbisi.

Zimmaa ganuuf kadhannaan kun hirmaattonni hundi waliin dhaabbachuun sagalee ol kaasee dubbifamuu qaba.

Labsii fi Kadhannaa Ganuuf Zimmaaa fi Humna Isaa Cabsuu

Kadhannaa qalbii jijjiirannaa

Yaa Waaqa jaalalaa, cubbuu hojjechuu fi sirraa garagaluu koo nan himadha. Qalbii jijjiirrachuudhan gara Kiristos Gooftaa fi Fayyisaa koo nan deebi'a. namoota biro yeroon itti sossodaachiseef akkasumas gadi aantummaa fi salphina irraan ga'eef maaloo dhiifama naaf godhi. Of tuulummaa kootif dhiifama naaf godhi. Namoota biro yeroon itti miidhe fi cunqurseef dhiifama naaf godhi. Wantoota kana hunda Maqaa Yesusin nan gana.

Waaqayyo Abbaa Gooftaa keenya Yesus Kiristoo, kennaa dhiifamaa Kiristoosin fannoo irratti argameef si haa galatu. Akka na fudhatte nan labsa. Karaa fannootin walii keenya fi sitti araaramuu keenyaf sin galateeffadha. Har'a ilama kee/intala kee ta'uu koo fi dhaaltuu Mootummaa Keetii ta'uu koo nan labsa.

Labsii fi Ganuu

Yaa Abbaa, sodaachuu akkan hin qabne dubbii natti himte nan fudhadha. Ani ilma/intala jaalala keetiti. Ajajawwan Islaamaa Muhaammadiin barsiisaman hunda nan balaaleffadha. 'Allaah isa Qur'aana keessatti ibsameef' buluu kamiyyuu nan gana. Waaqa Gooftaa keenya Yesus Kiristoos qofa waaqeffachuu koo nan labsa.

Abbootin keenya seera zimmaatin buluudhan cubbuu raawwataniif qalbii ni jijjiirranna. Cubbuu isaanifiitis dhiifama si gaafanna.

Ajajawwan Islaamatiin buluuf waadawwan anaanis ta'ee abboota kootin seenname hunda nan gana.

Zimmaa fi ajaja isaa hunda nan balaaleffadha. Yeroo kafaltii hiziyaa aggaammii billaadhan morma namaa irratti taasifamuu fi wanta inni bakka bu'u hunda nan gana. Keessumattuu abaarsa morma kutaa fi du'aa sirna Kanaan agarsiifamu hunda nan gana.

Waadaan zimmaa fannoo Kiristoos irratti fannifamuu isaa nan labsa. Zimmaan bakkee irratti waan salphateef anaratti aangoos ta'ee humna hin qabu. Ajajoonni hafuuraa waadaa zimmaa fannoo Kiristoosin saaxilamanii, hidhaa hiikkatanii, injifatamanii fi salphatanii jiru.

199

Hoqubaa sobaa islaamummaadhaf kennamu nan gana.

Miira yakkamuu kan sobaa nan gana.

Gowwoomsaa fi soba nan gana.

Amantaan ani Kiristoos irratti qabu ilaalchisee callisuudhaf walii galtee seenname hunda nan gana.

Waa'ee zimmaa yookin waa'ee Islaamaa cal akkan jedhu walii galtee seenname hunda nan gana.

Nan dubbadha, cal hin jedhu.

'dhugaan akka walaba na baasu' nan labsa (Yoh. 8:32), Yeesus Kiristoosin nama bilisaa ta'ee nan jiraadha.

Maqaa Islaamatiin abaarsa anaa fi maatii koo irratti dubbatame hunda nan gana, nan cabsas. Abaarsa abbootii koo irratti dubbatame nan gana, nan cabsas.

Keessumattuu abaarsa du'aa nan cabsa. Yaa du'a, ana irratti humna hin qabdu!

Abaarsonni kun ana irratti humna akka hin qabne nan labsa.

Eebbi Kiristoos dhaala koo ta'uu nan labsa.

Cunqurfamuu nan gana. Kiristoosin ija jabeessa ta'uu filadheen jira.

Meeshaa namootaa ta'uu fi too'annaa isaanii jala ooluu nan gana.

Miidhaa nama irraan gahuu fi gooli kaastummaa nan gana.

Sodaa nan gana. Sodaa namootaan fudhatama dhabuu nan gana. Sodaa qabeenya koo dhabuu nan gana. Soda hiyyummaa nan gana. Sodaa gabrummaa nan gana. Sodaa humnaan gudeeddamuu nan gana. Sodaa qofaatti hafuu nan gana. Sodaa maatii koo dhabuu nan gana. Sodaa ajjeeffamuu fi kan du'aa nan gana.

Islaamummaa sodaachuu nan gana. Musliimota sodaachuu nan gana.

Siyaasaa yookin hojii hawaasaa keessatti hirmaachuudhaaf sodaan qabu nan gana.

Yesus Kiristoos Gooftaa hundaa ta'uu isaa nan labsa.

Yesus Gooftaa jireenya koo hundaa godhadhee nan fudhadha. Yesus Kiristoos Gooftaa mana kootiti. Yesus Kiristoos Gooftaa magaalaa kootiti. Yesus Kiristoos Gooftaa biyya kootiti. Yesus Kiristoos Gooftaa namoota hundaafi lafa kanaati. Yesus Kiristoos Gooftaa koo godhadhee nan bitamaaf.

Salphina nan gana. Kiristoos na fudhachuu isaa nan labsa. Isaa fi Isa qofa nan tajaajila.

Salphina nan gana. Karaa fannootin cubbuu hunda irraa qullaa'uu koo nan labsa. Salphinni anarratti aangoo hin qabu, Kiristoos waliin ulfinaan nan moo'a.

Yaa Gooftaa, anii fi abbootin koo Musliimota jibbuu keenyaf dhiifama nuuf godhi. Musliimotaa fi namoota biroo jibbuu nan gana, jaalala Kiristoos Musliimotaa fi namoota lafa kana irra jiran hundaaf nan labsa.

Cubbuu Waldaa Kiristiyaanaa fi gaggeessitoonni waldaa karaa sirrii hin taanen harka kennuudhan raawwataniif dhiifama nan gaafadha.

Adda foo'amuu nan gana. Karaa Kiristoosin Waaqayyo biratti fudhatama argachuu koo nan labsa. Waaqayyotti araarameen jira. Teessoo Waaqayyoo fulduratti humni na yakkuu danda'u samiirrattisa ardiirrattis hin jiru.

Galata koo Waaqa Abbaa keenyaf, Yesus Fayyisaa koo Isa qofaatif akkasumas Hafuura Qulqulluu Isa qofaa isaa jireenya naaf kennuuf nan dhiyeessa.

Yesus Kiristoos Gooftaa ta'uu Isaa ragaa jiraataa nan ta'aaf. Fannoo Isaatti hin saalfadhu. Du'aa ka'uu Isaatti hin saalfadhu.

Mucaa Waaqayyo Waaqa Abrahaam, Yishaaqi fi Yaa'iqoob Isa Jiraataa ta'uu koo nan labsa.

Injifannoo Waaqayyoo fi Masihicha Isaa nan labsa. Yesus Kiristoos Gooftaa ta'uu Isaa Arrabni hundi ulfina Waaqayyootif akka labsuu fi jilbi hundi akka jilbiinfatu nan labsa.

Musliimonni seera zimmummaa keessatti hirmaachuu isaanitiif dhiifama nan taasisaaf.

Yaa Waaqayyo Abbaa, maaloo zimmaa irraa, hafuura zimmaa irraa akkasumas ajaja qulqulluu hin taane kan zimmaa waliin wal qabate kam irraa iyyuu bilisa na baasi.

Amma akka Hafuura Qulqulluudhan na guuttu fi eebba Mootummaa Yesus Kiristoosin hundaan akka na guuttu sin kadhadha. Dhugaa sagalee Kee hunda akkan hubadhuu fi jireenya koo hunda irratti akkan hojii irra oolchu ayyaana kee naaf kenni. Sagalee jireenya fi kan abdii naaf kenni, akka naaf kennitu abdii naaf galteettaawoo, namoota birootti aangoodhan akkan dubbachuu danda'u afaan koo maqaa Yesusin eebbisi. Kiristoosif raga amanamaa akkan ta'u ija jabina naaf kenni. Musliimota akkan jaalladhu jaalala dhugaa naaf kenni, jaalala Kiristoosis akkan itti Mul'isu onnee dheebotu naaf kenni.

Wantoota kana hunda Maqaa Yesus Kiristoos Fayyisaa kootin nan labsa, nan gaafadhas.

Ameen.

Qajeelfama Qo'annoo

Barnoota 6

Hiika jechootaa

Zimmaa	jizya	dhimmituu	
dhimmi	wajib	sirna mataa muruu	
Barumsa	jihaada	dhugaa	wal
regensburg	Waliigaltee umar	qunnamuu	
'filannoo sadii'.	halaal		
Muftii guddaa			

Maqoota Haaraa

- Phaaphaasii Benedikt 16ffaa (d. 1927): Dhalataa Jarmanii Jooseef Raatzinger, Phaaphaasii bara 2005-2013
- Emperor Baaizaantiin Maanu'eel 2ffaa Paaleologus (1350-1425; bara 1395-1425 bulche) .
- Sheek Abdul Aziiz al-Sheek: Muftii Guddaa Sa'uudii Arabiyaa keessatti bara 1999 irraa eegalee (1943 dhalate)
- Ibn Kathir: hayyuu seenaa fi hayyuu Sooriyaa (1301-1373) .
- Muhammad ibn Yusuf Atfayyish: Hayyuu Musliimaa Aljeeriyaa (1818-1914) .
- Wiliyaam Itoon: qorataa Biriteen Turkii fi Raashiyaa keessatti, Survey of the Turkish Empire bara 1798 maxxanseera
- Ibn Qudamaa: Hayyuu Sunnii Falasxiin fi iccitii Suufiyyaa (1147- 1223) .
- Saamu'eel ha-Naagiid (993-1055/56) fi Yooseef ha-Naagiid (1035- 1066): Yihudoota Viiziroota Gurguddoo Giraanaadaatti argaman.
- Muhammad al-Maghili: Hayyuu Aljeeriyaa (c. 1400-c. 1505) .
- Ibnu Ajibah: Hayyuu Suufiyyaa Sunnii Morookoo (1747-1809) .

- Maimonides: Hayyuu Yihudootaa Iberian Sephardic (1138-1204)
- Jovan Cvijic: ogeessa teessuma lafaa fi sabaa Sarbiyaa (1865-1927).

Qur'aana Barnoota Kana Keessatti

Q9:29   Q48:28   Q3:110

Gaaffiiwwan Barnoota 6

- Qorannoon haalaa irratti mari'adhaa

Kakuu *Zimmaa*

1. Jechoota beekamoo akkamii Emperor Baaizaantiin Maanu'eel 2ffaa Paaleologus Phaaphaasiin Benedikt 16ffaan barumsa beekamaa bara 2006 Regensburg kennaniin caqasee, fi Muslimoonni akka addunyaa maratti jeequmsa kaasuun namoota gara 100 ta'an du'aniiru?

2. Muftiin Guddaan Sheek Abdul Aziz al-Sheikh Phaaphaasii Benediktiif sirreeffama akkamii kennan?

3. Filannoon sadan Islaamummaan namoota Muslima hin taane yeroo mo'aman dhiyeessu maal fa'a?

4. Durie hadiisa tokko Sahih al-Bukhari ("Ajajameera ...") irraa caqaseera. Akka caqasa kanaatti tartiiba Rabbii maali?

5. Durie itti aansee hadiisa Sahih Muslim irraa caqasa: "Maqaa Rabbii fi karaa Rabbiitiin lolaa. Warra kafare irratti qabsaa'aa ..." Kaafiroonni Islaamaa mo'aman filannoo sadii akkamii keessaa akka filataniif affeeraman?

6. Q9:29 namoota Muslima hin taane mo'aman irraa waan lama akkamii barbaada?

7. Waliigaltee kakuu harka kennachuu ta'e maqaan isaa maali?

8. Namoonni Muslima hin taane waliigaltee kana jalatti jiraachuu fudhatan maal jedhama?

9. Qajeeltoowwan quraanaa lama sirna Zimmaaa kan deggeran maali?

Jiziyaa

10. Gibirri **jizyaa** waggaa waggaan **dhimmi** irratti kaffalamu hayyoonni muslimaa akka furii dhiiga isaaniitti dubbatan maaliif?

11. Faayidaa eenyuutiif, jedha Imaam **Atfayyish**, bakka bu'uun **jizya** gibira ajjeechaa fi gabrummaa?

12. Akka **Wiliyaam Itoon** jedhutti **jizyaan** beenyaa maali?

Adabbiin Seera Kabajuu Dhabuu

13. Dhimmis maaltu eegaa ture yoo isaan hin ajajamne Zimmaa kakuu?

14. **Waliigaltee Umar** dhimmiin maal akka ofitti waamu gaafate?

15. Imaamu **Ibnu Qudamaa** dhimmi nama hin ajajamne nama fi meeshaa halaal 'seera qabeessa' gochuun maal jechuu barbaade?

16. Seenaa **dhimmi keessatti** taateewwan nama gaddisiisan maaltu mudate hawaasa?

17. Yihudoonni Giraanaadaa bara 1066tti kan ajjeefaman maaliifi?

18. Bara 1860tti Kiristiyaanonni Damaasqootti kan ajjeefaman maaliifi? Namoonni tokko tokko akka hin ajjeefamneef maal godhan?

Sirna Nama Jeequ

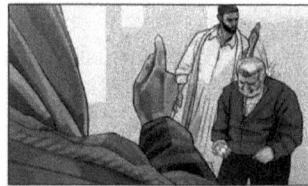

19. Sirni Durie waggoota kuma tokkoo oliif Morookoo irraa hanga Bukhaaraatti bal'inaan babal'atee ture jedhu maali?

20. Sirni kun hiika akkamii ibsuuf yaadame?

21. **Dhimmi** tokko yeroo sirna kana keessa darbu abaarsa akkamii waamame?

22. Hirmaattonni kaffaltii gibira **jiziyaa** yeroo labsan maal of irratti waamu?

23. **Dhimmi** maal ofitti labsa kaffaluu keessatti gibira Jiizyaa?

Galata Gad of Qabuu

24. Akka Durie jedhutti ilaalchi lamaan namoonni Muslima hin taane Muslimootaaf qabaachuu qaban maali?

25. Fakkeenyota gadi aantummaa dambii shari'aatiin namoota Muslima hin taane irratti fe'an hubadhu:

- Ragaa *Dhimmis*
- Manneen *Dhimmis*
- Fardeen *Dhimmis*
- *Dhimmis'* daandii ummataa irra deemuu
- *Dhimmis* ofirraa ittisuu
- Mallattoo amantii *Dhimmis*
- Waldaa *Dhimmis'*
- Qeeqa *Dhimmis* Islaamummaa irratti qabu
- Uffata *Dhimmis*
- Gaa'ela *Dhimmis*

26. Q9:29 namoota Muslima hin taane bulchiinsa Muslimaa jala jiraatan maal ajaja?

27. Ibnu Ajibah 'filannoo sadaffaa' akkamitti ibse?

Xiinsammuu Gadi Aanaa

28. Jechi '**dhimmitude**' jedhu maal ibsa?

29. "**Dhimmitude** (dhimmituu)" dhimmis maal akka godhu taasisa, akka hayyuun Yihudii Iberian bara gidduu galeessaa, Maimonides jedhutti?

30. Akka hayyuun teessuma lafaa lammii Sarbiyaa **Jovan Cvijic** jedhutti dhimmiin jeequmsaa Turkoonni ummata Baalkaan irratti dirqisiisan saayikoloojiidhaan maal uume?

31. Akka lammiin Iraan tokko amantii Kiristaanummaatti jijjiirame kan Maark Durii waliin dubbate jedhutti, Musliimonni amantii mataa isaanii Kiristaanummaa wajjin walqabatee akkamitti ilaalu?

32. Dhimmituunis (dhimmitude) maaliif Muslimoota miidha?

33. Durie dhimmituu haala seena qabeessa Ameerikaa kamiin wal bira qaba?

34. Akka Durie jedhutti, gaaffii barnootaa fi haasaa siyaasaa maaltu naafa?

Ari'atama Amantii fi Zimmaa'n Deebi'uu

35. 35. Jaarraa kudha sagalffaa fi digdamaffaa keessa addunyaan Muslimaa sirna Zimmaa akka diiguuf maaltu dirqisiise?

36. 36. Akka Durie jedhutti, Paakistaan keessatti ari'atamni Kiristaanota irratti akka guddatu kan taasisee fi saboota biroo hedduu keessattis ari'atamni Kiristaanota irratti akka dabalu kan godhe maalidha?

Furmaata Hafuuraa

37. Muuxannoo gadi fagoo Muhaammad kan diduu irraa bu'aa hafuuraa shan akkamii Durie tarreessa?

38. Hundeen waamicha Muhaammad **jihaadaaf** dhiheesse maali?

39. Kiristoos yeroo fudhatama dhabe wantoota afur akkamii gochuu dide?

209

Dhugaa ba'umsa *Zimmaa* irraa bilisa ta'uu

40. Ragaaleen shanan kun kan Durie shares maal wal fakkaatu?

Sababoota kakuu Zimmaa Dhiifnu

41. Dhiibbaan sadan nama **dhimmituu** jala jiraate ykn abbootii dhimmituu jala jiraatan qabaachuu isaatiin kadhannaa barbaadu irratti dhiibbaa uumuu danda'u?

42. **Dhimmituu** ilaalchisee kadhannaan waan lama akkamii gochuuf kan qophaa'e?

43. Tarree dhiibbaa hafuuraa badaa **dhimmituutiin** dhufu 13 ilaalaa. Kadhannaan dhugaa Dubbii Waaqayyoo irratti hundaa'e dhiibbaa kana maal godha?

Kutaa kadhannaatiif ammoo tarkaanfiiwwan armaan gadii hordofaa:

1. Keeyyattoonni **wal-qunnamtii dhugaa** Barumsa 5ffaa keessatti hirmaattoota hundaaf sagalee ol kaasanii dubbifamu, yoo yeroo barnoota sana hojjetan duraan hin dubbifamne ta'e.

2. Kana booda hirmaattonni hundi waliin dhaabbachuun 'Labsii fi Kadhannaa Zimmaa Ganuun Aangoo Isaa Cabsuuf' jedhu qara'u.

3. Qajeelfama bal'aa argachuuf Qajeelfama Hooggantootaa ilaali.

7

Sobuu, Ol'aantummaa Sobaa fi Abaarsa

"Arrabni humna jireenyaa fi du'aa qaba, warri isa jaallatan immoo firii isaa ni nyaatu." Fakkeenya 18:21

Kaayyoowwan barnootaa

a. Hayyama Islaamummaa sobuu fi nama gowwoomsuu ilaaluu fi diduu.

b. Gowwoomsaa Islaamaa ganuuf yeroo qophooftu keeyyatoota macaafa qulqulluu dhugaa addaa 20 labsan ilaali.

c. Labsii fi gantummaa adda ta'e saddeet dabalatee kadhannaa gantummaa dubbisuudhaan gowwoomsaa irraa bilisa hafuuraa gaafadhu.

d. Islaamummaan nama tokko nama biraa irra caaluuf barbaaduu isaa ilaaluu fi diduu.

e. Ol'aantummaa Islaamaa ganuuf yeroo qophooftu keeyyatoota macaafa qulqulluu dhugaa addaa labsan ilaali.

f. Labsii fi gantummaa adda ta'e 11 dabalatee kadhannaa gantummaa dubbisuudhaan olaantummaa sobaa irraa bilisa hafuuraa gaafadhu.

g. Mee sirnoota Islaamaa kan waaqeffattoonni baay'inaan kaafiroota waliin masjiidatti abaaruu ilaalaa.

h. Islaamummaa keessatti ilaalcha abaarsa adda addaa hubadhu.

i. Walitti dhufeenya miiraa fi 'charge' hirmaattonni sirna abaarsa keessatti dhaga'amuu danda'u hubadhu.

j. Sirna abaarsa dhiisuuf yeroo qophooftu caqasoota macaafa qulqulluu dhugaa adda ta'e ja'a labsan ilaali.

k. Labsii fi gantummaa adda ta'e 19 dabalatee kadhannaa gantummaa dubbisuudhaan sirna abaarsaa irraa bilisummaa hafuuraa gaafadhu.

Qorannoon Haalaa: Maal goota?

Michoota kiristaanaa sadii Aleeksaandar, Saamu'eel fi Piyeer jedhaman waliin minibaasii waldaa keessa imala irra jirta. Konfiraansii duuka bu'ummaa Muslimoota biratti ilaalutti imalaa jirtu. Piyeer waa'ee waldaa, maatii fi siyaasaa erga qoodanii booda, waa'ee abjuu hedduu Muslimoonni Kiristoosii fi ka'umsa Islaamummaa hidhattootaa ilaalchisee namoonni biroo maal akka yaadan gaafatee jira. Bara dhumaa keessa jirra jechuudhaa? Muslimoonni jijjiiraman akkuma Yihudoota Yesusiin akka Masiihiitti hordofan daandii addaa duuka bu'ummaa argachuu qabuu?

Aleeksaandar akkas jedha, "Seriously dhiirota, maaliif Muslimoonni jijjiiraman duuka bu'ummaa adda ta'e, jedhaa, Yihudoota, ykn Budiistota irraa barbaadu? Waldaan seena qabeettii amantii adda addaatiif duuka bu'ummaa adda addaa yoom dhiheessiteetii? Hundi keenya Macaafa Qulqulluu tokkotti fayyadamnee amantii tokko hin dubbannu? Muslimoonni haala adda ta'een 'lammaffaa dhalatanii' barsiisa cuuphaa addaa ykn duuka bu'ummaa akka barbaadan ragaan maali?"

Saamu'eel akkas jedhee deebisa, "Yesus jilbi hundi akka jilbeenfatu waadaa gale, kunis Muslimoota miliyoonaan lakkaa'aman gara Kiristoositti dhufuu kan dabalatu ta'uu nan amana, akkasumas xiyyeeffannoo addaatiin isaan simachuu qabna, waldoota mana addaa keessatti, akkuma Yihudoota wajjin goonu. Phaawuloos fi Pheexiroos lallaba wangeelaa Yihudootaaf lallabuu warra Ormootaaf godhamu irraa adda ta'ee ilaalu turan. Muslimoota akka 'abbaa obboleessa Yihudootaatti' ilaaluu fi duuka bu'ummaa addaa fedhii hafuuraa isaanii ilaalu qabaachuu qabna."

Piyeer itti dabaluudhaan, "Garuu Saamu'eel, ergamoonni hundinuu waldaa kakuu haaraa duuka buusuuf barumsa wal fakkaatutti fayyadamaniiru. Ergaawwan ergamootaa hundinuu Yihudootaa fi Ormootaaf kan barreeffaman mitii? Musliimonni gara Kiristoos dhufan salphaatti waan nama hundumaa barbaadu: koorsii cuuphaa, lallaba, barsiisa Mana Barumsaa Sanbataa fi qo'annoo Macaafa Qulqulluu. Dhugaa dubbachuuf, ilaalcha addaa isaaniif kennuudhaan waldoota keenya amma jiran keessatti akka hin makamne gochuu danda'a."

Itti aansee Saamu'eel "Musliimoota duraaniif duuka bu'ummaa akkamitti ilaalta?"

Akkamitti deebii kennita?

Soba Irraa Bilisa Ta'uu

Kutaalee kanneen keessatti barsiisa Islaamaa soba ilaalchisee ilaalla, soba ganuu filanna.

Dhugaan Gatii Guddaa Qaba

Indooneezhiyaa keessatti jihaada Islaamaa mormuun dubbate jechuun sobaan kan hidhaman Paastar Damanik waa'ee dhugaa akkas jedhan:

> ... dhugaan rakkisaa fi baay'ee qaala'aa ta'us filannoo tokkollee hin qabnu. Gatii qaalii kaffaluuf fedhii qabaachuu qabna. Filannoon biraa dhugaa jirutti nagaa dhaamuudha. Jaalataan dhugaa nama fedhii sibiilaa qabu ta'uuf akkasumas yeroo wal fakkaatutti nama onnee qulqulluu fi iftoomina qabu (akka geejjibaa) ta'uuf daran qabsaa'uu qaba. Fedhiin sibiilaa cimaadha; jilbeenfachuu hin danda'u. Dhugaaf of kennuu isaatiin kan hin sochoone ... Garaan geejjibaa fedhii dhokataa fi ajandaa dhuunfaa ofii irraa kan qulqullaa'eedha. Akkuma geejjibaa jaallataan dhugaa jal'inaa fi soba addunyaa kanarra jiru irratti miira namaa kan hubatu fi salphaatti kan cabsudha. Garaa-cabe kun mallattoo dadhabina osoo hin taane, mallattoo humnaa fi humnaati. Fedhii cimaa kan qabuu fi afaan isaa qara qabu dhugaa hin taanee fi soba naannoo isaa jiru fuulduratti dubbachuu danda'a. Garaan isaa tasgabbaa'uu ykn callisuu hin danda'u. Garaan isaa yeroo hunda jal'ina irratti qabsaa'uun kan guutamedha.

Waaqayyo dhugaa ta'uun isaa isa wajjin walitti dhufeenya uumuuf bu'uura nuuf ta'a. Waaqayyo hariiroo qaba: hariiroo dhala namaa wajjin of hidha.

Aadaa *shari'aa*

Akka Qur'aana fi barsiisa Islaamummaatti sobni haala murtaa'e keessatti ni hayyamama. Islaamummaa keessatti sobni akkamitti akka hayyamamee fi yeroo tokko tokko dirqama akka ta'e barnoota 3ffaa keessatti ilaalleerra.

Qur'aana keessatti Rabbiin illee gowwoomsaa, namoota karaa irraa maqsa jedhama:

> Rabbiin nama fedhe ni jallisa, nama fedhes ni qajeelcha. Inni Jabaa, Beekaati. (Q14:4)

Gosoonni sobaa seera shari'aa raggaasisu kanneen akka:

- lola keessa ciisuu
- abbaan warraa haadha manaa sobuu
- of eeguuf sobuu
- Ummaa ittisuuf sobuu
- Muslimoonni balaa keessa akka jiran yeroo amanan sobuu (taqiyyaa) of eeggachuu: haala kana keessatti Muslimni tokko iimaana isaanii ganuu illee ni hayyamamaaf (Q16:106).

Duudhaaleen amantii kun aadaa Islaamaa irratti karaa gadi fagoo dhiibbaa geessisaniiru.

Dhugaa Wal Qunnamuu

Islaamummaa irraa adda ta'ee, Kiristaanni tokko amantii isaa ganuun hin hayyamamu:

> Namni warra kaan dura naaf beekamtii kenne, anis Abbaa koo isa samii duratti beekamtii nan kenna. Namni warra kaan duratti na ganu garuu, ani abbaa koo isa samii duratti nan gana. (Maatewos 10:32-33)

Yesuus akkas jedhe, "Wanti isin jechuu qabdan 'Eeyyee' ykn 'Lakki' jechuu qofa ..." (Maatewos 5:37)

Akka Seera Uumamaa 17tti Waaqayyo Abrahaam wajjin maal hundeessa?

Ani kakuu koo akka kakuu bara baraatti anaa fi isinii fi sanyii keessan booda dhaloota dhufuuf, Waaqa keessanii fi Waaqa sanyii keessan isin booda dhufaniif nan hundeessa. Biyya Kana'aan, amma orma taate, siifi sanyii kee si booda dhufaniif qabeenya bara baraa akka ta'u nan kenna; ani immoo Waaqa isaanii nan ta'a. (Uumama 17:7-8)

Akkasumas akka Faarfannaa 89tti Waaqayyo Daawit wajjin maal hundeessa?

Ati, "Ani nama filatamaa koo wajjin kakuu gale, garbicha koo Daawitiif kakadheera, 'Hidda kee bara baraan nan jabeessa, teessoo kees dhaloota hundumaatti nan jabeessa'" (Faarfannaa 89:3-4)

Kutaawwan lamaan amma dubbiste kun Waaqayyo saba isaa wajjin kakuu amanamaa akka hundeessu argisiisu.

Kutaalee itti aanan kana keessatti amaloota walitti dhufeenya Waaqayyoo lama akkamii adda baasuu dandeessa?

Waaqayyo nama miti, akka inni sobu, namas miti, akka inni yaada isaa jijjiiru. Dubbatee booda gocha hin godhu? Waadaa galee hin raawwatuu? (Lakkoofsa 23:19)

Gooftaan gaarii waan ta'eef galata galchaa. Jaalalli isaa bara baraan jiraata. (Faarfannaa 136:1)

[waa'ee Yihudootaa yoo dubbannu] ... filannoo ilaalchisee, kennaa Waaqayyoo fi waamichi isaa kan hin deebine waan ta'eef, sababa abbootii warraatiin jaallatamu. (Roomaa 11:28-29)

... amantii warra Waaqayyoon filatamanii fi dhugaa gara waaqayyummaatti nama geessu beekuu isaanii—abdii jireenya bara baraa, isa Waaqayyo inni hin sobne, jalqaba yeroo dura waadaa gale ... (Tiitoos 1:1-2)

Waaqayyo kaayyoo isaa kan hin jijjiiramne ta'uu isaa warra wanta abdachiifame dhaaltotaaf baay'ee ifa gochuu waan barbaadeef, kakaadhaan mirkaneesse. Waaqayyo kana kan godhe, wantoota hin jijjiiramne lama kan Waaqayyo sobuun hin danda'amneen, nuti warri abdii nuuf dhihaate qabachuuf baqanne baay'ee akka jajjabeeffamneef. Abdii kana akka ankuraa lubbuutti, jabaa fi tasgabbii qabna. (Ibroota 6:17-19)

Garuu akkuma Waaqayyo amanamaa ta'e, ergaan nuuf kenninu "Eeyyee" fi "Lakki" miti. Ilma Waaqayyootiif, Yesus Kiristoos ... "Eeyyee" fi "Lakki" hin turre, garuu isa keessatti yeroo hundumaa "Eeyyee" ta'ee jira. (2 Qorontos 1:18-20)

Waaqayyo hariiroo isaa keessatti kan hin jijjiiramnee fi amanamaa dha. Yeroo hundumaa dubbii isaa eega.

Akka Lewwootaatti Waaqayyo namoota irraa maal barbaada?

Gooftaan Museedhaan, "Guutummaa gumii Israa'elitti dubbadhu, 'Ani Waaqayyo gooftaan kee qulqulluu waanan ta'eef qulqullaa'i'" (Lewwota 19:1-2) jedhe.

Waaqni dhugaan Macaafa Qulqulluu akka isaa qulqulloota akka taanu barbaada.

Akka caqasoota itti aanan sadan kanaatti, qulqullummaa Waaqayyoo jireenya keenya keessatti akkamitti argisifna?

... yeroo hundumaa jaalala kee isa hin dadhabne yaadadheen ture, dhugaa[13] kee irrattis hirkadheen jiraadha. (Faarfannaa 26:3)

Hafuura koo harka keetti nan kenna; yaa Gooftaa, Waaqayyo koo isa amanamaa na oolchi. (Faarfannaa 31:5)

Yaa Gooftaa araara kee narraa hin dhowwiin; jaalala kee fi dhugaan kee yeroo hunda na haa eegu. (Faarfannaa 40:11)

Waaqayyo dhugaa fi dubbii isaatiif amanamaa waan ta'eef, dhugaa ta'uudhaan, dhugaadhaan jiraachuudhaan qulqullummaa Waaqayyoo argisiisuu dandeenya. Seexanni soba garaa keenya keessa galchuu kan jaallatu ta'us, dhugaan Waaqayyoo nu eega.

Akka Faarfannaa Daawit kanaatti dhugaan maal nu godha?

Dhugumatti ani yeroon dhaladhu cubbamaa ture; cubbamaa bara haati koo na ulfoofte irraa kaasee.

Dhuguma gadameessa keessa iyyuu dhugaa hawwite; ati garaa

---

[13] Jechi dhugaa (truth) jedhamee hiikame kun amanamummaa (faithfulness) jechuus ni ta'a.

keessaa ogummaa na barsiifta.
Hisoppiidhaan na qulqulleessi, anis nan qulqullaa'a; na dhiqadhaa, qorra caalaa nan adii ta'a. (Faarfannaa 51:5-7)

Faarfannaan kun dhugaan akka nu qulqulleessu ibsa.

Akka caqasa kanaatti jireenya Yesus maaltu guute?

... ulfina isaa, ulfina akka Ilma tokkicha abbaa tokkootti, ayyaanaa fi dhugaadhaan kan guutame argineerra. (Yohaannis 1:14)

Yesuus dhugaadhaan kan guutame ture.

Maal keessa jiraachuuf waamamne?

Warri wanta dhugaa hojjetan garuu hojiin isaanii Waaqayyo keessatti akka raawwatame ifatti akka mul'atuuf gara ifaatti dhufu. (Yohaannis 3:21)

Dhugaa keessa jiraachuuf waamamne.

Akka caqasoota itti aanan lamaan kanaatti, maali qofaan Waaqayyoon beekuu dandeenya?

14. Jechi asitti 'dhugaa' jedhamee hiikame 'amanamummaa' jechuus ni danda'a.

Waaqayyo hafuura waan ta'eef, waaqeffattoonni isaa hafuuraa fi dhugaadhaan waaqeffachuu qabu. (Yohaannis 4:24)

Yesuus deebisee, "Karaan, dhugaan, jireenyis ana dha. Karaa koo malee namni gara Abbaa dhufu hin jiru." (Yohaannis 14:6)

Yesus gara Waaqayyootti dhufuu kan dandeenyu karaa dhugaa qofa akka ta'e nutti himaa jira. (Wangeelota keessatti Yesus yeroo 78 "Dhugaa isinitti hima" jedheera.)

Kiristoosiin hordofuu wajjin maaltu wal hin simne, akka kutaa Phaawuloos kanaatti?

Seerri qajeelotaaf osoo hin taane warra seera cabsitootaa fi finciltootaaf, warra Waaqayyoon hin sodaanne fi cubbamootaaf, warra qulqulluu fi amantii hin qabneef akka ta'es ni beekna; warra abbaa isaanii ykn haadha isaanii ajjeesaniif, warra nama ajjeesaniif, warra ejjitootaa fi warra jal'isaniif, warra garboota daldaltootaa fi sobdootaa fi warra

218

sobaan kaka'aniif-akkasumas waan biraa barumsa sirrii wangeela ulfina qabeessa Waaqayyo eebbifamaa isa inni imaanaa itti kenne wajjin walsimuun kan faallessu kamiif iyyuu ana. (1 Ximotewos 1:9-11)

Phaawulos sobni Kiristoosiin duukaa bu'uu wajjin kan wal hin simne ta'uu ibsaa jira.

Kadhannaan gowwoomsaa ganuuf godhamu kun hirmaattonni hundi waliin dhaabbatanii sagalee ol kaasee dubbifamuu qabu.

Labsii fi Kadhannaa Gowwoomsaa Dhiisuu

Waaqayyo Abbaa ati Waaqa dhugaa waan taatef akkasumas ifa kee dukkana irratti waan ibsituuf galanni siif haa ta'u. har'a dukkana keessa osoo hin ta'in ifa kee keessa jiraachuudhaaf filadheen jira.

Sobootan kana dura dubbadhe hundaaf dhiifama naaf godhi. Yeroo baay'ee karaa salphaa irra adeemudhaan wanta sirrii ta'e osoo hin ta'in wanta natti salphatu qofa hojjechaa tureen jira. Yaa Gooftaa afaan koof onnee koo wanta xuraawwaa irraa akka qulqulleessitu sin kadhadha. Onnee dhugaa dhagahuudhan gammadu, afaan dhugaa namoota birootti himuudhaf qophaahe naaf kenni.

Soba akkan balaaleffadhuu fi dhugaatti akkan gammadu jabina naaf kenni.

Har'a jireenya koo guyyaa guyyaatti soba fayyadamuu nan balaaleffadha.

Barumsaalee Islaamaa taaqiyyaa dabalatee soba hayyaman hunda nan balaaleffadha. Sobaa fi gowwoomsaa hunda irraa nan deebi'a. dhugaadhan jiraachuf nan filadha.

Yesus Kiristoos Karaa, Jireenya fi Dhugaa ta'uu isaa nan labsa. Eeggumsa dhagaa isaa jala jiraachuf filadheen jira.

Eeggumsi koo siin akka ta'ee fi dhugaan akka walaba na baasu nan amana.

Yaa Waaqayyo Abbaa samiirra jiraattu, ifa dhugaa keetiin akkamitti jiraachuu akkan danda'u natti mul'isi. Jechootan dubbadhuu fi karaan irra adeemu kan dhugaa kee irratti hundaa'an natti mul'isi.

Ol'aantummaa Sobaa Irraa Bilisa Ta'uu

Kutaa kana keessatti barsiisa Islaamaa namoota tokko tokko warra kaan caalaa ol'aantummaa qaban ilaalla, kanas barsiisa Macaafa Qulqulluu wajjin wal bira qabnee ilaalla. Sana booda miira olaantummaa sobaa ganuu filanna.

Islaamummaan Olaantummaaf Sababa Dhiheessu

Islaamummaa keessatti olaantummaa irratti xiyyeeffannaan guddaan kennama; eenyu 'isa hunda caalu' irratti. Qur'aanni muslimoonni kiristaanotaa fi yahuudota caalaa akka ta'e ni dubbata:

Isin [Muslimoonni] hawaasa hundarra gaarii ilma namaatiif fidame, sirrii ajajuu fi badii dhorkuu, Waaqayyootti amanuudha. Osoo Namoonni Kitaabni amananii silaa isaaniif wayya ture; gariin isaanii amantoota yoo ta'an, irra caalaan isaanii garuu jal'oota. (Q3:110)

Islaamummaan immoo amantiiwwan biroo irratti ni bulcha jedhamee yaadame:

Qajeelfama fi amantii dhugaatiin ergamaa isaa kan ergedha, akka amantii hunda irratti akka mo'atuuf. (Q48:28) jedhu.

Islaamummaa keessatti akka nama gadi aanaatti ilaalamuun nama qaanessa. Hadiisonni Muhaammad kanneen olaantummaa irratti xiyyeeffannoo guddaa kennan hedduutu jiru. Fakkeenyaaf Muhaammad hadiisa al-Timirdhiin gabaase keessatti namoota jiraatan hunda caalaa akka ta'e labseera:

Guyyaa Qiyaamaa gooftaa ijoollee Addaam ta'a malee of jajuu miti. Alaabaan faaruu ni ta'a harka koo keessa jira, ani immoo hin of jaju. Guyyaa sana Addaam dabalatee raajiin hundi alaabaa koo jala ta'a. Ani immoo isa jalqabaa lafti itti banamti [i.e. jalqaba du'aa ka'u] ani immoo of jajuu koo miti.

Amantiin Islaamaa aadaa Arabaa irratti dhiibbaa guddaa kan uume yoo ta'u, waggoota kuma tokkoo oliif boce. Aadaa Arabaa keessatti yaad-rimeen kabajaa fi salphina baay'ee barbaachisaa waan ta'eef namoonni akka gadi aanaa fakkeessuun ni jibbu. Namoonni yeroo waldhaban wal salphisuuf yaalu danda'u miira mufannaa irraa kan ka'e socho'u.

Namni tokko Islaamummaa dhiisee Kiristoosiin hordofuuf yeroo murteessu ilaalcha addunyaa miiraa namni tokko namoota naannoo isaa jiran caalaa akka caalu itti dhaga'amuu qabu, kana irraa quufa argachuu fi qaana'uu sodaachuu qabu dhiisuu qaba.

Dhugaa Wal Qunnamuu

Iddoo dhaabaa Eeden keessatti bofti Hewaan "akka Waaqayyoo" ta'uu akka dandeessu itti himuudhaan qore, bu'uura kanaan Hewaan wanta bofti sun barbaadde waliin deemte. Kunis gara Kufaatii Addaamiifi Hewwaan geesseera. Caqasa kana irraa waa'ee balaa ol ta'uu hawwuun maal barachuu dandeenya?

> Dubartittiin boftichaan, "Nuti muka iddoo dhaabaa keessa jiru irraa firii nyaachuu dandeenya, Waaqayyo garuu, 'Ati firii muka iddoo dhaabaa gidduu jiru irraa hin nyaatin, hin tuqne, ykn ni duuta'" jedheera.

> Bofti sun dubartii sanaan, "Dhugumatti hin duutu" jedheen. "Waaqayyo yommuu irraa nyaattan iji keessan akka banamu, waan gaarii fi hamaa akka beektan Waaqayyo akka taatan ni beeka." (Seera Uumamaa 3:2-5).

Fedhiin ol ta'uu ilma namaatiif kiyyoodha: rakkoo fi dhukkubbiin guddaan addunyaa kana irratti namoota warra kaan caalaa ta'uu barbaadaniin fiduu danda'a.

Yeroo yerootti duuka buutota Yesus gidduutti gaaffiin isaan keessaa eenyu akka ta'e ykn ta'a kan jedhu ni ka'a ture. Yaaqoobii fi Yohaannis mootummaa Yesus keessatti eenyu akka bakka ulfinaa akka qabaatu beekuu barbaadan. Akkuma Yaaqoob fi Yohaannis ilmi namaa addunyaa guutuutti teessoo hundarra gaarii ykn bakka kabaja guddaa barbaadu. Yesus waa'ee kanaa maal jedha?

221

Achiis Yaaqoobii fi Yohaannis ilmaan Zabdewoos gara isaa dhufan. "Barsiisaa, waan nuti gaafannu hunda akka nuuf gootu barbaanna" jedhaniin.

"Maal akkan siif godhu barbaadda?" jedhee gaafate.

Isaanis, "Ulfina keetiin tokko keenya mirga kee, inni kaan immoo bitaa kee haa taa'u" jedhanii deebisaniif. ...

Kurnan kun kana yommuu dhaga'an Yaaqoob fi Yohaannisitti aaran. Yesus walitti isaan waamee, "Warri akka bulchitoota ormootaatti[14] ilaalaman akka isaan irratti gooftaa akka ta'an, aanga'oonni isaanii ol'aanoon akka isaan irratti aangoo akka qabaatan ni beektu. Si biratti akkas miti. Kanaa mannaa, isin keessaa namni guddaa ta'uu barbaadu garbicha keessan ta'uu qaba, namni dursa ta'uu barbaadu immoo garba hundaa ta'uu qaba. Ilmi namaa illee tajaajiluuf, lubbuu isaa namoota baay'eedhaaf furii ta'ee kennuudhaaf malee, tajaajiluuf hin dhufne." (Maarqos 10:35-45)

Yesus fedhii kanaaf deebii kan kennu duuka buutonni isaa dhugumaan isa duukaa bu'uu yoo barbaadan, akkamitti warra kaan akka tajaajilan barachuu akka qaban ibsuudhaani.

Balaan olaantummaa itti dhaga'amuu seenaa ilma bade sanaa keessattis ni ba'a (Luq 15:11-32). Ilmi 'gaariin' sun akka caalu itti dhaga'amee yeroo deebi'u ilma yeroo dheeraaf bade sanaaf dhaaba abbaa isaatti makamuu hin dandeenye. Kanaaf abbaa isaatiin ceepha'e. Karaan milkaa'ina dhugaa, ija Waaqayyoo duratti, namoota biroo tajaajiluu barbaaduudha malee isaan tuffatanii ilaaluu ykn isaan irratti gooftummaa qabaachuu miti.

Kutaa bareedaa kana keessatti Filiphisiiyus 2 irraa, cunqursaa addunyaa kana gama namoota tokko tokko warra kaan caalaa ol'aantummaadhaan ilaaluu jalaa bilisa ba'uuf furtuun maali?

Egaa karaa Kristos wal gorsuun, jaalala isaatiin wal jajjabeessuun, karaa hafuura qulqulluu tokkummaa

---

[14] Yesus asitti Ormoota yeroo eeru saboota hundumaa jechuu isaati: barbaachisaa ta'ee itti dhaga'amuu barbaaduun amala uumama namaa addunyaa maraa ti.

qabaachuun, gara-laafinaan namaaf yaaduun nuuf kennameera. Ammas isin warra yaada garaa tokkoo ta'uudhaan, jaalala tokko qabaachuudhaan, yaada walitti dabalattanii tokko ta'uudhaan, yaada tokkotti waliif galuudhaan gammachuu koo fiixaan anaaf baasaa! Gad of deebisuudhaan warra kaan of irra caalchisaa lakkaa'aa malee, yaada ofittummaatiin yookiis of dhiibuudhaan waan tokko illee hin hojjetinaa! Isin keessaa adduma addaan waan warra kaanitti tolus immoo haa ilaalu malee, waan isatti tolu duwwaa hin ilaalin!

Yaada garaa isa Kristos Yesus qaba ture qabaadhaa*!mInni bifa waaqayyummaatiin utuma jiruu, ulfina waaqayyummaa isa abbaa isaa wajjin wal isa qixxeessu wanta qabatanii itti hafanitti hin lakkoofne. Inni ulfina sana gad dhiisee, akka waan, waan tokkotti hin galle of godhe; bifa garbummaa in fudhate; fakkaattii namummaatiin in dhalate, waan hundumaanis nama ta'ee argame. Inni gad of deebisee, hamma du'aatti, hamma fannifamee du'utti iyyuu abboomamaa ta'e. Kanaafis Waaqayyo waan hundumaa irra caalchisee guddaa ol isa qabe; maqaa isa maqaa kam irra iyyuu caalu kenneeraaf. Kanaanis warri bantii waaqaa keessa jiran, warri lafa irraa, warri lafa jala jiranis hundinuu ulfina maqaa Yesusiif jilbeenfatanii akka sagadan godhe. Arrabni hundinuus, ulfina Waaqayyoo abbaatiif, Yesus Kristos gooftaa akka ta'e beeksisuuf jiru*. (Filiphisiiyus 2:1-11)

Ilaalcha addunyaa cunqursaa olaantummaa irraa bilisa ta'uuf furtuun fakkeenya Yesus Kiristoosiiti.

Garaan Yesus baay'ee addadha. Tajaajila malee ol aantummaa filate. Inni hin ajjeesne, lubbuu isaa warra kaaniif dhiyeesse. Karaa baay'ee qabatamaa ta'een, Yesus of gad of qabuun maal jechuu akka ta'e agarsiise: "homaa of hin goone" (Filiphisiiyus 2:7), akka fannifamuu illee of hayyame, du'a salphina guddaa namoota bara isaa keessatti beekan.

Duuka bu'aan Kiristoos inni dhugaan akkasuma godha. Miira olaantummaa itti dhaga'amu kamirraayyuu gammachuu hin argatu. Hordoftoonni Kiristoos dhugaan salphina ykn waan namoonni biroo yaadan hin sodaatan, sababiin isaas Waaqayyo akka isaan mirkaneessuu fi eegutti amanamu.

Kadhannaan miira olaantummaa sobaa ganuuf godhamu kun hirmaattonni hundi waliin dhaabbatan sagalee ol kaasee dubbifamuu qaba.

Labsii fi Kadhannaa Ol'aantummaa Ganuuf

Yaa Abbaa, waan bareechitee na uumtef galanni siifa yaa ta'u. Waan najaallattuuf akkasumas kan kee gootee waan nawaamteef sin galateeffadha. Carraa guddicha isa Yesus Kiristoos hordofuudhaf naaf kenniteef sin galateeffadha.

Namoota irratti ol'aantummaa argachuuf fedhii qabaachuu kootif dhiifama naaf godhi. Fedhii akkasii guutumaa guututti nan gana. Namoota biroo akkan caalu yaadudhaan gammachuun akka natti dhagahamu hin fedhu. Akkuma namoota biroo cubbamaa ta'uu koo nan hubadha, sirraa adda ba'ee waan tokkollee hojjechuu hin danda'u.

Garee yookin sanyii ol'aantummaa qabu irraa akkan argame yaaduu kootif shiifama nan gaafadha. Ija kee full duratti namoonni hundi wal-qixa ta'uu isaanii nan fudhadha.

Namoota ibaa tuffachuudhan akkasumas fudhachuu dhiisudhaan jechootan dubbadhe hundaaf dhiifama kee akka naaf kennitu sin kadhadha.

Namoonni sababa sanyii, saala, qabeenya yookin barnoota isaanitiin gadi aantota akka ta'an yaaduu nan balaaleffadha.

Bakkee argama keetitti ayyaana keetin qofa dhaabbachuun akka naaf ta'u nan fudhadha. Firdii namootaa hunda iraa of nan foo'a, akka na fayyistus si qofatti nan abdadha.

Keessumattuu Islaamummaan namoonni ququlluun ol'aantummaa akka qaban, Islaamummaan namoota akka galmaan ga'u, akkasumas Musliimoonni warra Musliima hin taane akka caalan barsiisa barsiisu nan gana.

Dhiironni dubartoota akka caalan barnoota barsiisu nan gana.

Yaa Waaqayyo Abbaa samii irra jiraattu, miira ol'aantummaa sobaa ganuudhan si tajaajiluuf filadheen jira.

Yaa Gooftaa galma ga'uu namoota ibaatin gammaduuf nan filadha. Namootatti inaafuu nan gana, hin keessummeessu.

Yaa Gooftaa sababa keetin eenyummaan argadhe sirriitti hubachuu akkan danda'u na gargaari. Ija Ati ittiin na ilaaltu beekuu akkan danda'u na gargaari. Eenyummaa Ati ittiin an uumte fudhachuu akkan danda'u na gargaari.

⁂

Abaarsa Irraa Bilisa Ta'uu

Kutaalee kanneen keessatti gocha nama abaaruu Islaamummaa keessatti ilaalla, gocha kana ganuu filanna, abaarsa nurratti godhame kamiyyuu cabsina.

Islaamummaa Keessatti Abaarsa

Qabeenya Barumsa 2ffaa keessatti argamutti fayyadamuun amantoonni tooftaalee kadhannaa qopheessuun namoonni garbummaa gosa adda addaa heddu irraa bilisa akka ba'an gargaaruu danda'u, Islaamummaa irraas ta'e madda biroo irraa.

Kutaa kana keessatti sirna Islaamaa adda ta'e tokko ilaallee, isa dhiisuuf kadhannaa dhiheessina. Kadhannaan kun kan qophaa'eef Kiristaanni dhalootaan Musliimaa ta'e tokko sirni kun muuxannoo amantii isaa akka Muslimaatti qaama guddaa akka ta'e, akkasumas humna hafuuraa akka qabu itti dhaga'amu akka ta'e natti eereera.

Qur'aanni abaarsa kiristaanota waaqummaa Kiristoos himatan akkas jechuun dhaamsa: "Gad of qabuun sobdoota irratti abaarsa Rabbii haa kadhannu" (Q3:61). Haa ta'u malee, hadiisonni waa'ee abaarsa irratti dubbii wal faallessu qabu. Gama tokkoon hadiisonni hedduun Muhaammad namoota gosa adda addaa, yahuudota ykn Kiristaanota dabalatee, akkasumas dhiirota ykn dubartoota saala faallaa fakkeessanii akka abaaru gabaasu. Gama biraatiin ammoo hadiisoonni balaa abaarsa irraa akeekkachiisan, akkasumas Muslimoonni gonkumaa Muslima akka isaanii abaaruu hin qaban jedhan ni jiru.

Sababa seenaa wal faallessu kanaan, hayyoonni Muslimaa Muslimoonni nama abaaruun seera qabeessa ta'uu fi dhiisuu isaa, eenyuun abaaruu akka danda'an, akkasumas karaan Islaamaa maal akka ta'e yaada adda addaa qabu. Ta'us namoota Muslima hin taane

225

abaaruun aadaa Islaamaa keessatti baay'ee baramaa dha. Bara 1836tti Edward Lane akka barreessetti ijoolleen mana barumsaa Muslimaa Masrii keessa jiran abaarsa akka qara'an kiristaana, Yihudootaa fi namoota Islaamummaatti hin amanne hunda irratti akka qara'an barsiifamaa turan.[15]

Sirna Abaarsa

Muslimoota duraanii biyyoota adda addaa irraa dhufan kanneen masjiida kana keessatti sagantaa abaarsa jumlaa irratti argamuun aadaa isaaniiti jedhan waliin haasa'een jira.

Hiriyaan isaa tokko taateewwan kana kan ibse yoo ta'u, imaama masjiidaatiin kan hoogganaman yoo ta'u, innis qondaala salaata jum'aa geggeessudha. Dhiironni kun "garba gara garbaatti" sararaan ni uumamu turan. Imaama hordofuun, walumaa galatti qara'uun, warra diina Islaamaa jedhanii fudhatan ni abaaru turan.

Abaarsi sun sirnaafi irra deddeebi'amee kan raawwatamu ture. Hiriyaan kun akka jedhetti abaartoonni olka'iinsa miiraa, miira jibbaa fi gammachuu baay'ee cimaa, "chaarjii" hafuuraa cimaa (miira humnaa qaama isaanii keessaa yaa'u) wajjin akka isaan mudatu dubbateera. Gochi kun, muuxannoo isaa keessatti, abbaa irraa gara ilmaatti kan darbu yoo ta'u, walitti isaan hidhe. Abbaa isaa wajjin walitti dhufeenya akka qabu itti dhaga'ame, karaa isaas akaakayyuu isaa, fi abbootii biroo sana dura: hundi isaanii Islaamummaaf jecha namoota biroo abaaruuf "garba wal qabatanii" dhaabbatanii turan.

Hiriyaan biraa Sa'uudii Arabiyaa irraa dhufe amma Kiristaana ta'e tokko Ramadaana, ji'a soomanaa, yeroo namoonni kumaatamaan lakkaa'aman Masjiida Guddicha Makkaatti walitti qabamanii waliin salaatan hawwiidhaan eeggachaa ture. Yeroo hunda yeroo namoonni Musliimaa hin taane namoota hedduudhaan abaaraman gammachuudhaan hawwiidhaan eeggata ture. Innis abaarsa sanatti yeroo hirmaatu "himannaa" hafuuraa sana mudateera. Imaamni sun yeroo abaarsa kaafiroota irratti gadi waamu ni boo'a, namoonni

---

[15] Edward W. Lane, *An Account of the Manners and Customs of the Modern Egyptians*, p. 276.

226

achi jiran hundinuu humnaa fi jibba isaanii yeroo sanatti xiyyeeffachuun jecha abaarsa imaamichaa ni deeggara.

Taatee akkanaa barsiisa Yesus abaarsi dhorkaadha jedhu waliin wal faallessa (Luq 6:28): Kiristaanonni warra kaan akka hin abaarne, garuu abaarsaaf eebba akka deebisan ni barsiifamu. Sirni akkasii waaqeffataa fi imaama gidduutti, akkasumas abbaa fi ilma gidduutti yeroo waliin raawwatan 'hidhata lubbuu' Waaqayyoon hin sodaanne ni hundeessa. Muuxannoon abaarsaa kun hiriyaan koo yeroo inni xiqqaa ture, osoo inni Yesusiin hin beekin dura dhiibbaa guddaa geessiseera.

Jechi 'hidhata lubbuu' jedhu maal jechuudha? Lubbuun nama tokkoo kan biraa wajjin walitti hidhamti jechuudha: walirraa bilisa miti. Hidhamiinsi lubbuu gosa balbala banaa ykn miila itti qabaniidha, isa nuti Barnoota 2 keessatti hin ilaalle.Huma isaatiin, hidhaan lubbuu kakuu namoota lama walitti hidhu waan ta'eef dhiibbaan hafuuraa tokko irraa gara isa kaaniitti darbuu danda'a. Hidhamiinsi lubbuu tokko tokko gaarii ta'uu danda'a dhugumatti madda eebbaa ta'uu danda'a, kan akka hidhata lubbuu Waaqayyoon sodaatuu warraa fi mucaa gidduutti, kaan garuu madda miidhaa ta'uu danda'a.

Namni tokko hidhata lubbuu Waaqayyoon hin sodaanne yeroo qabaatu, hidhan lubbuu akka citu mirkaneessuuf dhiifamni barbaachisaa dha. Namni tokko dhiifama dhabuu nama biraa irratti hamma qabatutti, amma iyyuu hidhata ykn walitti hidhamiinsi Waaqayyoon hin sodaanne—hidhata lubbuu—jidduu isaanii jira.

Hidhamiinsi lubbuu Waaqayyoon kan hin sodaanne ta'uu danda'a. Akka carraa ta'ee, Kiristaanonni hidhata lubbuu Waaqayyoon hin sodaanne kutuu ykn cabsuu danda'u, adeemsa tarkaanfii shan qabu kan Barumsa 2ffaa keessatti ibsametti fayyadamuun buqqisuu danda'u: waadaa galuu, ganuu, cabsuu, ari'uu (yeroo barbaachisu), fi dhumarratti eebbisuu.

Akkamitti Abaarsa Cabsina

Konfiraansii tokko irratti barsiisaa osoon jiruu dargaggeessi tokko gargaarsa gaafachuuf natti dhiyaate. Inniifi maatiinsaa gara biyya Baha Giddu Galeessaa bakka misiyoonii ta'ee tajaajiluuf leenji'aa ture dhaqaniiru. Haa ta'u malee maatiin kun balaa fi dhukkuba dabalatee rakkoolee hedduu mudachaa turan. Haalli sun hammaataa waan tureef abdii kutatanii gara manaatti deebi'uuf yaadaa turan. Dargaggeessi kun mana jireenyaa isaanii abaaramuu danda'a jedhee yaade garuu maal akka godhu hin beeku ture. Akkaataa abaarsa cabsuu danda'u itti qoodeen ture. Sana booda gorsa kana fudhatee gara manaatti deebi'ee abaarsa hunda cabsee karaa mana jireenyaa isaa kadhachuuf aangoo fudhate. Kana booda rakkoon maatii kanaa waan badeef, nagaadhaan mana isaaniitti gammaduu danda'aniiru.

Amantoota Duubee Musliimaa irraa dhufan dabalatee namoonni hedduun tajaajila Muslimoota irratti hirmaatan Muslimootaan abaarsa isaan mudateera. Kunis abaarsa maqaa Rabbiitiin raawwatamu ykn falfala fayyadamuu ta'uu danda'a.

Yoo ati ykn namni jaallattu abaaramaa ta'uu danda'a jettee amante, abaarsa sana balleessuuf tarkaanfiiwwan sagal fudhachuu qabdu kunooti:

- Jalqaba cubbuu hundumaa himachuu fi qalbii diddiirrachuu fi haguuggii dhiiga Yesuus jireenya kee irratti labsi.

- Ergasii meeshaalee Waaqayyoof hin sodaanne ykn of kennanii hojjetan kamiyyuu mana keessan keessaa baasuu.

- Itti aansuudhaan, cubbuunis ta'e gocha abaarsa nama tokkoo itti yaadee raawwateen, ofii kee dabalatee, nama abaarsa maddisiise dhiifama godhi.

- Aangoo Kiristoos keessatti qabdu beektee himadhu.

- "Maqaa Yesusiin abaarsa kana nan gana, cabsa" jechuun abaarsa ganuu fi cabsuu, humna olaantummaa fi aangoo Yesus Kiristoos hojii dukkanaa hundumaa irratti, fannoo isaatiin himachuu.

- Kiristoos keessatti hammeenya hundumaa irraa bilisa ta'uu kee labsi, sababa hojii Kiristoos fannoo irratti xumurame irraa kan ka'e.

- Jinni abaarsa waliin walqabatu kamiyyuu fi hundi akka si, maatii kee fi mana kee dhiisee deemu ajaju.

- Sana booda faallaa abaarsa kamiyyuu dabalatee, caqasoota Macaafa Qulqulluu, kan akka "Ani jiraadha malee hin du'u, wanta Gooftaan hojjete nan labsa" jedhu fayyadamuun, faallaa abaarsa kamiyyuu dabalatee eebba labsi. (Faarfannaa 118:17)

- Jaalala, humnaa fi ayyaana isaatiif Waaqayyoon galateeffadhu.

Dhugaa Wal Qunnamuu

Keeyyatni kun akkamitti abaarsa jalaa bilisa akka baannu maal jedha?

Isa keessatti karaa dhiiga isaatiin furuu qabna, dhiifama cubbuu, akka badhaadhina ayyaana Waaqayyootti ... (Efesoon 1:7)

Dhiiga Kiristoosiin waan furamneef abaarsa jalaa bilisa baane.

Kiristaanni tokko humna hamaa irratti aangoo akkamii qaba?

"Kunoo, ani bofa, qoochoowwan, humna diinaa hundumaa irrattis akka dhiittaniif aangoo isiniif kenneera, wanti tokko illee isin hin miidhu." (Luqaas 10:19)

Kiristoos keessatti abaarsa hundumaa dabalatee humna diinaa hundumaa irratti aangoo qabaachuu akka dandeenyu hubachuu qabna.

Akka caqasa itti aanu kanaatti, Yesus maaliif gara biyya lafaa kanaa dhufe?

Sababni Ilmi Waaqayyoo itti mul'atee hojii seexanaa balleessuuf ture. (1 Yohaannis 3:8)

Yesus abaarsa hamaa hundumaa dabalatee humna Seexanaa balleessuuf dhufe.

Fannifamuun Yesus seera Keessa Deebii 21:23 akkamitti raawwate?

Kiristoos abaarsa seeraa jalaa nuuf abaarsa ta'uudhaan nu fureera, sababiin isaas: "Namni utubaa irratti fannifame hundi abaaramaa dha." Eebbi Abrahaamiif kenname karaa Kiristoos Yesuus gara Ormootaatti akka dhufuuf nu fureera, kanaaf:

Amantiidhaan abdii hafuuraan nuuf kenne akka fudhannuuf. (Galaatiyaa 3:13-14)

Keessa Deebii 21:23 irratti namni utubaa ykn muka irratti fannifame abaarama jedha. Yesuus Kiristoos akkasitti abaarame, fannoo irratti ajjeefamee, abaarsa irraa bilisa akka baanu. Inni eebba akka argannuuf abaarsa nuuf baate.

Caqasni kun waa'ee abaarsa hin malle maal jedha?

> Akkuma saree balali'u ykn liqimsituu dartuu, abaarsi hin malle boqonnaa hin argatu. (Fakkeenya 26:2)

Keeyyatni kun eegumsa dhiigaa fi bilisummaa fannoo yeroo jennu, haala keenya irrattis hojii irra oolchinee, abaarsa irraa bilisa ta'uu keenya nu yaadachiisa.

Keeyyatni itti aanu kun waa'ee humna dhiigni abaarsa irratti qabu maal jedha?

> Garuu gara gaara Tsiyoon dhufteetta ... Gara ... Yesus gidduu galeessa kakuu haaraa, fi gara dhiiga facaafame isa dhiiga Abeel caalaa dubbii gaarii dubbatu dhufte. (Ibroota 12:24)

Dhiigni Yesuus abaarsa Qaayin obboleessa isaa Abeel dhangalaase caalaa jecha gaarii dubbata. Dhiignis abaarsa nu mudate caalaa jecha gaarii dubbata.

Luqaas 6, fi ergaawwan Phaawuloos keessatti ajajni fi fakkeenyi gaariin kiristaanotaaf kenname maali?

> "Diina kee jaalladhu, warra si jibbu gaarii godhi, warra si abaarsan eebbisi, warra si miidhaniif kadhadhu" jedha. (Luqaas 6:27-28)

> Warra isin ari'attan eebbisaa; eebbisaa hin abaarin. (Roomaa 12:14)

> Harka keenyaan cimnee hojjenna. Gaafa abaaramnu ni eebbifna; yeroo ari'atamne obsina ... (1 Qorontos 4:12)

Kiristaanonni firaaf yookaan diinaaf namoota eebbaa akka ta'aniif waamamaniiru.

Kun kadhannaa sirna abaarsaa irratti hirmaachuu irraa bu'aa irraa bilisa ta'uuf, akkasumas abaarsa namoota birootiin ergaman irraa bilisa ta'uudha. Qajeeltoowwan Barnoota 2ffaa keessatti qophaa'an hojiirra oolcha.

Labsii fi Kadhannaa Abaarsa Dhiisuu

Badii abbootii kiyyaa fi warra kiyyaa fi cubbuu mataa koo maqaa islaamaatiin nama abaaruun himadha.

Abbootii koo, abbaa koo, imaamtoota abaarsa kana keessatti ana fi isaan geggeessan, akkasumas namoota cubbuu kana akkan hojjedhu dhiibbaa natti godhan hunda, akkasumas jireenya koo keessatti bu'aa fiduuf dhiifama gochuu fi gadhiisuu filadha.

Namoota anaaf ykn maatii koo abaaran hundaaf dhiifama gochuun filadha.

Yaa Gooftaa abaarsa namoota birootiif harka kennachuu fi irratti hirmaachuu kootiif dhiifama akka naaf gootu si gaafadha.

Dhiifama kee amma argadha.

Dhiifama kee bu'uura godhachuun yaa Gooftaa, ani nama abaaruu kootiif dhiifama ofiif gochuun filadha.

Cubbuu abaarsaa, fi abaarsa cubbuu kana irraa madde kamiyyuu nan dhiisa.

Jibba namoota biroo nan dhiisa.

Miira cimaa warra kaan abaaruuf hirmaachuu nan dhiisa.

Humnoota kana jireenya koo irraa (jireenya sanyii koo irraa) hojii furuu Kiristoos fannoo irratti hojjeteen nan cabsa.

Yaa Gooftaa abaarsa ani irratti hirmaadhe hunda akka cabsitu, warra ani abaare immoo eebba Mootummaa Waaqayyoo hundaan akka eebbiftu si kadhadha.

Maqaa Yesuusiin abaarsa narratti godhame hundumaas nan gana, nan cabsa.

Jinniiwwan jibbaa fi abaarsaa hunda nan gana, nan dhiisa, ammas, maqaa Yesusiin akka na dhiisan ajaja.

Abaarsa Waaqayyoo anaa fi maatii koo irratti dhufu hundumaa irraa bilisa ta'uu nan argadha. Nagaa, garraamummaa fi aangoo warra kaan eebbisuuf nan argadha.

Guyyoota koo hunda jechoota galateeffannaa fi eebbaa dubbachuuf funyaan koo nan qulqulleessa.

Maqaa Yesusiin jireenya, fayyaa gaarii fi gammachuu dabalatee eebba Mootummaa Waaqayyoo guutuu ofii koo fi maatii koo irratti nan labsa.

Walitti dhufeenya Waaqayyoon hin sodaanne, hidhata lubbuu, fi walitti hidhamiinsa imamootaa fi hoggantoota Musliimaa biroo kanneen sirna Islaamaa keessatti na geggeessan, kanneen biroo abaaruu dabalatee, hunda nan himadha, nan dhiisa.

Hoggantoota kanaaf hidhata lubbuu koo isa Waaqayyoon hin sodaanne hundeessuuf ykn eeguu keessatti gahee isaaniif dhiifama nan godha.

Muslimoota hoggansa isaaniif bitame hunda waliin hidhata lubbuu Waaqayyoon hin sodaanne kana eeguuf gahee kootiif dhiifama.

Gooftaa, cubbuu hidhata lubbuu kana hundeessuun ykn eeguu wajjin walqabatu hundaaf, keessattuu cubbuu nama abaaruu fi nama jibbuu hundaaf akka naaf dhiisu si kadhadha.

Amma hidhata lubbuu Waaqayyoon hin sodaanne fi walitti hidhamiinsa hoggantoota Musliimaa wajjin qabu hunda cabsee [addatti kanneen addaa sammuutti dhufan kamiyyuu maqaa dhahuun] isaan [ykn maqaa] fi isaan [ykn maqaa] na irraa of gadhiisa.

Gooftaa maaloo sammuu koo yaadannoo gamtaa Waaqayyoon hin sodaanne hunda irraa qulqulleessi kanaaf of kennuudhaaf bilisa.

Ramaddii jinniiwwan walitti dhufeenya lubbuu Waaqayyoon hin sodaanne kana eeguuf yaalan hundumaa nan dhiisa, nan haqee, amma, maqaa Yesusiin akka na dhiisan ajaja.

Kiristoos Yesuusitti of hidhee isa qofa duukaa bu'uu filadha. Ameen.

Qajeelfama Qo'annoo

Barnoota 7

Hiika Jechootaa

Taqiyyah   Imaama   Hidhata lubbuu

Maqoota Haaraa

- Rinaldy Damanik: Paastariin Indooneezhiyaa (1957 dhalate) .

Macaafa Qulqulluu barnoota kana keessatti

Maatewos 10:32-33	Yohaannis 4:24
Maatewos 5:37	Yohaannis 14:6
Seera Uumamaa 17:7-8	1 Ximotewos 1:9-11
Faarfannaa 89:3-4	Seera Uumamaa 3:2-5
Lakkoofsa 23:19	Maarqos 10:35-45
Faarfannaa 136:1	Luqaas 15:11-32
Roomaa 11:28-29	Filiphisiiyus 2:1-11
Tiitoo 1:1-2	Luqaas 6:28
Ibroota 6:17-19	Faarfannaa 118:17
2 Qorontos 1:18-20	Efesoon 1:7
Lewwoota 19:1-2	1 Yohaannis 3:8
Faarfannaa 26:3	Keessa Deebii 21:23
Faarfannaa 31:5	Galaatiyaa 3:13-14
Faarfannaa 40:11	Fakkeenya 26:2
Faarfannaa 51:5-7	Luqaas 6:27-28
Yohaannis 1:14	Roomaa 12:14
Yohaannis 3:21	1 Qorontos 4:12

Qur'aana Barnoota Kana Keessatti

Q14:4   Q16:106   Q3:110   Q48:28   Q3:61

Gaaffiiwwan Barnoota 7

- Qorannoon haalaa irratti mari'adhaa

Soba Irraa Bilisa Ta'uu

Dhugaan Gatii Guddaa Qaba

1. Kanaaf amantiin macaafa qulqulluu ture Paastar Damanik mana hidhaa seenuuf fedhii qabaa?

2. Waaqayyo maaliif walitti dhufeenya dhala namaa wajjin of hidha?

Aadaa Shari'aa

3. Durie maaltu Qur'aana keessatti hayyamama jedhee akeeka?

4. Akka Q14:4tti Rabbiin akkamitti namoota geggeessa?

5. Gosoonni soba seera shari'aa keessatti hayyamaman tokko tokko maali?

6. Muslimootaaf maaltu hayyamama Q16:106 garuu hin hayyamamne (akka Maatewos 10:28-33tti) Kiristaanotaaf?

Dhugaa Wal Qunnamuu

Keeyyattoonni 'dhugaa wal qunnamuu' hirmaattoota hundaaf dubbifamu.

Kadhannaa

Keeyyattoonni 'dhugaa wal arguu' garee guutuuf erga dubbifamanii booda hirmaattonni hundi dhaabbatanii 'Labsii fi Kadhannaa Gowwoomsaa Dhiisuu' waliin dubbatu.

☙❧

Ol'aantummaa Sobaa Irraa Bilisa Ta'uu

Islaamummaan Olaantummaa Qabaachuu Isaa

7. Akka Q3:110 fi Q48:28tti Qur'aana keessatti Muslimootaaf maaltu waadaan galame?

8. Eenyutu nama jiraate hunda caaludha jedhee dubbate?

9. Aadaa Arabaa keessatti yaad-rimeewwan baay'ee barbaachisoo ta'an maali?

10. Yeroo namni tokko Islaamummaa keessaa bahus maaltu ganuun barbaachisa?

Dhugaa Wal Qunnamuu

Keeyyattoonni 'dhugaa wal qunnamuu' hirmaattoota hundaaf dubbifamu.

Kadhannaa

Keeyyattoonni wal-qunnamtii dhugaa garee guutuuf erga dubbifamanii booda hirmaattonni hundi dhaabbatanii 'Labsii fi Kadhannaa Ol'aantummaa Ganuuf' waliin dubbatu.

☘

Abaarsa Irraa Bilisa Ta'uu

Islaamummaa Keessatti Abaarsa

11. Hayyoonni muslimaa maaliif waa'ee abaarsa Islaamaa keessatti yaada adda addaa qabu?

12. Akka Edward Lane jedhutti bara 1836tti ijoolleen mana barumsaa Muslimaa Masrii keessa jiran maal akka hojjetan barsiifamaa turan?

Sirna Abaarsa

13. Durie sirna Kiristaanni maatii Musliimaa irraa dhufe tokko irratti hirmaataa ture gabaaseera.Sirna kana irratti hirmaachuun isaa maaltu itti dhagahame?

14. Durie **hidhata lubbuu** akkamitti ibsa?

15. Dhiifama gochuun **hidhata lubbuu** wajjin wal'aansoo qabuu keessatti barbaachisaa kan ta'e akkamitti?

16. 'Labsii fi Kadhannaa Abaarsa Dhiisuu' jedhu ilaalaa. Qabxiilee tarkaanfiiwwan shanan kun itti hojiirra oolan adda baasuu dandeessaa: waadaa galuu, ganuu, cabsuu, ari'uu fi eebba? (Barnoota 2 ilaali.)

17. Kadhannaa kana keessatti wantoota maaltu ganama maaltu cabe?

18. Abaarsa dhiisanii eebba akkamii himama? Eebbiwwan adda ta'an kun maaliif?

19. Kadhannaa kana keessatti eenyuuf dhiifamni godhama?

Akkamitti Abaarsa Cabsina?

20. Dargaggeessi Maark Durii wajjin haasa'e kun maatii isaa irratti maaltu rakkina fidaa jira jedhee yaade?

21. Rakkoo kana maaliif ofumaan sirreessuu dadhabe?

22. Dargaggeessi kun nagaadhaan jiraachuu isaa dura maal gochuu qaba ture?

23. Namoota hedduu tajaajila Muslimoota irratti hirmaatan maaltu rakkina?

24. Tarkaanfiiwwan sagal Durie abaarsa
cabsuuf yaada kennu maali?

Dhugaa wal qunnamuu

Keeyyattoonni 'dhugaa wal qunnamuu' hirmaattoota hundaaf
dubbifamu.

Kadhannaa

Keeyyattoonni 'dhugaa wal-arguu' garee guutuuf erga dubbifamanii
booda hirmaattonni hundi dhaabbatanii 'Labsii fi Kadhannaa
Abaarsa dhiisuu' jedhu waliin dubbatu.

8

Waldaa Bilisaa

"Isin ana keessa yoo jiraattan ani immoo isin keessa yoo
jiraattan ija baay'ee in argattu."
Yohaannis 15:5

Kaayyoowwan Barnootaa

a. Duuka bu'oota amantii Musliimaa irraa dhufan amantoota bilchaatoo tau'uuf rakkina gosa adda addaa isaan mudatu dinqisiifachuu.

b. Nama tokko gara Kiristoositti geessuun gahaa akka hin taane hubadhu: isaanis gara bilchina kiristaanaatti fiduu qabu.

c. Barbaachisummaa waldaan fayyaa duuka buutota fayyummaa uumuu keessatti qabdu ilaalaa.

d. Amanaan bilisa ta'ee turuuf balbala hunda diinaaf cufuu, wanta gaarii Iyyasuus Kiristoosiin guutamuu akka qabu dinqisiifadhu.

e. Amantoonni kana akka godhan gargaaruu keessatti gahee waldaan qabdu dinqisiifadhu.

f. Barbaachisummaa bilisummaa tajaajiluu hubadhu, naannoowwan sababa Islaamummaatiin qofa osoo hin taane.

g. Duuka bu'oota addatti naannoo Islaamummaan dadhabina itti fide keessatti cimsuuf waa'ee 'qaawwa keessa barsiisuu' itti yaadanii ta'uu baradhu.

h. Jireenya Kiristaanummaaf jalqaba cimaa ta'eef iddoo guddaa kenni, kunis waliigalteewwan Islaamummaa wajjin qaban dhiisuu fi amanamummaa ofii Kiristoosiin akka Gooftaatti guutummaatti dabarsuu dabalata.

i. Gatii kadhannaa amantichaa gadi fageenyaan ilaaluu.

j. Barbaachisummaa hoggantoota Islaamummaa irraa jijjiiraman gorsuu dinqisiifachuu.

k. Hoggantoota ijaaruu keessatti wantoota ijoo tokko tokko ilaali.

Qorannoon Haalaa: Maal Goota?

Ati Paastariin muuxannoo qabuu fi waldoota milkaa'oo hedduu kan geggeessite yoo ta'u, paastaroota biroof gorsa ogummaa qabu kennuudhaan beekamta. Magaalaa biraa fira keessan daawwachaa jirta namni tokko osoo achi jirtuu hiriyyaa isaa gaarii Reza, geggeessaa waldaa Iraan waliin akka qunnamtu si gaafateera. Rezaan waldaa namoota Iraan Islaamummaa irraa gara 100 ta'an hooggana, garuu waldaan isaa rakkina keessa akka jirtu sitti himama: waldhabdeen baay'een jira, miseensonni ijoo tokko tokko akka abbaa irree socho'aa, kennuun gadi bu'aa jira, . akkasumas waldaan kana booda mindaa Paastarichaa kaffaluuf humna hin qabdu. Paastar Reezaa waliin qunnamtii uumta, nagaa quunnamtii keetii dabarsitee, yeroo muraasaaf buna dhugdee erga haasoftee booda waldaa isaa keessatti wanti akkam akka jiru isa gaafatta. Innis, "Baay'ee gaarii dha! Wanti hundinuu caala, Waaqayyoon galateeffadhu."

Deebii akkamii kennita?

Barumsi kun akkaataa daandii duuka bu'ummaa fayya qabeessa ta'e deggeruu fi naannoo waldaa fayya qabeessa ijaaruu danda'an Amantoota Duubbee Musliimaa (BMBs): namoota Islaamummaa dhiisanii Kiristoosiin duukaa bu'uu filataniif yaada kenna. Duuka bu'aan hundinuu kaayyoo addaa Waaqayyoo tajaajiluuf qophaa'aa fi mijachuu hawwuun gaarii dha (2Ximotewos 2:20-21) garuu kana galmaan ga'uuf namni hundi naannoo waldaa fayya qabeessa guddina isaa deggeruu danda'u barbaachisa. Akkamitti kana galmaan ga'uu akka dandeenyu ilaaluu keenya dura jalqaba qormaata sadii namoota amantii jijjiiran mudatu ilaalla: gara Islaamummaatti deebi'uuf kufaatii, duuka bu'ummaa firii hin qabnee fi waldoota fayyaa hin qabne.

Kufaatii

Namoonni tokko tokko Islaamummaa dhiisanii Kiristoosiin hordofan dhumarratti gara Islaamummaatti deebi'u. Kanaaf sababoonni hedduudha. Sababni tokko dhukkubbii hawaasa dhabuu ta'uu danda'a, yeroo maatii fi hiriyyoonni Musliimaa nama Kiristaanummaatti jijjiirame didan. Sababni biraa immoo gufuu fi daandii cufuu hedduu Islaamummaan namoota isa dhiisanii deeman karaa irra kaa'uudha. Kan biraan immoo kallattiin ari'atama.

Sababni biraa immoo kiristaanotaa fi waldaa irratti mufannaa ta'uu danda'a. Namoonni Islaamummaa keessaa ba'uuf yaalan qajeelfamaa fi gargaarsa barbaaduuf Kiristaanota dhiyoo jiranitti yeroo dhiyaatan, hawaasa kiristaanaa keessatti fudhatama guutuu argachuuf diduu fi gufuu hin eegamne isaan mudachuu danda'a. Hedduun isaanii illee waldootaan garagalfamaniiru. Kunis sodaa irraa kan ka'e yoo ta'u, kunis gaaffii Islaamummaan dhimmiin Islaamummaa keessaa ba'uuf nama kamiyyuu gargaaruu hin qabu jedhu irraa kan ka'edha. Namni tokko Islaamummaa akka gadhiisu gargaaruun 'eegumsa' namoota Musliimaa hin taaneef kennamu waan balleessuuf hawaasa Kiristaanaa balaadhaaf saaxila.

Akkaataa Kiristaanonni namoota jijjiiraman diduu kana jijjiiruu danda'uuf waldaan kakuu Zimmaaa fi ba'aa isheen fe'u hubachuu fi didduu qabdi. Hanga waldoonni fi Kiristaanonni dhuunfaa dhiibbaa Zimmaaatiin hafuuraan hidhamanitti, warra Islaamummaa dhiisanii deeman akka hin gargaarre dhiibbaa hafuuraa gadi fagoon isaan mudata. Rakkoo kana furuuf waldaan sirna Zimmaaa mormuu, ganuu fi didduu qabdi.

Sababni namoonni kufaniif inni biraan dhiibbaan Islaamummaan lubbuu isaanii irratti qabu itti fufee, akkaataa itti yaadanii fi namoota biroo wajjin walitti dhufeenya qaban bocuu isaati. Kunis akka Kiristaanaatti itti fufuu caalaa gara Islaamummaatti deebi'uu salphisuu danda'a. Innis kophee haaraa argachuu wajjin wal fakkaata: yeroo tokko tokko kophee dulloomaan salphaatti waan siqu fakkaata, akkasumas mijataa ta'ee itti dhaga'ama.

Duuka Bu'ummaa Firii Hin Qabne

Rakkoon inni lammaffaan duuka bu'ummaa firii hin qabne ta'uu danda'a. Namoonni seenaa Musliimaa qaban uggura miiraa fi hafuuraa cimaa fi to'annoo guddina hafuuraa dhorku isaan mudachuu danda'a. Dhimmoonni beekamoo ta'an sodaa, miira tasgabbii dhabuu fi jaalala maallaqaa, miira didduu, miira

242

miidhamaa ta'uu, mufachuu, namoota biroo amanachuu dadhabuu, dhukkubbii miiraa, cubbuu saalqunnamtii, odeessuu fi soba kan dabalatudha. Kun hundi namoota akka hin guddanne dhorkuu danda'u.

Rakkoolee akkasii kanaaf sababni bu'uuraa dhiibbaa to'annoo Islaamaa itti fufee jiruudha. Fakkeenyaaf, Islaamummaa keessatti namoota biroo caalaa ta'uu irratti xiyyeeffannaan kan kennamu yoo ta'u, Muslimoonnis warra Muslima hin taane caalaa akka caalan yaadameera. Aadaa olaantummaa qabu keessatti namoonni namoota kaan caalaa miira gaarii qabaachuudhaan jajjabina argatu. Waldaa tokko keessatti kun dorgommii fiduu danda'a. Fakkeenyaaf, namni tokko hogganaa ta'ee yoo muudame, warri kaan waan hin muudamneef ni mufatu. Barbaachisummaa akka caalu itti dhaga'amuu akkasumas aadaa odeessaa (nama hamachuu) kan kakaasu yoo ta'u, kunis karaa itti namoota biroo gadi harkisan ta'a. Namoonni namoota odeessan caalaa akka gaariitti of fakkaachuu waan danda'aniif odeessuu danda'u. Rakkoon biraa hafuura mufannaa ta'uu danda'a, kunis akkaataa Muhaammad Fudhatama Dhabuuf deebii itti kenneen humna argata.

Dargaggeessi Iraaq irraa dhufe Kiristaana ta'ee Kanaadaatti koolugaltummaa argate tokkotu ture. Waldaa dhaquuf yaale, garuu yeroo waldaa haaraa dhaqe hundumaa waan tokkotti ni mufata, namoota waldaa dhaqan kaan immoo fakkeessitoota jedhee qeeqa ture. Namichi kun dhumarratti jireenya baay'ee adda baafamee, kophaa ta'e, ammallee Kiristaana ta'us guutummaatti hawaasa kiristaanaa kamirraayyuu addaan cite jiraachaa ture. Kana jechuun guddinni isaa duuka bu'ummaa guutummaatti dhaabbate: gara bilchinaatti guddachuu hin dandeenye. Firii godhachuu hin dandeenye.

Waldoota Fayyaa Hin Qabne

Qormaata guddaa amantoota haaraa mudatan keessaa tokko waldaa fayyaa qabdu argachuudha. Waldaan qajeelotaaf bakka boqonnaa osoo hin taane, cubbamootaaf hospitaala dha-ykn akkas ta'uu qabdi. Cubbamoonni kan waldaa keessaati, garuu akkuma namoonni hospitaala keessatti dhukkubsachuu danda'an, yeroo miseensonni waldaa tokkoo bilchina kiristaanaa keessatti guddachaa hin jirre cubbuun isaanii fi rakkoon isaanii guddatee hawaasa guutuu irratti miidhaa geessisuu danda'a. Kunis waldoota addaan cicciree akka kufan gochuu danda'a. Akkuma kiristaanonni fayyaa hin qabne waldoota fayyaa hin qabne uumuu danda'an, waldoonni fayyaa hin qabne dabaree isaaniitiin miseensonni isaanii gara bilchina fayya qabeessaatti akka guddatan gochuu danda'u.

Miseensonni waldaa waa'ee paastarii isaanii yoo odeessan, dhuma irratti paastarii miidhame ni qabaatu, ykn tasumaa paastarii hin qabaatu. Hunduu ni rakkata. Kunis hawaasa waldaa keessattis qoqqoodinsa fi caccabsa ni fida, namoonni muraasni waldaa akkasii keessatti geggeessaa ta'anii tajaajiluu barbaadu. Akka fakkeenya biraatti, miseensonni waldaa haala dorgommiitiin yaaduu yoo barbaadan, warra kaan caalaa ta'uu yoo barbaadan, kun waldoonni magaalaa tokko keessa jiran tokkoon tokkoon isaanii waldaa fooyya'aa ta'uu ishee akka wal qeeqan gochuu danda'a. Waldoonni kun eebba guddaa waliin hojjechuun isaan mudachuu mannaa, wangeela keessatti hiriyaa osoo hin taane akka doorsisaatti wal ilaalu.

Barbaachisummaa Bilisa Ta'anii Turuu

Seexanni himatamaa ta'uu isaa, tooftaa isaa inni ijoo amantoota kiristaanaa himachuu akka ta'e barumsa 2ffaa irraa yaadadhu. Isaan himachuuf 'mirga seeraa' isaan irratti qabu kamiyyuu, kan akka cubbuu hin himamne, dhiifama gochuu dhabuu, jechoota nu hidhu (kakaa, dhaadannoo fi kakuu dabalatee), madaa lubbuu, fi abaarsa dhalootaa ni fayyadama. Duuka buutonni Kiristoos bilisa ta'uuf 'mirgoota seeraa' kana haquu, bakka miila itti qaban ofirraa baasuu fi balbala banaa cufuu qabu.

Maatewos 12:43-45 irratti, Yesus fakkeenya akkamitti, hafuurri hamaan tokko nama keessaa ari'amee, deebi'ee nama sana dhuunfachuuf deebi'ee dhufuu akka danda'u, hafuurota biroo torba ofii isaa caalaa hammaatan fiduu akka danda'u dubbata, kanaaf haalli nama sanaa bakka dhumni jinniin sun jalqaba hin gatamin dura caalaa baay'ee hamaa ta'a. Fakkiin Yesus fakkeenya keessatti fayyadame kan mana, qulqulluu fi duwwaa, deebi'ee qabamuuf qophaa'eedha. Akkamitti hafuuronni mana kana deebi'anii dhuunfatu? Tokkoffaa, balballi tokko banaa ta'ee hafee ta'uu qaba; lammaffaa immoo, manni sun "nama hin qabne" (Maatewos 12:44)

244

Kanaafuu rakkoon lama kunooti:

1. Balballi tokko banaa ta'ee hafeera.

2. Manni duwwaa hafe.

Waldaa fayyaa qabdu ijaaruuf kiristaanota fayyaa qaban nu barbaachisa. Kiristaanni fayyaa ta'uuf immoo bilisa ta'uu qaba. Kana jechuun namni sun balbala banaa seexanni itti fayyadamuu danda'u hunda cufuu qaba, lubbuun isaaniis hammeenya gatame bakka bu'uuf waan gaariin guutamuu qaba.

Balbaloonni hundi cufamuu qabu. Tokkoon tokkoon isaanii! Waa'ee bilisummaa hafuuraa wanti barbaachisaan tokko balbala banaa tokko qofa cufuun qofti gahaa akka hin taanedha. Hundi isaanii cufamuu qabu. Balballi mana tokkoo balbala duubaa irratti qulfii addunyaa kanarraa hunda caalu qabaachuun bu'aa hin qabu yoo balballi fuulduraa bal'inaan banaa ta'e hafe. Mirga seeraa tokko kan Seexanni nama tokko irratti fayyadamaa ture yoo dhorkine, garuu warra kaan waliin wal hin qabnu taanaan, namni sun ammallee bilisa miti.

Bilisa bahuun waan tokko. Bilisummaan turuun waan biraati. Balbala cufuun wal qixa barbaachisaa mana guutuu fi duwwaa dhiisuudha. Kunis namni tokko hafuura qulqulluun akka guutamuuf kadhachuu dabalata. Akkasumas jireenya waaqayyoo ta'e horachuu jechuudha, kanaaf lubbuun namaa waan gaariin guutamti.

Garbummaan nama tokkoo soba amanee dubbate irraa kan ka'e haa jennu. Soba sana ganuun kan barbaachisu si'a ta'u, kana malees, namni sun dhugaa jiru hammachuu, irratti xiinxaluu fi itti gammaduu qaba. Soba waliin ba'aa, dhugaa waliin seena!

Mee haala adda ta'e tokko haa ilaallu: nama jinnii jibbaatiin dhiphate, kunis abaarsa jibbiinsaa namoota kaan irratti dubbatame hedduu dabalatee gocha badaa raawwachuutti isa geesseera. Jinniin jibbaa kun yeroo gatamu namni sun jibba ganuu fi diduu qofa osoo hin taane, jireenya nama jaallachuu fi eebbisuu horachuu, lubbuu ofii diiguun osoo hin taane ijaaruu qaba. Amala isaanii fi akkaataa yaada isaanii hunda jijjiiruu qaba. Hawaasni mana kiristaanaa namni tokko bilisa ta'ee akka turu gargaaruu keessatti gahee olaanaa qaba. Nama lubbuu isaa haaromsuu fi deebisee ijaaruu, nama jijjiirame akka ta'u gargaaruu danda'u.

Phaawulos yeroo baay'ee waa'ee adeemsa kanaa ergaawwan isaa keessatti barreessa. Yeroo hundumaa amantoonni dhugaa fi jaalalaan akka ijaaraman kadhachaa fi hojjechaa jira. Yeroo hundumaa amantoonni yeroo tokko maal akka turan yaadachaa kan jiru yoo ta'u yeroo tokko tokkos kana namoota yaadachiisa, guddachuu akka itti fufan jajjabina kennuudhaaf:

> Yeroo tokkotti nutis gowwaa, ajajamuu diduu, gowwoomfamnee fi gabroomfamnee fedhii fi gammachuu gosa hundaan turre. Hammeenyaa fi inaaffaa keessa, wal jibbaa fi wal jibbaa jiraachaa turre. (Tiitoos 3:3)

Duuka buutonni Kiristoos garuu kana booda akkasitti jiraachuu hin qaban. Jijjiiramneerra, akkasumas caalaatti akka Yesus isa mudaa hin qabne, mirga seeraa Seexanaaf hin kennamne akka taanu jijjiiramuu keenya itti fufuuf yaadameera. Kanaaf Phaawulos warra Filiphisiiyusiif akkas jedhee barreesse:

> ... kadhannaan koo kun: jaalalli keessan beekumsaa fi gadi fageenya hubannootiin akka baay'atu, wanta gaarii ta'e adda baasuu akka dandeessan, guyyaa Kiristoosiif qulqulluu fi mudaa kan hin qabne, firii qajeelummaatiin akka guutamtaniif kan karaa Yesus Kiristoosiin dhufu—ulfinaa fi galata Waaqayyoof. (Filiphisiiyus 1:9-11)

Suuraa duuka buutuu fayyaa qabu, jaalalaan, beekumsaan, ogummaadhaan guddachaa jiru akkam bareedaadha; qulqulluu fi mudaa kan hin qabne; firii gaarii kan Waaqayyoof galata argamsiisu godhachuu! Namni kun kaa'amee qofa miti bilisa ta'us, manni lubbuu isaanii garuu, balaadhaan "kan nama hin qabne" ta'uu mannaa, wantoota gaarii Yesus Kiristoosiin guutamaa jira.

Gaheen ijoo waldaa, fi kan paastarii, duuka buutonni akkasitti akka jiraatan gargaaruudha: balbala seexanaaf banaa ta'e hunda cufuu fi amantoonni waan gaarii Kiristoos hundumaan akka guutaman gargaaruudha.

Duuka buutota uumuun waamicha guddaa waan ta'eef waa'ee kanaa waan baay'ee barachuun ni danda'ama. Asirratti duuka bu'oota garbummaa Islaamaa jalaa bilisa bahan keessatti guddina fayya qabeessa akkamitti akka deeggaran ilaalla.

Fayyisaa fi Bilisa Baasuu

Balbala hunda cufuu fi bakka miila hunda buqqisuu akka barbaachisu cimsinee ibsinee jirra. Jireenya duuka bu'aa tokkoo kamiyyuu keessatti kanneen keessaa tokko tokko kallattiin dhiibbaa Islaamaa irraa kan ka'e ta'uu danda'a, qabeenyi kadhannaa asitti kennames balbala Islaamummaa cufuuf itti fayyadamuun ni danda'ama.

Haa ta'u malee, duuka buutonni Kiristoos jireenya isaanii keessatti garbummaa biroo kallattiin Islaamummaa irraa kan ka'e hin taane qabaachuu danda'u. Isaan kun naannoowwan Barumsa 2ffaa keessatti ibsaman kamirraayyuu kan ka'e ta'uu danda'u: cubbuu hin himamne, dhiifama hin qabne, madaa lubbuu, jechootaa fi gocha sirnoota kanaan walqabatan, soba, fi abaarsa dhalootaa. Jireenya Muslimoota duraanii keessatti namni tokko miidhaa miidhaa geessisu:

- dhiifama gochuu dhabuu
- abbootii miidhaa geessisan
- maatii addaan bahuu (wal hiikuu, haadha manaa tokkoo ol fuudhuu).
- araada qoricha sammuu hadoochu
- kan dhokataa fi falfala
- miidhaa saalaa (sababii reebicha, gudeeddii, walqunnamtii saalaa fira gidduutti).
- jeequmsa
- abaarsa dhalootaa
- aarii
- diduu fi of diduu
- dubartoonni dhiirota amanamuu dhabuu fi jibbuu

247

- dhiironni tuffii dubartootaaf qaban.

Naannoowwan kunneen baay'een isaanii dhiibbaa Islaamummaan aadaa fi jireenya maatii irratti qabuun dhiibbaa irra gahuu danda'u, garuu namoonni mi'a hafuuraa dhuunfaa mataa isaaniis qabu, kan jireenya isaanii keessatti kuufame. Gara bilchina kiristaanaatti tarkaanfachuuf Islaamummaa qofa irraa osoo hin taane wantoota kana irraa bilisa ta'uu qabna.

Dargaggeessi tokko haala maatii rakkoo garaachaa cimaa fiduudhaan rakkate: firoonni isaa irra caalaan isaanii kaansarii garaachaan du'aniiru. Doktooronni Iraaniifi Awustiraaliyaa garaacha isaa keessatti dhukkuba kaansarii duraa akka qabu itti himanii turan, kanaafis qoricha yeroo hunda fudhachuu akka qabu itti himanii turan. Yeroo tokkotti kun abaarsa maatii isaa irratti raawwatame irraa kan ka'e ta'uu akka danda'u hubateera. Abaarsa dhalootaa kana ganee cabsee haaromsa Waaqayyoof of kenne. Guutumaan guututti fayyee qoricha hunda fudhachuu dhiise. Wanti nama dinqisiisus, yeroo wal fakkaatutti amala salphaatti dhiphina keessa seenuu fi yaaddoon rakkachuu irraa fayyuu isaati. Haala jireenya isaa keessatti baay'ee tasgabbaa'ee fi Waaqayyoon amanamuu jalqabe. Fayyinni fi bilisa bahuun kun dhiphina paastarii ta'ee tajaajiluu akka dandamatu isa qopheessuu keessatti tarkaanfii barbaachisaa ture.

Waldaa fayyaa qabdu qabaachuuf tajaajilli balbala banaa fi bakka miila banaa gosa hundumaa ilaallatu qaama idilee kunuunsa tiksee amantootaa ta'uu qaba. Yaadadhaa, yeroo mana tokko mirkaneeffattan, balbala tokko qofa ykn balbala kakuu Islaamaa cufuun gahaa miti: banaan manaa hundi cufamuu qaba.

Qaawwa Jirutti Barsiisuu

Mee mana dulloomaa fi diigame tokko yaadi. Foolli isaa dhangala'aa dha; samii illee karaa isaa arguu dandeessa. Foddaaleen yeroo tokko feesbuukii turan caccabee qilleensi bilisaan keessa darba. Balbaloonni kun hinjii isaanii irraa cicciramaniiru, ala lafa irra ciisaniiru. Keessatti dallaan cabee, boolli itti rukutamee jira. Lafti manca'eera. Bu'uurri isaa caccabee caccabee jira. Mana keessas squatters kan hin qabne jiru. Isaan achitti argamuu hin qaban qabatamaan mana diigaa jiru.

248

Mana kana deebisuuf hojii guddaa barbaachisa. Tarkaanfiin jalqabaa mana sana nageenya qabu gochuudha: foddaa sirreessuu fi foddaa haaraa fi balbala jajjaboo qulfii qabu kaa'uu, akka kana booda namoonni squatters seenuu hin dandeenye.Kun tarkaanfii jalqabaati tajaajila bilisummaa kana keessatti: balbala banaa hunda cufaa. Dura hojjetamuu qaba sababiin isaas yoo balballi hundi hin cufamne, warri squatters (jinniin) balbala banaa keessaa tokkoon qofa deebi'uu danda'u.

Manni sun erga nagaa ta'ee booda hojiiwwan biroo jalqabuu danda'u: bu'uura deebisanii dhaabuu, dallaa suphuu fi mana sana miidhagsuu fi keessa jiraachuuf mijataa taasisuu.

Muslimoonni duraanii gara Kiristoositti yeroo dhufan miidhaa lubbuu isaanii waliin fiduu danda'u, kunis Islaamummaa fi aadaa Islaamummaatiin kan dhufu yoo ta'u, kunis deebi'uu barbaachisa.

Lubbuun mu'minaa akka baaldiitti. Bishaan qulqulluu fi mi'aawaa: bishaan jireenyaa isa Yesus Kiristoos irraa dhufu qabachuuf yaadameera. Jireenyi keenya akkas ta'uuf yaadame. Garuu baaldichi cinaacha isaa irratti boolla ykn qaawwa yoo qabaate-akkuma dadhabina amala keenyaa-baaldichi bishaan hamma kanaa qabachuu hin danda'u. Baaldichi bishaan hanga boolla ykn qaawwa cinaacha isaa isa gadi aanaa qofa qabachuu danda'a. Baaldiin kun bishaan dabalataa akka qabatuuf qaawwa sana guutuu qabna.

Addunyaa guutuutti miidhaan lubbuu kun bakka Islaamummaan hidda gadi fageeffate hundatti haala wal fakkaatu qaba. Akkuma Don Little akeeketti, "dhiibbaan Islaamummaa bakka adda addaa keessatti qabu BMBwwan Kiristoosiif jiraachuu barbaadaniif gufuu walfakkaataa uuma."[16]

Karaan biraan waa'ee kanaa itti yaaduu dandeenyu, namni tokko balaa hamaa yommuu isa mudatu maaltu akka ta'u ilaaluudha, akkasumas fayyuuf yeroo dheeraa fudhata. Akka idileetti maashaaleen isaanii tokko tokko sababa itti fayyadama dhabuutiin ni dadhabu, illee ni qisaasama. Namni akkasii guutummaatti fayyuuf shaakala baay'ee adda ta'een maashaalee dadhaboo cimsuuf gargaaramuu danda'a (physiotherapy). Shaakala kun yeroo dheeraa kan fudhatuu fi baay'ee kan nama dhukkubsu ta'us, qaamni

[16] Don Little, *Effective Discipling in Muslim Communities*, p. 170.

guutuun akka barbaachisummaa isaatti deebi'ee akka hojjetu dandeessisuudhaaf barbaachisoodha. Hamma maashaan kee inni dadhabaan siif hayyamu qofa hojjechuu dandeessa.

Kana jechuun sagantaan barsiisaa waldaa Amantoota Duubbee Musliimaa irraa dhufeef of eeggannoo fi sirnaan miidhaa kana furuu barbaachisa. Kana 'barsiisa gara qaawwaatti' jennee waamna: dhugaa macaafa qulqulluu naannoo sobni duraan bulchaa turetti dubbachuu. Wantoonni adda addaa xiyyeeffannoo argachuu qaban hedduudha.

Muhaammad cimsee kan kenne keessaa tokko nama tokko nama biraa caalaa ol'aantummaa qabaachuu isaati; fakkeenyaaf, kan Muslimoota Muslima hin taane irratti. Nama biraa gadi ta'uu ykn gadi ta'uun akka salphinaatti ilaala ture. Hawaasa Islaamaa keessatti yeroo baay'ee namoota biroo caalaa ta'uu barbaaduun qaama ilaalcha addunyaa miira aadaa ti. Kiristaanni tokko aadaa Iraan keessatti namoonni nama biraa daandii irratti kufe yoo argan, ykn namni tokko qormaata akka kufe yoo dhaga'an akka gammadan labseera. Isaan kan kufe ykn kufe waan hin taaneef gammadu, kanaaf olaantummaa isaanii itti dhagahama.

Akkaataan gatii nama tokkoo ilaaluun kun waldoota keessatti rakkoolee hedduu fiduu danda'a. Fakkeenyaaf, namoonni waldaa tokko keessa jiran waldaan isaanii waldoota biroo caalaa akka caaltu himachuu danda'u. Ilaalchi kun nama mufachiisa, kanaaf waldoonni naannoo tokkoo waliin hojjechuu didu. Ilaalcha kanaan, namni tokko gahee hoggansaatti yoo muudame, namni biraa akka didamte itti dhaga'amuu danda'a, akkasumas hinaaffaadhaan, "Maaliif na hin filanne? Nama gaarii akkan hin qabne natti fakkaataa?" Rakkoon kun baay'ee hamaa ta'uu waan danda'uuf namoonni waldaa keessatti namoota birootiin haleelamuu fi qeeqamuu waan sodaataniif gahee geggeessummaaf of dhiyeessu diduu danda'a.

Ilaalcha kanaan namoonni yeroo baay'ee jireenya waldaa irratti fooyya'iinsa gochuuf yaada ijaarsa qabu akkamitti akka gad of deebisan hin beekan. Inumaayyuu akka waan ogeeyyii ta'anii dubbatu, boonsaan haasa'u, namoota biroos karaa miira hin qabneen sirreessuu.

Namoonni namoota kaan diiguudhaan gammachuu waan argataniif, ilaalchi akkasii odeessas ni kakaasa.

Rakkoo gadi fagoo kana furuuf waa'ee garaa hojjetaa guddisuu barsiisuun barbaachisaa dha: namoonni Yesus maaliif miila duuka bu'aa isaa akka dhiqate baruu qabu, akkasumas ajaja inni akkasuma akka godhan dhaga'uu qabu. Namoonnis eenyummaa isaanii Kiristoos keessatti akka argatan barsiifamuu qabu malee waan hojjetan ykn namoonni biroo waa'ee isaanii dubbatan ykn yaadan miti. Dadhabbii isaaniitti "of dhaadachuu" fi "gammachuu" barsiifamuu qabu (2 Qorontos 12:9- 10). Nama jaallachuun milkaa'ina namoota birootti gammaduu fi yeroo rakkatan ykn gadda keessa jiran gadda jechuu akka ta'e barachuu qabu (Roomaa 12:15; 1Qorontoos 12:26). Namoonni jaalalaan akkamitti dhugaa dubbachuu akka danda'anis barsiisuu barbaachisa. Amantoonnis waa'ee bu'aa diigaa oduun geessisu, akkasumas waa'ee obboleessa ykn obboleettii tokkoo komiin yoo jiraate akkamitti deebii gaarii akka kennan barsiifamuu qabu.

Namoota Islaamummaa irraa gara Kiristoositti dhufaniif rakkoon biraa dhugaa dubbachuu barachuu ta'uu danda'a. Aadaa Islaamaa keessatti namoonni iftoominaa fi banaa akka hin taane leenjisuun ni danda'ama (Barnoota 7 waa'ee gowwoomsaa ilaali), yeroo baay'ee salphina irraa fagaachuuf. Fakkeenyaaf, Kiristaana akkam waldaa keessatti argitee waan tokkoon rakkachaa akka jiran itti dhaga'ama haa jennu, kanaaf "Akkam jirta? Nagaa jirtaa?" Dhugaa dubbachuuf rakkoon jira, namni sun nagaa miti, garuu "Nagaa dha galatoomaa. Wanti hundinuu gaarii dha." Haala kanaan haguuggii fuulaa isaanii uffachuun eegu. Rakkoo ofii dhoksuuf amalli akkasii namoota Islaamummaa dhiisanii deeman biratti baramaa dha. Seexanni duuka buutonni akka hin guddanne dhorkuuf kanatti fayyadama, gargaarsa akka hin gaafanne dhorkuudhaan.

Zimmaa kana furuuf duuka buutonni waa'ee barbaachisummaa dhugaa walitti dubbachuu, akkasumas kun guddina dhuunfaa fi bilisummaaf maaliif akkas barbaachisaa akka ta'e irra deddeebiin barsiisuu barbaachisa.

Aadaa Islaamaa keessatti naannoowwan biroo hedduun 'qaawwa keessa barsiisuu' kan akka:

- barbaachisummaa dhiifama gochuu fi akkamitti akka hojiirra oolchan beekuu

- amala salphaatti akka didamtan itti dhaga'amuu fi namoota birootti aaru mo'uu

- haala namoota gidduutti wal amantaa uumuun tajaajiluu barachuu

- gocha falfalaa (witchraft) dhiisuu

- dubartoonni fi dhiironni wal kabajuu barachuu, fi hariiroo isaanii keessatti dhugaa dubbachuu barachuu, karaa jaalalaa, gad of qabuun, of tuulummaa malee

- warri ijoollee isaanii abaaruu dhiisanii eebbisuu barachuu.

(Tarree dhimmoota Islaamummaan fide fi fakkeenya Muhaammad hordofuun xumura barnoota 4ffaa irratti ilaalaa.)

'Qaawwa keessa barsiisuun' sirnaa fi gadi fageenya qabu, dhimmoota keessa gadi fageenyaan seenuun namoonni ilaalcha addunyaa miiraa fi ti'ooloojii isaanii guutuu akka deebi'anii ijaaran cimsuun baay'ee barbaachisaadha.

⁂

Kutaalee kanneen keessatti akkamitti amantootaa fi geggeessitoota akka ijaaran ilaalla.

Akka Gaariitti Jalqabi

Don Little misiyoonota lama Musliimoota Kaaba Afrikaa gidduutti hojjetan wal bira qaba. Lamaanuu waggootaaf achitti hojjetaniiru.[17]

Istiiv Musliimota dafee Kiristoosiif waadaa akka galan geggeessuu danda'a, yeroo tokko tokko haasawa jalqabaa isaan waliin godhe keessatti. Haa ta'u malee, namoonni jijjiiraman kun hundi jechuun ni danda'ama, yeroo baay'ee Yesusiin duukaa bu'uuf erga murteessanii torban muraasa keessatti ni kufa turan. Muraasni waggaa tokkoo ol kan turanidha. Tooftaan Isteev namoota dafanii gara amantii Kiristoositti geessuu, akkasumas Hafuura Qulqulluutti

---

[17] Don Little, *Effective Discipling in Muslim Communities*, pp. 26-27.

amanuudhaan akka guddatanii fi waa'ee amantii kiristaanaa caalaatti akka baratan gargaaru ture.

Akkaataan Cheri's fi milkaa'inni ishee faallaa kanaa ture. Namoota gara Kiristoositti geessuun dura yeroo dheeraa fudhatti turte, yeroo tokko tokko waggoota. Dubartoonni isheen waliin hojjechaa turte duuka buutota akka ta'an kan afeerte, gara Kiristoositti jijjiiramuun maal jechuu akka ta'e guutummaatti hubachuu isaanii yeroo mirkaneeffatte qofa, kunis carraa ari'atamaa fi wal hiikuu abbaa warraa isaanii dabalatee. Dubartiin takka isheen gara Kiristoositti geggeessite hundi amantuu cimtee of kennite, amantiin ishee erga Cheeriin Kaaba Afrikaa keessaa ari'amtee boodas itti fufe.

Musliimota gara Kiristoositti yeroo geessuu fi adabsinu adeemsi eebba isaanii gadi fageenyaan ta'uun barbaachisaa dha. Barumsa 5 irraa tarkaanfiiwwan ja'a Kiristoosiin hordofuu yaadadhu:

1. Waadaa galuu lama:

   ▪ Ani cubbamaa waanan ta'eef of fayyisuu hin danda'u.

   ▪ cubbuu kootiif akka du'uuf ilma isaa Yesusiin kan erge Waaqayyo tokkicha uumaa.

2. Badii koo irraa fi waan hamaa hundumaa irraa garagaluu (towbachuu).

3. Dhiifama, bilisummaa, jireenya bara baraa fi Hafuura Qulqulluu gaafachuu.

4. Amanamummaa Kiristoosiin akka Gooftaa jireenya kootti dabarsuu.

5. Kiristoosiif akkan bitamuufi akkan tajaajiluuf waadaa fi qulqullummaa jireenya koo.

6. Kiristoos keessatti eenyummaa koo labsuu.

Steve tarkaanfii 1-2, tarii immoo tarkaanfii 3, garuu tarkaanfii 4-6 irratti namoota haaraa jijjiiran fudhachaa waan ture fakkaata. Amanamummaa guutuu dabarsuu (tarkaanfii 4) Islaamummaa wajjin walitti dhufeenya kutuu fi kanneen kana guutummaatti amanamummaa Yesusiif bakka buusuu gaafata. Abdii fi qulqullaa'uun (tarkaanfiin 5) ari'atama waliin walii galuu kan dabalatu ta'uu qaba kunis hubannoo naamusa macaafa qulqulluu gaafata: of qulqulleessuuf jireenya akkamii jiraachuuf akka qulqullaa'e hubachuu qabda. Eenyummaa haaraa labsuun (tarkaanfii 6) eenyummaa Kiristaanummaa fi mucaa Waaqayyoo ta'uun karaa Iyyesuus Kiristoos ta'uun maal jechuu akka ta'e hubachuu gaafata, Rabbiif "bitamtuu" qofa osoo hin taane. Kana jechuunis Ummaa keessaa bahuun eenyummaa kee durii dhabuun maal jechuu akka ta'e hubachuu jechuudha, hiriyootaafi maatii irraa adda ba'uu danda'u dabalatee.

Kana malees, tarkaanfiin 3ffaan Kiristoos keessatti bilisa ta'uun maal jechuu akka ta'e, namoota biroof dhiifama gochuun maal jechuu akka ta'ee fi maalummaa jireenya hafuuraan maal akka ta'e hubannoo bilchaataa gaafata.

Dhuguma adeemsa duuka bu'ummaa hubannoo guutuudhaan tarkaanfiiwwan kanaaf gadi fageenyaan of kennuu barbaachisa. Adeemsa kanaan namni tokko of eeggannoo fi yaadaan ilaalcha Islaamaa cinaatti dhiisee ilaalcha macaafa qulqulluutiin bakka buusuu barachuu danda'a.

Namni tokko gara Kiristoositti deebi'ee isa duukaa bu'uuf waadaa yommuu seenu, Seexana irratti waraana labsaa akka jiru fakkaata. Mirga Seexanaa saamuuf, mirga jireenya isaanii hunda Yesus Kiristoositti dabarsuudhaaf of kennaa jiru. Kun murtoo salphaa ykn gubbaa irraa mul'atu miti. Hubannoo fi fedhii nama sanaa guutummaatti bobba'een deeggaramuu qaba.

Sababa kanaaf tajaajiltoonni wangeelaa cuuphaa irratti akka suuta jedhan, akkasumas Yesus duukaa bu'uuf kadhannaa of kennuu keessatti namoota geggeessuuf akka suuta jedhan gorfamaniiru. Sana gochuu kan qaban yeroo namni sun isaani fi namoota jaallataniif hiika maal akka qabu guutummaatti hubate qofa.

Akkasumas, hanga 'Labsii fi Kadhannaa Shahaadaa Ganee Aangoo Isaa Cabsuuf' (Barnoota 5 ilaali), hubannoo fi of kennuu guutuudhaan, hanga kadhatanitti akka hin cuuphamne gorfama. Gochi kun hiika isaa ibsuuf barsiisuudhaan durfamuu qaba. Kana cuuphaa dura yeroo muraasa dura raawwatamuu qaba. Kadhannaan gantummaas akka qaama sirna cuuphaa tokkootti hammatamuu danda'a. Ganuun kun tarkaanfii 4ffaa irratti waadaa guutuu akka seenu kan hayyamudha: amanamummaa guutuu dabarsuu amanamummaa Yesus Kiristoosiin akka Gooftaatti, kunis himannaa Islaamummaa hunda jireenya ofii irratti diduu jechuudha.

Hoggantoota Haaraa Uumaman Gorsaa

Fedhii guddaa Amantoota Duubbee Musliimaa irraa dhufan har'a addunyaa kana irratti mudatan keessaa tokko paastaroota bilchaataa ta'anii fi BMBs ta'aniidha. Hoggantoonni fayyaa hin qabne waldoota fayyaa hin qabne guddisan. Waldaa fayyaa qabdu, namoonni bilchinaa fi bilisummaan itti guddatan qabaachuuf waldaan tokko geggeessitoota fayyaa ta'an barbaachisa. Kanaaf hoggantoota BMB waldoota fayyaa qaban geggeessuu danda'an irratti invast gochuun baay'ee barbaachisaa dha. Investimentiin kun kunuunsaa fi deeggarsa waggoota dheeraa barbaada.

Hoggantoota ta'uu danda'an irratti invast gochuu kee dura isaan argachuu qabda! Qajeelfamni ijoo: namoota gara hoggansaatti ceesisuuf suuta jechuu dha. Yoo nama tokko daftee tarkaanfachiifte yoo namni fooyya'aan booda dhufe kana gaabbichuu dandeessa. Namoonni seenaa Islaamaa irraa dhufan diduu fi dorgommii wajjin qabsaa'uu waan danda'aniif, nama tokko akka geggeessaatti ol kaasuu kee dura, akka armaan gadii mirkaneessi:

- waamamuuf qophii ta'aniiru
- gad of deebisuu gahee hoggansa fudhachuu qabu
- kan barsiisan ta'uu isaaniiti
- qeeqa isaan irra ga'u kan hin oolle dandamachuu danda'u.

Yoo nama maatii Musliimaa irraa dhufee fi waldaa geggeessuuf akka waamame sitti dhaga'amu taate, karaa saffisaa ykn salphaa ta'een qophaa'uu hin barbaadiin. Qophaa'uuf yeroo akka si barbaachisu gad of deebisuudhaan hubadhu. Leenjiidhaaf of kennuudhaaf fedhii qabaachuu. Obsaa. Kan nama barsiisu ta'i.

Hoggantoonni BMB dafanii tarkaanfachuudhaan manca'uu danda'u. Yoo dafanii tarkaanfatan gad of qabuu barachuu dhiisuu danda'u: waan beekuu qaban hunda waan beekaniif ijaaramuu fi leenjii dabalataa akka isaan hin barbaachifne itti fakkaachuu danda'a. Namoonni dafanii kan guddatan yoo ta'e, ija gumii duratti of mirkaneessuuf carraa utuu hin argatin, kana dandamachuuf

255

qophaa'uu isaanii dura dafanii fudhatama dhabuun isaan mudachuu danda'a, kunis ijaarsa isaanii miidhuu danda'a.

Namoonni dafanii kan guddatan yoo ta'e, ija gumii duratti of mirkaneessuuf carraa utuu hin argatin, kana dandamachuuf qophaa'uu isaanii dura dafanii fudhatama dhabuun isaan mudachuu danda'a, kunis ijaarsa isaanii miidhuu danda'a.Hoggantoota fayyaa ta'an kunuunsuun baay'ee yeroo kan fudhatu yoo ta'u, geggeessitoota kiristaanaa bilchaataa ta'an guddisuuf ilaalchi yeroo dheeraa barbaachisaa dha. Amanaa haaraa geggeessaa ta'uu danda'u kamiifuu, gara bilchina Kiristaanummaatti guddachuuf waggoota fudhata. Waan baay'ee baratamuu qabu, sababiin isaas namoota duubbee Islaamaa irraa dhufaniif, akkaataan jireenyaa fi hariiroo tokko tokko itti yaaduu fi miiraan itti dhaga'amu guutummaatti deebi'ee ijaaramuu qaba.

Qaamonni ijoo 12 hoggantoota hanga bilchinaatti gorsan kunooti:

1. Namni leenjifamaa jiru (leenjisaan) nama isaan leenjisu (gorsaa) waliin yeroo hunda wal arguu qaba, yoo xiqqaate torbanitti al tokko.

2. Hoggantoota leenjifamtoota akkaataa calaqqisiisa ti'ooloojii itti hojjetan barsiisuu fi agarsiisuu, muuxannoo jireenyaa amantii wajjin walitti makuu. Kunis waa'ee qabeenya macaafa qulqulluu fi amantii qormaata qabatamaa jireenya guyyaa guyyaa fi tajaajila irratti hojii irra oolchuu barachuu dha. Karaa calaqqisiisa ti'ooloojii itti yaadamee, amala nama tokkoo dhugaadhaaf saaxilama, akkasumas suuta suutaan irra deebi'amee bocamuu danda'a, caalaatti moodeela Yesus Kiristoosiin akka walsimuuf.

3. Leenjii iftoominaa fi amanamummaa kennuu: kanaaf ejjennoo olaanaa qabaachuu. Namni gorfamu tokko yoo haguuggii fuulaa uffatee jiraate haguuggii fuulaa qofatu bilchaata! Gaaf tokko namni dhugaa sun kutaa keessaa bahee haguuggii fuulaa sana dhiisuu qofa ta'a. Sana booda nama ati yaadde sana akka hin taane ni hubatta.

   Akkasumas gorsaan hogganaan ta'uu danda'u waa'ee qabsoo isaanii ifatti akka dubbatu yoo eege iftoomina qabaachuu jechuun maal jechuu akka ta'e moodeela gochuun barbaachisaa dha.

Yeroon jalqaba hiriyoonni gaa'elaa waldaa Muslimoota duraanii tokkoof paastaroota ta'uu danda'an adabuu yeroon jalqabu, walga'ii keenya isa jalqabaa irratti, "Rakkoo qabdaa?" Isaanis, "Lakki" jedhaniin.

Torban itti aanutti deebi'ee waan wal argineef, ammas, "Rakkoon si mudatee?"

Deebiin deebi'ee dhufe: "Lakki."

Torban sadaffaaf wal arginee yeroo tokko dabalataan "rakkoo qabdaa?"

Ammas deebiin "Lakki" ture.

Achiis, "Kana dhaga'uu kootti baay'een gadde. Yookaan rakkoo qabaattee hin beektu, kunis gaarii miti, yookaan rakkoo qabaattee natti hin himne, kunis gaarii miti.

Isa kam?"

Sana booda hiriyoonni gaa'elaa kun banamuu jalqaban: rakkoon isaan mudachaa ture, garuu aadaan Islaamummaa isaanii dadhabina ykn rakkina namoota birootti mul'isuun akka nama qaanessu isaan barsiisee ture. Haa ta'u malee, guyyaa sanaa kaasee rakkoo fi qormaata isaan mudate ifatti waan qooddataniif hariiroon keenya jijjiirame. Yeroo sanaa kaasee isaan gargaaruu danda'eera. Adeemsa kanaan wal amantaan kan ijaarame si'a ta'u, bilchina Kiristiyaanaa keessattis saffisaan guddatan.

4. Gorsaan fi geggeessaan ta'uu danda'u dhimmoota irratti hojjetamuu qaban kaasuu irratti of eeggannoo fi itti yaadanii ta'uu qabu. Leenjifamaan dhimmoota adda baasuu fi walgahii keessanitti akka fiduuf itti yaadee akka ta'u jajjabeessaa.

5. Leenjifataa fi gorsaan isaanii rakkoolee fi murtoowwan ijoo jireenya waldaa irratti dhiibbaa geessisan waliin wal'aansoo qabuu qabu. Haala kanaan geggeessaan leenjifamtuu tajaajila tiksee keessatti dhimmoota

qormaata ta'an karaa Waaqayyoo, macaafa qulqulluutiin akkamitti akka ilaalu barachuu danda'a.

6. Yeroo leenjifamtuu gorsitu bilisummaan akka deeman gargaari. Namni hundi jechuun ni danda'ama akka qaama leenjii tajaajilaaf kennamutti waan tokko irraa bilisa ta'uu qaba. Yoo garbummaan furmaata hin arganne fi madaan hin fayyine, fayyinaa fi bilisummaa dhabuun gara fuulduraatti firii nama tokkoo ni daangessa. Dhimmoonni bilisummaa dhuunfaa dhabuu agarsiisan yeroo ka'an qabeenya Kiristoos keessatti qabnu hojiirra oolchuudhaan dhimmicha furuu. Isaan kun Barumsa 2ffaa keessatti ibsamaniiru.Akkasumas, namni adeemsa bilisa ba'uu keessa darbe tokko akkamitti namoota biroo bilisa akka ta'an gargaaruu akka danda'u caalaatti ni hubata.

7. Leenjifataa BMB of kunuunsuu irratti leenjisuu. Hoggantoonni BMB ofii isaanii, fi maatii isaaniif kunuunsuu akka dursa olaanaatti barachuun barbaachisaa dha. Tajaajila rakkisaa kana keessatti qormaanni baay'een kan jiru yoo ta'u, Paastariin tokko dursee ofii isaanii, fi maatii isaaniif kunuunsuun dursa yoo hin kennine, yeroo dheeraa turuu dhiisuu danda'u. Paastariin tokko maatii ofii isaanii kunuunsuu yoo baate tajaajilli isaanii amanamuu dhiisuu danda'a. Namoonni, "Maatii ofii kunuunsuu yoo dadhaban akkamitti waldaa kunuunsuu danda'u?"

8. Gaggeessitoonni keessan dhirsaaf niitii yoo ta'an, gaa'ela Kiristiyaanaa isa onnee tajaajiltummaa, wal jaallachuu akkasumas walkabajuu irratti hundaa'e; garuu isa inni tokko isa tokko cunqursuu irratti hin hundoofne akka beekan barachuu qabu.

9. Tajaajila keessatti barbaachisummaa of beekuu cimsuu. Namoonni yeroo dorgomaa ta'an, iftoomina hin qabne, namoota biroo caalaa akka caalu itti dhaga'amuu yeroo barbaadan of beekuu ni dhabu. Kunis qaama miidhaa Islaamummaan geessisu ta'uu danda'a. Namni gorfamu tokko guddachuuf yaada murteessaa akka kennaa fi qabeenya gatii guddaa qabuutti iddoo guddaa kennuu barachuu qaba. Kana jechuun yeroo duub-deebii

258

murteessaa ta'etti ofirraa ittisuu dhiisuu ykn doorsisni, mufannaa ykn diduu akka hin dhaga'amne barachuu jechuudha. Kanuma waliin gorsaan tokko mala fudhatama qabuu fi banaa ta'e moodeela gochuu qaba, akkaataa yaada itti barbaadanii fi deebii itti kennan irratti of-dammaqiinsa moodeela gochuu qaba. Leenjifamtoonni gorsaan yaada murteessaa argachuu akka danda'u yoo arguu danda'an, ofii isaanii caalaatti argachuu danda'u.

10. Leenjifamaan mufannaa karaa Waaqayyootiin akka adeemsisu gargaaraa, kanaaf dandamachuu danda'a. Hogganaa BMB leenjifame akkamitti qabeenya amantii macaafa qulqulluu yeroo namoota birootiin gadi bu'an, yookaan haalli jireenyaa humna ol ta'ee mul'atu hojiirra oolchuu akka danda'u hidhachiisi.

11. Lola hafuuraaf hidhachuu. Namoota gara Kiristoositti dhufan tajaajiluun yeroo hundumaa isa hamaa irraa duubatti deebi'uu of keessaa qaba: isaan irraa fagaachuu hin danda'an. Amantoonni Duubbee Musliimaa irraa dhufan yeroo seexanni itti duulaa jirutti lafa isaanii akka qabataniif leenjifamuu qabu.

12. Kiristaanota biroo wajjin wal amantaa fi tumsa fakkeenya godhachuu, akkasumas tajaajiloota biroo wajjin walitti dhufeenya Waaqayyoo horachuu. Kun BMBn qaama Kiristoos adda baasuu keessatti akka guddataniif barbaachisaa dha: Waaqayyoon kan kabaju yoo ta'u, waldaa keetiif eebba Waaqayyoo karaa itti argattudha. Kun gad of deebisuu barsiisuufis karaa gaarii dha.

Qajeelfama Qo'annoo

Barnoota 8

Macaafa Qulqulluu Barnoota Kana Keessatti

2 Ximotewos 2:20-21
Maatewos 12:43-45 irratti
Tiitoo 3:3
Filiphisiiyus 1:9-11

2 Qorontos 12:9-10
Roomaa 12:15
1 Qorontos 12:26

Barumsa kana keessatti wabii quraanaa, jechoota haaraa fi maqaa haaraa hin jiru.

Gaaffiiwwan Barnoota 8

- Qorannoon haalaa irratti mari'achuu

Kufaatii

1. Durie namoonni tokko tokko Yesus duukaa bu'uuf erga murteeffatanii booda gara Islaamummaatti akka deebi'aniif sababoota afur akkamii dhiheessa?

2. Manneen Kiristaanaa yeroo tokko tokko waa'ee Yesuus fi Kiristaanummaa caalaatti baruuf yeroo gaafatan maaliif Muslimoota ofirraa deebisu?

3. Musliimonni gara Kiristoositti akka deebi'an deggeruu akka danda'aniif waldoonni maal gochuu qabu?

Duuka Bu'ummaa Firii Hin Qabne

4. Durie dhimmoota baratamoo Muslimoota duraanii Kiristaana ta'an mudatan maali jedha?

5. Rakkoowwan kana keessaa baay'eedhaaf sababni bu'uuraa maali?

6. Hogganaa muuduun waldaa tokko keessatti akkamitti rakkoo fiduu danda'a?

7. Koolu galtummaan gara Kanaadaa deeme kun maaliif Kiristaanota kaan irraa of kute?

Waldoota Fayyaa hin Qabne

8. Fedhiin akka olaantummaatti itti dhaga'amuu waldoonni akka waliin hin hojjenne akkamitti dhorkuu danda'a?

Barbaachisummaa Bilisa Ta'anii Turuu

9. Fakkeenyi Yesus waa'ee mana duwwaa dubbate rakkoo lama akkamii argisiisa?

10. Waldaa fayyaa qabdu ijaaruuf maaltu si barbaachisa?

11. Namni tokko erga bilisa bahee booda maaltu jijjiiramuu qaba?

12. Phaawulos yeroo tokko lamaan isaanii iyyuu maal akka ta'an Tiitoos kan yaadachiise maaliifi?

13. Jireenyi Phaawulos isa duraa Yesusiin duukaa bu'uu isaa dura jireenya ilaalchisee ibsee wajjin kan walsimu akkamitti?

14. Akkaataa Phaawuloos Filiphisiiyus 1:9- 11 irratti barreessutti amanaan akkamitti 'mana' lubbuu isaanii guutee, nama malee hin dhiifne?

᠅

Fayyinaa fi Bilisa Baasuu

15. Durie jireenya namoota jijjiiraman irratti dhiibbaa hamaa 12 gabaaseera. Kanneen keessaa meeqa ilaaltaniittu?

16. Dargaggeessi kun dhukkuba garaachaa kaansarii dura ture irraa fayyuuf maal godhe? Jijjiiramni biraa erga fayye booda isa mudate maali?

17. Manni tokko sirnaan eegumsa akka qabaatu gochuuf maal gochuun barbaachisaa dha?

Qaawwa Jirutti Barsiisuu

18. Tajaajila bilisummaa keessatti tarkaanfiin jalqabaa maali fi tarkaanfiin jalqabaa maaliif?

19. Lubbuun namaa akka baaldii bishaanii akkamitti?

20. Don Little BMB addunyaa guutuu keessatti walfakkeenya akkamii arge?

21. Namoonni tokko tokko waa'ee rakkina namoota kaanii yommuu dhaga'an gammachuu itti dhaga'amuu kan danda'u maaliifi?

22. Amantoonni waldaa keessatti warra kaan caalaa ta'uu yeroo barbaadanitti rakkoon waldoota muraasni maal fa'a?

23. Durie barumsawwan ja'a kamtu rakkina namoonni warra kaan caalaa akka ta'an itti dhaga'amuu barbaadan sirreessuuf gargaaruu danda'u?

24. Durie maaltu dhugaa dubbachuu dhabuun rakkoo uumamuu danda'a jedha?

25. Durie naannoowwan aadaa Islaamaa ja'a kamtu "qaawwa jirutti barsiisuu" akka barbaachisu adda baafti?

26. 'Barsiisuun qaawwa keessa jiru' sirnaafi gadi fageenyaan ta'uu kan qabu maaliifi?

Akka Gaariitti Jalqabi

27. Garaagarummaan mala Istiiv fi Cheerii gidduu jiru maali, akkasumas mala Cheeriin caalaatti milkaa'e maaliifi?

28. Tarkaanfiiwwan ja'a 'Labsii fi Kadhannaa Waadaa Yesus Duuka Bu'uu' yaadadhaa tarreessuun ni danda'amaa? Yoo hin taane, hamma namni hundi tartiibaan maqaa isaanii moggaasuu danda'utti irra deddeebi'uudhaan akka gareetti sammuutti qabadhaa.

29. Tarkaanfiiwwan ja'an kana ilaalchisee, Istiiv yeroo namoota gara Kiristoositti geessu tarkaanfiiwwan akkamii waan dhabe fakkaata?

30. Gara Kiristoositti yommuu deebitan eenyu irratti waraana labsaa jirtu?

31. Namni Islaamummaa keessaa bahe cuuphamuuf osoo hin qophaa'in maaltu godhamuu qaba?

32. Durie har'a addunyaa kana irratti Amantoota Duubbee Musliimaa mudatan barbaachisummaa guddaa akka ta'e maali? Walii galtuu?

33. Durie maaliif hoggantoota suuta tarkaanfachiisuu wayya jedha?

34. Hoggantoonni dafanii yoo tarkaanfatan maaltu ta'uu danda'a?

35. Yeroo hogganaa leenjifamte tokko gorsitu akka Durie jedhutti yeroo meeqa isaan waliin wal arguu qabda?

36. Calaqqeen ti'ooloojii maali fi akkamitti namoonni bilchinaan akka guddatan gargaara?

37. Gorsaan tokko nama leenjisaa jiru waliin iftoominaa fi iftoomina qabaachuun maaliif barbaachisaa ta'e?

38. Seenaa Durie dubbate keessatti leenjifamaan kun rakkoolee isa mudatuuf gargaarsa barbaaduuf maaliif fedhii hin qabne?

39. Gorsaan tokko, rakkinawwan barbaachisoo jireenya gumii keessatti mul'atan irratti murtoo gochuu keessatti nama leenji'aa jiru hirmaachisuu kan qabu maaliifi?

40. Nama leenjii keessa jiru tokko geggeessaa ta'uuf bilisummaa tajaajiluu danda'uun maaliif barbaachisaa ta'e?

41. Tajaajila keessatti of kunuunsuun barbaachisaa kan ta'e maaliifi?

42. Gaa'elli Kiristiyaanaa maal irratti hundaa'uu qaba? \

43. Of beekuun maaliif akkas barbaachisaa ta'ee fi dhiibbaan Islaamaa akkamitti kana ittisuu danda'a?

44. Gorsaan tokko qeeqa argachuuf banaa ta'uun maaliif barbaachisaa ta'e?

45. Paastariin waldaa BMB tokkoo maaliif waraana hafuuraaf leenji'uu qaba?

46. Hoggantoonni waldoota BMB waldoota biroo kabajuu fi akka gaariitti hojjechuu barachuun maaliif barbaachisaa ta'e?

Qabiyyee Dabalataa

Mata dureewwan waa'ee Islaamaa asitti barsiifaman hedduu ilaalchisee odeeffannoo dabalataa argachuuf, The Third Choice: Islam, Dhimmitude and Freedom kan Mark Durie barreesse ilaalaa.

Qabeenyi Bilisummaa Booji'amtootaa afaanota adda addaa hedduudhaan, kadhannaa dabalatee, marsariitii luke4-18.com irratti argamuu danda'a.

Odeeffannoo dabalataa waa'ee tarkaanfiiwwan namoota jinniiwwan irraa bilisa baasuuf barbaachisan argachuuf, Mark Durie kitaaba Free in Christ jedhu kan Pablo Bottari barreesse gorsa. Afaan Ingiliffaa fi Ispeeniin ni argama. Akkasumas qabeenya leenjii freemin.org irratti (Ingiliffaa fi afaanota biroo tokko tokkoon) gorsa.

Kadhannaan dabalataa namoota bilisa baasuuf gargaaran tokko tokko kunooti.

Kadhannaa Dhiifama[18]

Abbaa dhiifama akkan godhu akka na gaafattu ifa gooteetta. Fayyisaa fi bilisummaa dhiifamni naaf fidu ni hawwita.

Har'a, warra cubbuutti seenuuf na kaa'an hundaaf [maqaa isaanii], warra na miidhan hundaaf [maqaa isaaniif] dhiifama gochuu nan filadha. Tokkoon tokkoon isaanii [badii isaan hojjetan maqaa dhahuu] jedheen isaan gadhiisuu filadha.

Murtii isaan irratti godhamu hundumaa nan dhiisa, adabbii garaa koo keessatti qabadheef immoo nan dhiisa. Abbaa firdii qajeelaa si qofa waan taateef, siif nan [maqaa isaan] nan kenna.

Gooftaa, deebii mataa kootii akka nama miidhu fi of miidhu waanan hayyameef dhiifama naaf godhi.

---

[18] Kunii fi kadhannaawwan itti aanan lameen kitaaba *Restoring the Foundations* barreessitoota Chester and Betsy Kylstra jedhamaniin kan qophaa'aniidha.

Dhiifama kee irratti hundaa'uun miidhaan kun ilaalchaa fi amala koo irratti dhiibbaa akka geessisu hayyamuu kootiif dhiifama ofiif gochuu filadha.

Hafuura Qulqulluu, dhiifama jireenya koo keessatti hojjechuu keetiif, ayyaana dhiifama gochuu na barbaachisu waan naaf kenniteef, akkasumas dhiifama akkan godhu na dandeessisuu kee itti fufteef si galateeffadha.

Maqaa Yesusiin Ameen.

Soba (Amantii Waaqayyoon Hin Sodaanne) Ganuuf Kadhannaa

Abbaa, ani cubbuu koo (fi cubbuu abbootii koo) soba [soba maqaa] jedhu amanuu koo nan himadha.

Namoota amantii Waaqayyoon hin sodaanne kana uumuuf gumaacha godhaniif, keessumaa [maqaa isaaniif] dhiifama nan godha.

Cubbuu kana irraa gaabbii nan gaabba, amantii Waaqayyoon hin sodaanne kana argachuu kootiif, jireenya koo isa irratti hundaa'ee jiraachuu kootiif, akkasumas sababa isaatiin karaa kamiinuu namoota biroo irratti murteesse akka naaf dhiisu Gooftaa si kadhadha. Dhiifama kee amma argadha [eegaa Waaqayyo biraa fudhadhu].

Dhiifama kee bu'uura godhachuun yaa Gooftaa soba amanuu kootiif dhiifama ofiif gochuun filadha.

Amantii Waaqayyoon hin sodaanne kanaan waliigaltee ani godhe hunda nan gana, nan cabsa. Waliigaltee mootummaa dukkanaa waliin qabu nan haqa. Waliigaltee walqabatee jinniiwwan waliin godhe hunda nan cabsa.

Gooftaa waa'ee amantii Waaqayyoon hin sodaanne kana dhugaa akkamii natti mul'isuu barbaadda? [Eegaa Gooftaa dhaggeeffadhu, kanaaf sana booda dhugaa soba sirreessuu labsuu dandeessa.]

Dhugaa [dhugaa maqaa] nan labsa. Maqaa Yesusiin, .

Ameen.

Kadhannaa Cubbuu Dhalootaa

Cubbuu abbootii koo, cubbuu warra koo, fi cubbuu mataa kootii [maqaa cubbuu(wwan)] nan himadha.

Cubbuu fi abaarsa bu'aa kanaan dhufu kanaaf, akkasumas bu'aa jireenya koo keessatti [addatti maqaa isaanii kaa'uuf] abbootii koo, akkasumas namoota dhiibbaa natti godhan hundaaf dhiifama gochuu fi gadhiisuu nan filadha.

Yaa Gooftaa, cubbuu kanaaf akka naaf dhiisu si kadhadha. Dhiifama kee nan argadha.

Dhiifama kee bu'uura godhachuun yaa Gooftaa ani cubbuu kana keessa seenuu kootiif dhiifama ofiif gochuun filadha.

Cubbuu fi abaarsa [maqaa isaanii] nan dhiisa.

Humna cubbuu fi abaarsa kanaa jireenya koo irraa fi jireenya sanyii koo irraa hojii furuu Kiristoos fannoo irratti hojjeteen nan cabsa.

Cubbuuwwan kanaa fi abaarsa bu'aa kana irraa bilisa ta'uu kee nan argadha. Ani [addatti eebba Waaqayyoo kan ati, amantiidhaan, argachaa jirtu maqaa dhahi].

Maqaa Yesusiin

Ameen.

Deebii

Deebii barnoota 1ffaa

1. Hafuurri Islaamummaa akka dhiisu itti hime.

2. Fedhii hatattamaa keessaa tokko Islaamummaa ganuudha.

3. Shahadaa fi Zimmaa.

4. Muslima Kiristoosiin duukaa bu'uu filate.

5. Nama Muslima hin taane.

6. Nama amantaa Islaamatti jijjiire harka kennachuu fi warri muslimaa hin taane olaantummaa Islaamaa jalatti harka kennachuu.

7. Tokkummaa cimaa Rabbii fi nabiyyummaa Muhaammad himachuu.

8. Seera Islaamaa kan sadarkaa ol'aantummaa kiristaanaa murteessu.

9. Kiristaanonni Muslima ta'anii hin beekne himannaa Zimmaa ganuun akka isaan barbaachisu.

10. Seerri shari'aa ol'aanaa ta'ee qajeeltoowwan haqaa ykn aangoo biroo hunda irratti akka bulchu.

11. Himannaan hafuuraa hundi lubbuu isaanii irratti kan Kiristoos malee.

12. Dukkana hafuuraa keessaa bahee gara bulchiinsa Kiristoositti.

13. Tarkaanfii siyaasaa fi hawaasaa, falmii mirga namoomaa, gaaffii barnootaa, itti fayyadama miidiyaa, yeroo tokko tokko immoo deebii waraanaa mootummoota biyyoolessaa irraa kennamu.

14. Jijjiirama, harka kennachuu siyaasaa ykn billaa.

15. Waggaa kumaa ol; waggaa 800tti siqu.

16. Bulchiinsa Kiristiyaanaa (Kiristendom) ittisuudhaf lubbuu isaanii yoo kenna jannata akka galan isaanii abdii kenne.

17. Hundeen Islaamaa kan hafuuraati.

18. Mootii gara jabeessa fi gooftaa shira raajii Daani'eel.

19. Islaamummaa:

    ▪ miira ... olaantummaa qabaachuu

    ▪ beela ... milkaa'ina

    ▪ itti fayyadama ... gowwoomsaa

    ▪ humnaa fi badhaadhina ... namoota biroo waliin filachuu

    ▪ saboota ... miira nageenyaa sobaa qaban injifachuu

    ▪ mormii ... Ilma Waaqayyoo irratti

    ▪ galmee hordoffii ... Kiristaanotaa fi Yihudoota balleessan.

20. Humna namaatiin miti.

21. Humna Kiristoosii fi fannoo isaa.

Deebii Barnoota 2^{ffaa}

1. **Jecha Muhammad jedhu dubbachuu akka hin dandeenye argate.**

2. **Aarii irraa bilisa bahee wangeela lallabuu fi namoota biroo adabuu irratti bu'a qabeessa ta'e.**

3. **Mirgi dhalootaa kiristaana hundumaa bilisummaa ulfina qabeessa ijoollee Waaqayyooti.**

4. **Naazireet keessatti.**

5. **Waadaa bilisummaa.**

6. Abdii dhabuu, beela, dhukkuba, jinnii irraa bilisa ta'uu.

7. Hidhamtichi balbala hin cufamneen bahuu qaba. Bilisummaan hafuuraa waan filachuu qabnuudha.

272

8. Hattuu. Amiira addunyaa kanaa. Waaqa bara kanaa. Bulchaa mootummaa qilleensaa. Seexanni biyya lafaa kana irratti humna akka qabu nu barsiisu.

9. Seexanni humnaa fi olaantummaa dhugaa garuu daangeffame qaba.

10. Ilaalcha addunyaa Islaamummaa fi humna hafuuraa isaa.

11. Garbummaa humna jinniiwwanii keessatti.

12. Humna seexanaa fi humna dukkanaa.

13. Mootummaa Iyyesuus Kiristoositti fidamnee, dhiifamni nuuf godhamee bilisa baane.

14. Gara mootummaa Iyyesuus Kiristoositti akka dabarfaman.

15. Gama shan: 1) Seexanaa fi badii hunda ganuu. 2) Namoota biroo wajjin walitti dhufeenya Waaqayyoon hin sodaanne hunda dhiisuu. 3) Kakuu Waaqayyoon hin sodaanne hunda dhiisi. 4) Dandeettii Waaqayyoon hin sodaanne dhiisuu. 5) Jireenya keenya Gooftaa ta'ee Yesus Kiristoosiif dabarsinee kenni.

16. Waldhabdee Waaqayyoo fi Seexana gidduu jiru; mootummoota lama gidduutti.

17. Manni kiristaanaa dirree waraanaa ta'uu dandeessi, hammeenyaaf itti fayyadamuu ni dandeessi.

18. Kiristaanonni karaa fannootiin injifannoo akka argatan mirkanaa'oo ta'uu danda'u.

19. Injifannoo Roomaa wajjin wal bira qabamee yoo ilaalamu jinniiwwan humna isaanii dhabanii akka salphatan argisiisa.

20. Himatamaa ykn mormituu.

21. Kiristaanonni dammaqinaan akka jiraatan akeekkachiifama.

22. Cubbuu keenyaa fi kutaalee jireenya keenyaa kan seexanaaf harka kennatan.

23. Cubbuu, dhiifama dhabuu, dubbii (fi gocha fakkeenyaa), madaa lubbuu, amantii Waaqayyoon hin sodaanne (soba), fi cubbuu dhalootaa fi abaarsa bu'aa irraa maddu.

24. Himata seexanni nurratti dhiyeessu danda'u maqaa dhahuu fi diduu danda'uu.

25. Balballi banaan bakka seensaa Seexanaaf kennamedha. Lubbuu Seexanni dabarfamee naaf kenname jedhee dubbatu keessa bakki miilli lafa qaba.

26. Mirga seeraa; lafa hafuuraa kan Seexanni qabamuu danda'u.

27. Seexanni himata nurratti dhiheessuuf carraa hin qabu jechuudha.

28. Seexanni cubbuu Yesus irratti himannaa dhiheessuuf itti fayyadamuu danda'u tokkollee argachuu hin dandeenye.

29. Seexanni fannifamuun adabbii haqaa ture jechuu waan hin dandeenyeef qulqulluu ta'uun isaa barbaachisaa dha.

30. Balbaloota banaa cufuu fi bakka miila itti qabamu buqqisuu qabna.

31. Cubbuu keenya irraa tawbachuudhaan.

32. Dursa namoota biroof dhiifama gochuu qabna.

33. Dhiifama dhabuu keenyatti fayyadamee miila nutti dhaabbachuu danda'a.

34. Namoota biroof dhiifama gochuu; dhiifama Waaqayyoo argachuu; ofii keenyaaf dhiifama gochuu.

35. Lakki: dhiifama gochuun dagachuu irraa adda.

36. Seexanni miidhamaatti fayyadamee soba nu nyaachisuu danda'a.

37. Muuxannoo gaddisiisaa 'keessummoota' mana isheetiin miidhaa irra ga'e irraa fayyina argatte. Sodaachisuu dhiisuu qabdi turte.

38. Lubbuu kee gara Gooftaatti dhangalaasi; fayyinaaf kadhadhaa; nama madaa sana fideef dhiifama gochuu; sodaa (ykn miidhaa biroo fiduu) dhiisuu; soba kamiyyuu himachuu fi diduu.

39. Jecha dubbanne hundaaf.

40. Sababni isaas kun dubbii keenya nurratti akka fayyadamu carraa isaaf kennuu danda'a.

41. Dhiiga Yesuus.

42. Ani akka bineensa kanaa haa ta'u, kakuu yoon cabse akkasuma narra haa ta'u.

43. Nama kakuutti walii galu irratti abaarsa du'aa waamu.

44. Mataa muruu.

45. Seexanni soba nu nyaachisa.

46. Soba kanaan dura akka dhugaatti fudhanne adda baasnee diduu.

47. "Dhiironni dhugaa hin boo'an."

48. Soba dhugaa itti dhagahamu.

49. Wal arguun dhugaa soba duraan amanne himachuu, diduu fi dhiisuu nu dandeessisuu danda'a.

50. Dhaala hafuuraa hamaa.

51. Dhiibbaa warraa fi fakkeenya badaa.

52. Sirna eebbaa fi abaarsa.

53. Addaamiifi Hewaan abaarsa dhaloota gidduutti gadi lakkisan: dhukkubbii, olaantummaa, manca'iinsaa fi du'a.

54. Kun bara Masihiif abdii: mootummaa Yesus Kiristoosiif.

55. Cubbuu abbootii keenyaa fi cubbuu ofii keenyaa himachuu; cubbuu kana ganuu fi ganuu; abaarsa walqabatee jiru hunda cabsi.

56. Seexana irratti aangoo qabaachuu.

57. Wanti hundinuu waaqolii tolfamoo wajjin guutummaatti balleefamuu qaba waan jedhuuf.

58. Fannoon waliigaltee badaa nuti seenne cabsuuf humna qaba.

59. Gochoota adda ta'an.

60. "Ani lammata nama biraa hin jaalladhu." Suuzaan hadhaa'aa fi diinummaa qabde. Isheenis dhaadannoo sana ni dhiiste.

61. Tarkaanfiiwwan shan: 1. Waadaa galuu fi tawbachuu. 2. Ganu. 3. Boqodhu. 4. Baasuu. 5. Eebbisaa guutaa.

62. Cubbuu himadhuu dhugaa labsi.

63. Faallaa waan isaan dhiphiseen isaan eebbisi.

Deebii Barnoota 3ffaa

1. Rabbiif akka gooftaa abbaa biyyummaatti bitamuu.

2. Muslima.

3. Muhammad ergamaa Rabbii isa dhumaa.

4. Qur'aanni wahiiwwan Muhaammad, fi Sunnaa of keessaa qaba barsiisaa fi gocha isaa of keessaa qaba.

5. Fakkeenyi Muhaammad hadiisa (jecha aadaa) fi siiraa (seenaa Muhaammad) keessatti galmaa'ee jira.

6. Muhaammad.

7. Wanti Muhaammad hojjete hundi ulaagaa ta'a.

8. Warra Rabbii fi ergamaa isaaf ajajaman.

9. Ibidda Jahannam.

10. Namni ergaa Muhaammad dide.

11. Ajjeechaa, dararaa, gudeeddii, miidhaa dubartoota irra gahuu, gabrummaa, hanna, gowwoomsaa, fi kakaasuu namoota Muslima hin taane irratti.

12. Qur'aana amanuu fi ajajamuu qabda.

13. Sunnaan akka qaamaa Qur'aanni immoo akka lafee dugdaati.

14. Muslimoonni ogeessa xiqqaa irratti hirkatu.

15. Seera shari'aa malee Islaamummaan jiraachuu hin danda'u.

16. Shari'aan ajaja Waaqaa akka ta'etti yaadama.

17. Waamicha milkaa'inaati.

18. Namoonni mo'attootaa fi kanneen hafan—kanneen mo'aman jedhamanii qoodamu.

19. Muslimoonni namoota Muslima hin taane caalaa akka caalan ni barsiifamu; Muslimoonni Waaqayyoon sodaatan Muslimoota waaqeffannaa xiqqaa qaban caala.

20. Muslimoota dhugaa, munaafiqoota, waaqeffattoota waaqa tolfamaa, fi Namoota kitaaba.

21. 'Waldaa' mushriik.

22. Wantoota afur balaaleffataman: 1) Caaffanni qulqullaa'oon isaanii manca'aniiru. 2) Islaamummaa jallate hordofu. 3) Isaan karaa irraa maqaniiru. 4) Wallaalaa fi Muhaammad bilisoomsuu kan barbaadani dha.

23. Gama gaariin Qur'aanni Kiristaanonni fi Yahuudoonni amanamoo fi dhugaan amanu jedha.

24. Himata afur: 1) Kiristaanonni olaantummaa isaanii jala jiraachuu qabu. 2) Muslimoonni nu irratti bulchuuf hiree ta'aniiru. 3) Nuti lolamuu qabna. 4) Si'ool deemna jennee balaaleffamna.

25. Yahuudonni Kiristaanota caalaa Muslimoota irratti diinummaa guddaa ni qabaatu.

26. Qur'aana keessatti boqonnaa beekamaadha, guyyaa guyyaan irra deddeebi'uun dirqama. Guyyaatti hanga yeroo 17 ykn waggaatti yeroo 5,000 jedhama.

27. Kiristaanonni (jallatanii) fi yahuudoonni (dheekkamsa Rabbii argataniiru).

28. Jireenyaa fi barsiisa Muhaammad.

29. Islaamummaa.

30. Rakkoolee jaha: 1) Dubartoonni sadarkaa gadi aanaa qabu. 2) Barsiisa jihaada. 3) Adabbii gara jabinaa fi garmalee. 4) Shari'aan nama gaarii gochuu hin danda'u. 5) Soba jajjabeessuu. 6) Kiristaanota dabalatee namoota Muslima hin taane irratti ari'atama.

31. Manneen murtii shari'aa Naayijeeriyaa keessatti dhiyaatan.

32. Abbaan murtii fakkeenya Muhaammad hordofe.

33. 1) Garmalee ta'a. 2) Gara jabeessa. 3) Dhiirota dhagaa rukutuu raawwatan ni miidha. 4) Dubartoota irratti xiyyeeffata. 5) Daa'ima yatiima godha. 6) Gudeeddiin raawwatamuu akka danda'u tuffata.

34. Namoota Muslima hin taane irraa yeroo balaan isaan mudatu sobuu danda'u. Abbootiin manaa haadha manaa isaanii sobuu danda'u. Yeroo iccitiin imaanaa itti kenname, lola keessatti fi kkf sobuu danda'u.

35. Muslimoota nagaa eeguuf jecha gowwoomsaa raawwachuudha.

36. Dhugaa balleessee burjaajii uuma.

37. Qajeelfama ogeeyyii amantii isaanii.

38. Hoggantoonni Islaamaa wantoota heddu ifaan dubbachuu dhabuu baatanis Islaamummaa ofii keetii qo'adhu.

39. Yesuus ykn Muhaammad duukaa bu'uu.

40. Isaa (Yesuus).

41. Akkaataa jireenyaa (shari'aa) raajota duraanii.

42. Kitaaba Rabbiin Isaa (Yesuusiif) kenne.

43. Isaa Kiristaanummaa balleessee nama hunda dirqisiisee Muslima ta'a.

44. Muslimoonni yoo Muhaammad hordofan Yesuus duukaa akka jiran barsiifamu.

45. Barumsi kun karoora fayyina Waaqayyoo kan dhoksu waan ta'eef Muslimoonni Yesus isa dhugaa akka hin hordofne dhorkuu danda'a.

46. Waa'ee Yesus isa dhugaa Wangeelota afran irraa beekuu dandeenya.

47. Garbummaa hafuuraa jalaa bilisummaa argachuu kan dandeenyu karaa Yesus Wangeelotaa qofa.

Deebii Barnoota 4^{ffaa}

1. Dhukkubbii sadii: 1. Du'a abbaa isaa. 2. Du'a haadha isaa. 3. Hojii gad of qabuu adeera isaatiif gurbaa tiksee ta'uu. (Akkasumas du'a akaakayyuu isaa.)

2. Tuffii inni Muhaammad irratti qabu.

3. Gama jaha: 1) Hojjechiisaa isaa turte. 2) Isheen umuriin ishee guddaa ture. 3) Isheenis gaaffii gaa'elaa isaaf dhiheessite. 4) Duraanis yeroo lama heerumtee turte. 5) Humna qabeettii fi qabeenya qabdi turte. 6) Muhaammad fuudhuuf hayyama isaa argachuuf jecha abbaa ishee macheessite.

4. Ijoolleen isaanii irra caalaan isaanii du'aniiru, Muhaammad dhaaltuu dhiiraa tokkollee hin hafne.

5. Eessuma Muhaammad Abuu Xaalib fi haadha warraa isaa Khadiijaa.

6. Umuriin isaa waggaa 40 yoo ta'u baay'ee waan dhiphateef of ajjeesuutti dhihaate.

7. Muhaammad maraataa osoo hin taane nabiyyii ture.

8. Muhaammad akka hannaatti fudhatama dhabamuu sodaate.

9. Khadijah fi Ali, ilma obboleessa Muhaammad isa quxisuu.

10. Muhaammad waaqolii Makkaa irratti qoose.

11. Muhaammad warra Makkaa dallanan irraa eege.

12. Guutummaatti ugguruu, Muslimoota saaxilamoo ta'an irratti ari'atamuu, fi Muhaammad irratti miidhaa geessisuu.

13. Dhiironni Musliimaa 83 maatii isaanii waliin gara Abisiiniyaa (Itoophiyaa ammayyaa) baqatan.

14. Rabbii fi waaqa Makkaa gabbaruu.

15. Salaanni ijoollee durbaa Rabbii sadi-al-Lat, al-Uzza, fi Manat-f godhame akka raggaasifame.

16. Raajonni dhugaan hundi darbee darbee karaa irraa maqfamuu.

17. Dhaadata: 1) Abbootiin isaa keessaa tokkollee gaa'ilaan ala hin dhalanne. 2) Nama hunda caalu ture. 3) Inni gosa hundarra gaarii (Hashim) irraa ture. 4) Inni gosa hundarra gaarii (Qureesh) keessaa ture. 5) Saba hundarra gaarii (Arabaa) irraa ture.

18. Milkaa'ina waraana keessatti.

19. Khadijaa fi tiksaan isaa Abuu Xaalib lamaan isaanii iyyuu ni du'an. Erga Ta'if isa dide booda Araboonni Madiinaan isa eeguuf waadaa galan.

20. Gareen jinnii (jinnii) Muslima ta'e.

21. Islaamummaa keessatti yaada *jinni* isa Islaamummaa fudhatee fi isa namoota hundatti maxxanee jiraatu *qariin* jedhamu.

22. Guutummaatti ergamaaf abboomamuudhaan lola banuuf.

23. Gufuu malee lallabee Araboonni Madiinaan irra caalaan isaanii Islaamummaa fudhatan.

24. Azaaba jireenya boodaa keessatti warra Islaamummaa didaniif.

25. Qaluu.

26. Fitinaa.

27. Fitina Islaamummaa irratti.

28. Namoonni Islaamummaa seenan gufuun kamiyyuu jiraachuu.

29. Lolamuu fi ajjeefamuun siif mala.

30. Sababni isaas yakki Islaamummaa ganuu du'a caalaa hamaadha.

31. Muslimoonni miliyoonaan lakkaa'aman du'aa jiru garuu muslimoota hin taane kudhan kudhan qofa.

32. Warra du'an irraa illee adabbii fi qulqullummaa barbaade.

33. Jibba isaa ganama.

34. Dhaabbataan akka yakkamaa ta'anii mallatteeffaman, akka warra gadi aanaatti ol'aantummaa argachuu kan qaban ta'an.

35. Deebii aggaammii fitnaaf kennuu.

36. Rabbiin itti ajajamuu isa dhoowwe.

37. Bakka argatte hundatti ajjeesi.

38. Gariin ni amanu turan, gariin hin amanne, Islaamummaan garuu ni eebbifama.

39. Akka yahuudota salaataa fi sadaqaa zakaa ni jajjabeessa ture; kadhannaa isaa gara al-Sham (Sooriyaa; i.e. Yerusaalem) qajeelche; barsiisni isaas kan isaanii wajjin tokko akka ta'e dubbateera.

40. Qeeqa isaanii dabalaa dhufe irratti of mirkaneessuuf.

41. Yihudoota gowwoomsitoota jedhee waame, macaafa qulqulluu isaanii sobaniiru jedhe.

42. Ergaawwan farra Yihudootaa:

   - Q4:46. Yihudoonni abaaramaa turan.

   - Q7:166 fi kkf Yihudoonni saree fi allaattii turan.

   - Q5:70. Yihudoonni raajii ajjeesan turan.

   - Q5:13. Yahuudoonni Rabbiin jabaatanii turan.

   - Q2:27. Yihudoonni warra mo'aman turan.

43. Amantii Yihudootaa.

44. Doorsisaa ergasii ari'e.

45. Sababni isaas isaan ajjeesaa waan tureef Islaamummaa qofatu isaan tiksuu danda'a.

46. Isaan himate, isaan irratti duule, isaan ari'e, qabeenya isaaniis akka boojuutti fudhate.

47. Isaan marsee ergasii dhiirota duguugee dubartootaa fi daa'imman gabroomse.

48. Isaan weeraree injifate garuu 'filannoo sadaffaa': dhimmis ta'ee jiraachuu isaaniif dhiheesse.

49. Yihudoota fi Kiristaanota.

50. Of diduu irraa gara of mirkaneessuutti hanga weeraratti.

51. Injifatamuu fi salphisuu kaafiroota.

52. Ilaalcha fi sagantaa waraanaa.

53. 'Akeekkachiisaa' qofa ta'uu mannaa, ajajaa amantootaa ta'ee, jireenya isaanii to'achaa ture.

54. Karaan Rabbiif ajajaman Muhaammad ajajamuu dha.

55. Isaanis jijjiirama deebii Muhaammad ofii isaatii fudhatama dhabuu irratti kan hundaa'anidha.

56. Rakkoon Muhaammad karaa shari'aa addunyaatti darbeera.

57. Jechoota shahadaa.

58. Qur'aanni jecha Rabbii ta'uu; akkasumas Qur'aanni waa'ee Muhaammad maal jedha.

59. Shahaada qara'uun abbootii taayitaa fi humnoota hafuuraa rakkoo hafuuraa Muhaammad Muslimoota irratti akka fe'aniif hayyama kenna.

60. [Hirmaattonni gama gadhee isaan mudate marsee ta'a.]

61. Isaan ni haalu.

62. Manca'eera jedhu.

63. Isaan balleessi.

64. Qur'aanni jecha Waaqayyoo ta'uu isaa amanuu.

65. Tasgabbii dhabuu, sodaachisuu, saaxilamummaa, fi ofitti amanamummaa dhabuu.

Deebii Barnoota 5^{ffaa}

1. Diduu.
2. Karaa afur: 1) Salphina seeraan alaa. 2) Dhaloota baayyee gad of deebisu. 3) Herodis yaalii ajjeechaa isarratti raawwachuu isaa. 4) Warri akka baqataa gara Gibxiitti baqatan.
3. Fariisonni gaaffilee kanneen armaan gadiitiin Kiristoosiin irratti duulaniiru:

   - Maarqos 3:2 fi kkf Seera Sanbataa cabsuu.
   - Maarqos 11:28 fi kkf Aangoo isaa.
   - Maarqos 10:2 fi kkf Wal hiikuu.
   - Maarqos 12:15 fi kkf Qeesaariif gibira kaffaluu.
   - Maatewos 22:36. Abboommii guddaa.

- Maatewos 22:42. Masiihichi.
- Yohaannis 8:19. Abbaa ta'uu Yesus.
- Maatewos 22:23-28 fi kkf Du'aa ka'uu.
- Maarqos 8:11 fi kkf Dinqii.
- Maarqos 3:22 fi kkf Seexana 'qabachuu'; humna Seexanaatiin dinqii hojjechuu.
- Maatewos 12:2 fi kkf Amala duuka buutota isaa.
- Yohaannis 8:13. Ragaa sirrii hin taane kennuu

4. Diduu Yesus mudate:

- Mat 2:16. Heroodis isa ajjeesuuf yaale.
- Maarqos 6:3 fi kkf Naazireetonni isa ajjeesuuf yaalaniiru.
- Maarqos 3:21. Maatiin isa arrabsan.
- Yohaannis 6:66. Hordoftoonni hedduun isa dhiisanii deeman.
- Yohaannis 10:31. Tuutni dhagaadhaan rukutuu yaale.
- Yohaannis 11:50. Hoggantoonni isa ajjeesuuf shira xaxan.
- Maarqos 14:43-45 fi kkf Yihudaan dabarsee kenne.
- Maarqos 14:66-72 fi kkf Pheexiroosiin kan gane.
- Maarqos 15:12-15 fi kkf Tuutni du'a gaafate.
- Maarqos 14:65 fi kkf Hogganaa Yihudootaatiin kan qoosame.
- Maarqos 15:16-20 fi kkf Loltootaan dararamaa.
- Maarqos 14:53-65., fi kkf Sobaan du'aan itti murtaa'e.
- Keessa Deebii 21:23. Fannifamuun abaaramaa.
- Maarqos 15:21-32 fi kkf hattoota waliin du'a dhiphisuu.

5. Deebii ja'a: Yesus 1) nama gara jabeessa ykn 2) jeequmsa kan qabu hin turre; 3) haaloo ba'uu; 4) sagalee guddaadhaan wal lolu. 5) Himatamee callisee ture; akkasumas 6) bakka isaan ajjeesuu barbaadan dhiisee deeme.

6. Qormaata mo'atee Fudhatama Dhabuuf harka hin kennine.

7. Sababni isaas baay'ee nageenya qabuu fi ofitti tasgabbaa'aa waan tureef.

8. Garbicha Isaayyaas isa gidiraa ta'ee gatamuu.

9. Fannifamuun du'uu isaa.

10. Kaayyoo isaa galmaan gahuuf humna fayyadamuu.

11. Akka fakkeenyaatti, maatii keessatti qoqqoodinsa fi tarii ari'atama.

12. Yaada Masiihichi jeequmsa, humna waraanaa ykn filannoo siyaasaatti fayyadameera jedhu, jechuunis mootummaan isaa qaamaan ture jedhu ni fudhata.
13. Ajjeechaan akka dhorkaman.
14. Kiristoos akkaataa namoota biroo itti qabnu ilaalchisee kanneen armaan gadii barsiiseera:

- Maatewos 5:38-42, waa'ee hamaa: deebisanii waan gaarii agarsiisi.
- Maatewos 7:1-5, waa'ee murtii kennuu: warra kaanitti hin murteessinaa.
- Maatewos 5:43, waa'ee diina: isaan jaalladhu.
- Maatewos 5:5, waa'ee garraamummaa: injifata.
- Maatewos 5:9, waa'ee namoota nagaa buusan ilaalchisee: ijoollee Waaqayyoo in jedhaman.
- 1 Qorontos 4:11-13 fi kkf, ari'atama ilaalchisee: Kiristaanonni qormaata guddaa dandamachuu qabu malee haaloo bahuu hin qaban.
- 1 Phexros 2:21-25, fakkeenya keenya ilaalchisee: Yesus namoota biroo jaallachuuf fakkeenya keenya.

15. Reebicha, jibba, gantummaa fi du'a akka isaan mudatu.
16. Hadhaa malee itti fufuu.
17. Gandi Samaariyaa tokko yeroo isa simachuu dide.
18. Yeroo hamaa ari'atamu: 1) Bakka biraatti baqachuu. 2) Hafuura irratti hirkadhu malee hin yaadda'inaa. 3) Hin sodaatin.
19. Yeroo ari'atamu gammaduu.
20. Abdii jireenya bara baraa.
21. Bu'aa sadii: 1) Namoonni Waaqayyoo fi walirraa fagaatu. 2) Namoonni fuula Waaqayyoo jalaa ala ta'u. 3) Namoonni abaarsa Kufaatii jala galu.
22. Foon uffachuu fi fannoo Iyyasuus Kiristoos.
23. Yesus fannoof bitamuu isaa.
24. Jibba warra isa haleelan xuuxee lubbuu isaa cubbuu addunyaatiif aarsaa godhee kenne.
25. Cubbuu arrabsuuf dhiigni fakkeenyaan dhangala'uutti; akkasumas gara raajii Isaayaas 53 garbicha rakkateetti.
26. Waaqayyoo wajjin araaramuu.
27. Himata namoota, ergamoota ykn jinniiwwan irraa.
28. Ministeera araaraa.
29. Humnaan of mirkaneessuu.

30. Du'aa ka'uu fi ol ba'uu isaatiin.
31. Mirkaneessuu.
32. Gidiraa akka mala gidiraa Kiristoos keessaa qooda fudhatanitti ilaalu.
33. Muhaammad dhuunfaan isaan balleessee Isaa yeroo gara lafaatti deebi'u akkasuma akka godhu tilmaame.
34. 'Filannoo sadaffaa' dhimmituu, kan namoonni Musliimaa hin taane amantii isaanii akka eegan hayyamu.
35. Mallattoolee amantii hunda uffata isaa keessaa baasuuf dirqame

Deebii Barnoota 6^{ffaa}

1. Muhaammad "ajaja amantii inni lallabe billaadhaan akka babal'isu."
2. Jijjiirama ykn waraana booda filannoo sadaffaatu jira: harka kennachuu fi eegumsa Muslima jala jiraachuu.
3. Islaamummaatti jijjiiramuu; ni ajjeefamu; ykn harka kennachuu (fi salphina keessa jiraachuu).
4. Hanga namoonni Rabbiin qofti gabbaramu, Muhaammad ergamaa Rabbii (i.e. gara shahaadaatti) akka ta'e ragaa bahanitti qabsaa'aa.
5. Islaamummaa fudhachuu, ykn jizya gaafachuu, ykn kaafiroota loluu.
6. Kaffaltii gibiraa (jizyaa) fi salphachuu, "xiqqeessuu."
7. Kakuu Zimmaa.
8. Dhimmis.
9. Qajeeltoowwan lama: 1) Islaamummaan amantiiwwan biroo irratti injifachuu qaba. 2) Muslimoonni Islaamummaa kabachiisuuf bakka aangoo qabaachuu qabu.
10. Gibira mataa Muslimoota mo'atan irraa mataa isaanii akka qaban kan beekudha: gibirri sun beenyaa ajjeefamuu dhabuu isaaniiti.
11. Faayidaa Muslimootaaf.
12. Bara sana mataa isaanii akka hidhan hayyamameef beenyaa kaffalamuudha.
13. Jihaadni ammas jalqaba: waraana, saamicha, gudeeddii, fi du'a.
14. Adabbiin warra mormii fi fincila ta'aniif, kunis jihaada.
15. Ajjeefamuu ykn qabamuuf bilisaan argamu.

16. Ajjeechaa Zimmaa Zimmaa cabseera jedhamee himatamuun raawwatame kakuu.
17. Sulxaanni kun Yihudoota bakka Grand Vizier jedhamutti muudee ture.
18. Kiristaanonni sadarkaa bitamuu isaanii dhiisanii sana waliinis eegumsa isaanii dhiisanii himataman. Gariin immoo lubbuu isaanii baraaruuf Islaamummaa fudhatan.
19. Sirni kun kan tumame osoo gibira jizyaa kaffalu ture. Innis rukuttaa tokko ykn lama morma irratti rukuttaa fi yeroo tokko tokko sirna ukkaamsuu kan dabalatu ture.
20. Hawaasni *Zimmii* yoo haala *Zimmaa* kan cabsu ta'e hoggorsa *jihaadaa* gadi of qabee fudhachuu isaa akkasumas namoonni saalli isaanii dhiirata'e akka mataan muramu walii galuu isaa agarsiisuf kan malameedha.
21. Abaarsa mataa muruu.
22. Waliigaltee dhiigaa ykn kakaa dhiigaa, akkuma hawaasa dhokataa.
23. Of abaaruu fi adabbii du'aa ofii isaatiif hayyama.
24. Galateeffannaa fi gad of deebisuu.
25. Fakkeenyota:

    - Ragaa Dhimmis: mana murtii shari'aa keessatti fudhatama hin qabu.
    - Manneen Dhimmis: mana Muslimoota caalaa ol hin ta'u.
    - Fardeen Dhimmis: dhimmis akka yaabbatu hin hayyamamu.
    - Dhimmis karaa tokko irratti Muslimootaaf bakka kennuu qaba ture.
    - Dhimmis of ittisuu: hin hayyamamu.
    - Mallattoolee amantii Dhimmis: ummata duratti hin hayyamamu.
    - Manneen amantaa Dhimmis': suphaan hin jiru, akkasumas gamoo waldaa haaraa hin jiru.
    - Qeeqni Dhimmis Islaamummaa irratti qabu: hin hayyamamu.
    - Uffata Dhimmis: Muslimoota fakkeessuun hin hayyamamu.
    - Fuudhaa fi heeruma dhimmis: dhiirri dhimmi dubartii muslimaa fuudhuu hin danda'u, dhiirri muslimaa dubartii dhimmi yoo fuudhe ijoolleen Muslima ta'u.

26. Jiziyaa kaffalanii "xiqqaa" akka ta'an.

27. Akka ajjeechaa lubbuutti.
28. Waliigala haalawwan kakuun Zimmaa tokko fidu.
29. Gad of qabuun salphina barachuu.
30. Miira gad aantummaa, dhoksaa, haxxummaa, gadhee fi sodaa.
31. Akka amantii gooftotaa fi bulchitootaatti.
32. Miirri olaantummaa sobaa fi eegumsa amantii isaanii Muslimoota dadhabsiisee dhugaa jiru fudhachuuf akka isaan rakkisu taasisa.
33. Garbummaatti: garbummaan Waraana Biyya keessaa Ameerikaa keessatti haqame, ta'us sanyummaa arrabsoo jaarraa tokkoo ol booda itti fufee jira.
34. Warri dhihaa qaroomina isaaniif Islaamummaa irraa liqii qabu jedhu.
35. Saboota Awurooppaa.
36. Haaromsa shari'aa.
37. Bu'aa shan: 1) Hafuura madaa'e. 2) Hafuura mufannaa. 3) Sammuu miidhamaa. 4) Hafuura jeequmsaa. 5) Fedhii namoota biroo irratti ol'aantummaa qabaachuu.
38. Haalli afuuraa Muhaammad cunqurfamaa ture warra kaan salphisuu barbaade.
39. Mufachuu dide, jeequmsaatti gargaaramuu dide, namoota biroo irratti ol'aantummaa qabaachuu dide, hafuura madaa'uu fudhachuu dide.
40. Kiristaanonni tokko illee kanaan dura garbummaa hafuuraa isaanii hin hubanne; hundi isaanii bilisa ba'uuf kadhatan; hunduu yeroo raawwatamu gammachuu guddaatu itti dhagahame.
41. Sodaa haleellaa jihaadi, miidhaa darbe jihaadistota irraa, doorsisa darbe maatii kee irratti.
42. Isaanis jalqaba kakuu Zimmaa haquuf, himannaa isaa jireenya keenya irratti qabu cabsuuf, lammaffaa immoo abaarsa dhimmituu irraa dhufu hunda diduu fi cabsuuf kan qophaa'ani dha.
43. Namoonni dhiibbaa kana irraa bilisa akka ta'an ni gargaaru.

Deebii Barnoota 7ffaa

1. Dhugaa jaallachuu fi dhugaa dubbachuuf amantii qabaachuu.
2. Waaqayyo hariiroo waan qabuuf.

3. Sobuu.
4. Namoota karaa irraa maqsa.
5. Sobduu bifa hayyamame: lola keessatti, haadha manaatti, eegumsa argachuuf, Ummaa ittisuuf, yeroo balaan (taqiyyaa) eegumsa argachuuf.
6. Amantii ofii ganuu fakkeessuu.
7. Ol'aantummaa isaanii fi warra Muslima hin taane caalaa gaarii ta'uu isaanii.
8. Muhaammad.
9. Yaad-rimee kabajaa fi salphina.
10. Ilaalcha addunyaa miiraa olaantummaa itti dhaga'amuu.
11. Sababni isaas hadiisota keessatti waa'ee abaarsa ilaalchisee dubbiin wal faallessu waan jiruuf.
12. Namoota Muslima hin taane abaaruu.
13. Jibba, xiiqii fi "himata" hafuuraa.
14. Kakuu namoota lama walitti hidhu.
15. Dhiifama gochuu dhabuun hidhata lubbuu nama lama gidduutti eega.
16. [Barattoonni kadhannaa ilaalanii qabxiilee tarkaanfiiwwan itti hojjetan ofuma isaaniitiin adda baasu.]
17. Kan gane: cubbuu nama abaaruu, abaarsa bu'aa argamsiisu, jibba namoota biroo, miira mudatu, jinniiwwan jibbaa fi abaarsa, walitti dhufeenya Waaqayyoon hin sodaanne hunda Imaamotaa fi namoota biroo wajjin, ramaddii jinniiwwanii hunda kanneen hidhata lubbuu kana eegan. Cabe: humnoota hafuuraa Waaqayyoon hin sodaanne, abaarsa, hidhata lubbuu Waaqayyoon hin sodaanne.
18. Abaarsa, nagaa, laafummaa, aangoo eebbisuu irraa bilisa ta'uu. Eebbawwan kun faallaa abaarsaa fi jibba isaan oofeeti.
19. Abbootii, abbaa, imaamoota, hooggantoota muslimaa, fi namoota biroo dhiibbaa natti godhan kamiyyuu akkan of abaaruuf.
20. Appaartaamiin isaa abaarsa jala jiraachuu mala jedhee yaade.
21. Abaarsa cabsuu hin beeku ture.
22. Abaarsa mana isaa irratti ba'e hunda cabsuuf maqaa Yesusiin aangoo fudhachuu isa barbaachise.
23. Abaarsa isaan mudachaa jira.
24. Tarkaanfiiwwan sagal: 1) Waadaa galuu fi tawbachuu. 2) Wantoota Waaqayyoon hin sodaanne balleessuu. 3) Nama

biraa fi ofii keetiif dhiifama godhi. 4) Kiristoos keessatti aangoo kee himadhu. 5) Abaarsa ganuu fi cabsuu. 6) Kiristoos keessatti bilisummaa kee labsi. 7) Jinniiwwan akka bahan ajajuu (isaan baasu). 8) Eebba labsuu. 9) Waaqayyoon galateeffadhu.

Deebii Barnoota 8^{ffaa}

1. Sababoota afur: 1) Dhukkubbii hawaasa dhabuu. 2) Gufuu fi karaa cufuu Islaamummaa irraa. 3) Ari'atama kallatti. 4) Kiristaanotaa fi waldaa irraa abdii kutachuu.
2. Manneen amantaa namoota Islaamummaatti jijjiiraman sababa sodaa fi Zimmaa seera.
3. Kakuu Zimmaaa hubachuu fi diduu.
4. Sodaa, miira tasgabbii dhabuu fi jaalala qarshii, miira diduu, miira miidhamuu, mufachuu, nama amanachuu dadhabuu, dhukkubbii miiraa, cubbuu saalqunnamtii, oduu fi soba.
5. Dhiibbaa to'annoo Islaamaa.
6. Warri kaan ni hinaafu.
7. Kiristaanota birootti ni mufate.
8. Waldoonni tokkoon tokkoon waldaa warra kaan caala jedhanii amanuudhaan wal dorgomu.
9. Balballi tokko banamee hafe manni duwwaa hafe.
10. Kiristaanota fayyaa qaban.
11. Amalaafi akkaataan yaaduu jijjiiramuu qaba.
12. Phaawulos Tiitoos guddina isaa akka itti fufu jajjabeessuu barbaada.
13. Phaawulos duraan Kiristaanota jibba ture.
14. Jaalala, beekumsa, fi gad fageenya hubannoo keessatti guddachuu fi firii gaarii horachuudhaan.
15. [Hirmaattonni bu'aa badaa argan gabaasu.]
16. Abaarsa dhalootaa ganee cabse. Akkasumas amala yaaddoon rakkachuu irraa fayyeera.
17. Balbaloota hunda cufi.
18. Balbaloota banaa seexanni amanticha irratti fayyadamuu danda'u cufi.
19. Lubbuun bishaan jireenyaa of keessaa qabachuuf kan yaadame yoo ta'u, cinaacha ishee irratti qaawwi yoo jiraate garuu hamma bishaan qabachuu qabu qabachuu hin dandeessu.

20. Gufuuwwan walfakkaataa fi miidhaa lubbuu BMBwwan Kiristoosiif jiraachuu barbaadaniif.
21. Olaantummaa akka itti dhagahamu gargaara.
22. Waldoonni waliin hojjechuuf rakkatu. Namoonni kaan tajaajilarratti yommuu tarkaanfatan hinaafuu danda'u. Namoonni haleellaan ni raawwatama jedhanii waan yaadaniif hogganaa ta'anii tajaajiluu hin barbaadan.
23. Barsiisa ja'a: 1) Garaa hojjetaa tokkoof iddoo guddaa kennuu. 2) Eenyummaa kee Kiristoos keessatti argachuu malee waan ati dubbattu ykn hojjettu ykn waan namoonni biroo waa'ee kee dubbatan ykn yaadan keessa miti. 3) Dadhabbii keetiin of jajuu barachuu. 4) Milkaa'ina namoota birootti gammaduu barachuu, yeroo rakkatanis isaan waliin gadda. 5) Jaalalaan akkamitti dhugaa dubbachuu akka dandeenyu barachuu. 6) Waa'ee bu'aa badiisa oduun geessisu barachuu.
24. Namoonni rakkoo isaanii dhoksanii gargaarsa waan hin barbaanneef guddachuu hin danda'an.
25. Mata dureewwan jaha: 1) Dhiifama. 2) fudhatama dhabuu fi mufannaa. 3) Amantaa ijaaruu. 4) Falfala ganuu. 5) Dubartoonni fi dhiironni wal kabajuu fi dhugaa walitti dubbachuu. 6) Warri ijoollee isaanii abaaruu dhiisanii eebbisuu.
26. Kanaaf namoonni ilaalcha addunyaa isaanii guutuu deebi'anii ijaaruu danda'u.
27. Istiiv dafee namoota jijjiiraman taasise malee tursiisuu hin dandeenye. Cheriin suuta suutaan namoota gara amantiitti jijjiiran taasifte garuu Kiristoosiin itti fufan. Haalli Cheri's caalaatti hojjete sababiin isaas namoonni Yesus duukaa bu'uuf yeroo murteessan waan itti waadaa galan sirriitti waan hubataniif.
28. Tarkaanfiiwwan ja'a: 1) Waadaa galuu lama. 2) Garagaluu. 3) Gaaffii. 4) Amanamummaa jijjiirraa. 5) Waadaa fi qulqulleessuu. 6) Labsii.
29. Tarkaanfiiwwan 4-6.
30. Seexana.
31. 'Labsii fi Salaata Shahaadaa ganuu fi Aangoo Isaa Cabsuuf' salaachuun Islaamummaa ganuu.
32. Paastaroota BMB bilchaataa caalaa.

33. Nama hundarra gaarii ta'e qabaachuu kee mirkaneeffachuu, akkasumas geggeessummaaf qophaa'oo akka ta'an gargaaruu.
34. Gad of deebisuu hin baratan, namoota biraa irraas fudhatama dhabuun isaan mudachuu danda'a.
35. Yeroo hunda: yoo xiqqaate torbanitti al tokko.
36. Qormaata qabatamaa guyyaa guyyaa irratti Macaafa Qulqulluu hojii irra oolchuu. Kunis amala isaanii akka guddatu gargaara, caalaatti kan Kiristoos fakkaachuuf.
37. Iftoomina leenjifamaaf moodeela gochuu.
38. Salphina irraa fagaachuuf.
39. Kanaaf dhimmoota qormaata ta'an ilaaluu barachuu danda'u.
40. Yoo garbummaan hin buqqa'amnee fi madaan hin fayyine, kun tajaajila keessatti firii nama tokkoo ni daangessa. Akkasumas, namni tokko yoo bilisa ba'e akkamitti namoota biroo bilisa akka ta'an gargaaruu akka danda'u caalaatti beeka.
41. Kanaaf tajaajila keessatti obsuu, fi amanamuu danda'u.
42. Jaalalaa fi wal kabajuu garaa tajaajilaa.
43. Kanaafuu yaada murteessaa argannee bilchinaan guddachuu dandeenya.
44. Of beekuu leenjifamtootaaf moodeela gochuu.
45. Sababni isaas irraa fagaachuu waan hin dandeenyeef.
46. Waaqayyoon kabajuu, waldaadhaaf eebba Waaqayyoo fudhachuu, gad of deebisuu barachuu.

www.ingramcontent.com/pod-product-compliance
Lightning Source LLC
Chambersburg PA
CBHW051414090426
42737CB00014B/2664